이안

Ang Lee: Interviews
edited by Karla Rae fuller

Copyright © 2016 by University Press of Mississippi
All rights are reserved.

Korean Translation Copyright © 2019 by Maumsanchaek
Published by arrangement with University Press of Mississippi, Jackson,
Mississippi, USA.
Through Bestun Korea Agency, Seoul, Korea
All rights reserved.

이 책의 한국어 판권은 베스툰 코리아 에이전시를 통하여
저작권자인 University Press of Mississippi와 독점 계약한 마음산책에 있습니다.
저작권법에 의해 한국 내에서 보호를 받는 저작물이므로
어떠한 형태로든 무단 전재와 복제를 금합니다.

▪ 이 도서의 국립중앙도서관 출판예정도서목록(CIP)은
서지정보유통지원시스템 홈페이지(http://seoji.nl.go.kr)와
국가자료공동목록시스템(http://www.nl.go.kr/kolisnet)에서 이용하실 수 있습니다.
(CIP제어번호: CIP2019031396)

이안

카를라 레이 풀러 엮음
윤철희 옮김

마음산책

이안

1판 1쇄 인쇄 2019년 8월 25일
1판 1쇄 발행 2019년 8월 30일

엮은이 | 카를라 레이 풀러
옮긴이 | 윤철희
펴낸이 | 정은숙
펴낸곳 | 마음산책

편집 | 최해경·김수경·최지연·이복규   디자인 | 이혜진·최정윤
마케팅 | 권혁준·김종민   경영지원 | 박지혜

등록 | 2000년 7월 28일(제13-653호)
주소 | (우 04043) 서울시 마포구 잔다리로 3안길 20
전화 | 대표 362-1452 편집 362-1451   팩스 | 362-1455
홈페이지 | http://www.maumsan.com
블로그 | maumsanchaek.blog.me
트위터 | http://twitter.com/maumsanchaek
페이스북 | http://www.facebook.com/maumsanchaek
전자우편 | maum@maumsan.com

ISBN 978-89-6090-588-7 03680

* 책값은 뒤표지에 있습니다.
* 사용 허가를 받지 못한 일부 인터뷰는 저작권자와
  연락이 닿는 대로 정식 동의 절차를 밟겠습니다.

나는 장르를 하나의 요소로서 선택하지 않습니다.

소재 자체가 요소입니다.

차례

일러두기

1. 인터뷰는 1993년부터 2019년 것까지 연도순으로 구성했다.

2. 외국 인명, 지명, 작품명 및 독음은 외래어 표기법을 따르되 관용적인 표기와 동떨어진 경우 절충해서 실용적 표기를 따랐다.

3. 국내에 소개된 작품은 번역된 제목을 따랐고, 국내에 소개되지 않은 작품은 원어 제목을 독음대로 적거나 우리말로 옮기고 원어를 글줄 상단에 표기했다.

4. 원문의 주는 괄호로, 이탤릭체로 강조한 부분은 고딕 볼드체로, 옮긴이 주는 글줄 상단에 표기했다.

5. 영화, 공연, 음악, TV 시리즈, 잡지나 신문 등의 매체 명은 〈 〉, 책 제목은 『 』, 편명, 단편소설은 「 」, 기사 제목은 " ", 만화책의 시리즈 명은 ' '로 묶었다.

6. 각 작품에 관한 참고 문헌은 따로 정리해 엮었다.

이안은 가장 관심사가 넓고 다재다능하며 대담한 감독에 속한다. 그는 현재 시점까지 〈브로크백 마운틴〉과 〈라이프 오브 파이〉로 각각 아카데미 감독상을 수상한 유일한 아시아인이자 非백인이다. 그가 영화예술에 한 기여와 그의 작품세계는 손쉬운 범주화를 거부하며, 이 책에 실린 인터뷰 중 다수는 그가 만든 대만영화와 서구권 영화의 결과물 사이에서 빚어진 갈등을 탐구한다.

우선, 그를 지금 같은 독특한 영화감독으로 만든 요인들을 이해하기 위해 이안의 배경을 조금 살펴보자. 그의 아버지는 대만의 으뜸가는 명문 고등학교의 교장이었다. 이안은 자라는 동안 영화를 매우 많이 감상했지만 자신은 "예술하고는 무척 거리가 멀게" 자랐다고 밝혔다. 그는 이렇게 말했다. "우리 가족, 나아가 우리 문화권의 사고방식은 뭔가 실용적인 것을 공부해서 좋은 대학에 진학한 다음 미국으로 유학해서 학위를 받는 거였습니다."[1] 대입 시험에 낙방한 그는 대만국립예술원에 진학해서 연극과 영화를 전공했다. 연극 작품을 다수 공연한 그는 일리노이대학 얼배나-샘페인 캠퍼스에 입학하려고 미국에 왔다. 하지만 이안의 서툰 영어 실력은 미국 생활의 장애물이 됐고, 그래서 그는 연기에서 연출로 방향을 틀었다. 대만국립예술원에서 이미 슈퍼 8 영화 두 편을 만든 적이 있던 그는 그덕에 뉴욕대학의 대학원생 영화제작 프로그램에 들어갈 수 있었다. 러닝타임이 43분인 그의 졸업 작품 〈가느다란 선^{Fine Line}〉은 출입국관리소 관리들을 피해 도망 다니는 중국인 불법 여성 노동자와 마피아를 피해 도망 다니는 이탈리아인을 그렸다. 1983년 여름에 결혼한 그는 1984년에 졸업 작품을 완성했다. 사실 그 시점에 이안은 대만으로 돌아갈 계획이었다. 그런데 졸업 작품이 뉴욕대영화제에서 작품상과 감독상을 수상했다. 미생물학자인 아내는 취직을 했고, 그래서 그들은 뉴욕으로 이주했다. 그는 곧이어 에이전트를 구했지만, 그가 "개발의 지옥^{development hell}"이라고 부르는 곳에서 이후 6년을 허비했다.

이안의 첫 장편영화는 〈쿵후 선생〉으로, 원래는 대만에서 열린 시나리오 공모전에 제출하려고 집필한 작품이었다. 그는 그걸 반드시 영화로 만들어야겠다는 생각은 하지 않았지만, 상금 1만 6000달러를 받아야겠다는 생각은 했다. 이안은 그 영화의 아이디어를 2년간 품고 있었다. "영화의 배경은 교외의 주택입니다. 이 집에는 태극권을 수련하는 노인이 있습니다. 따라서 집에는 중국 문화가 무척 많이 배어있습니다. 집의 나머지 절반은 대단히 신경질적인 문인文人인

---

1   Glenn Kenny, "Crossing Borders", 〈DGA Quarterly〉 4, no. 1(2010년 봄호). 본문 206쪽

미국인 아내입니다. 그래서 부부 사이에는 불화가 있고, 그들 사이에 태어난 아들은 미국에서 옛 중국 문화와 새 중국 문화 사이에 갇혀있습니다."[2] 시나리오를 쓰는 데는 두 달이 채 안 걸렸다. 예산은 40만 달러였다. 이안은 영화를 만드는 데 도움을 준 제작사 굿 머신 Good Machine 의 동업자 테드 호프와 제임스 샤머스를 만났다. 그와 두 제작자의 만남은 약간 우스꽝스러웠지만 결국은 그가 영화 제작 기회를 잡지 못하던 시절을 끝내줬다. "그들에게 스토리를 피치pitch 했더니, 제임스가 이러더군요. '당신이 6년간 아무 영화도 만들지 못했던 건 놀랄 일도 아니군요. 세상에 당신보다 피치를 못하는 사람은 없을 겁니다.' 그들은 무無예산 영화제작의 제왕으로서 나한테 직접 피치를 했습니다. 저예산이 아니라, 무예산입니다. 그렇게 우리는 의기투합했습니다."[3]

날마다 12시간에서 16시간을 작업하는 일정, 이안의 아내가 둘째 아들을 출산한 후 앓은 병환, 그리고 그 결과로 이안이 촬영 기간 내내 잠이 부족했던 점 등 때문에 촬영 스트레스는 대단히 컸다. 이안 입장에서 시간은 독립영화의 주적主敵이다. 계획했던 많은 숏을 얻는 게 불가능하기 때문이다. 상황이 이랬음에도 이안은 포스트프로덕션 동안 대단히 많은 작업을 직접 해봤다. 그는 말 그대로 편집 감독 옆에 딱 붙어 앉아 매 컷마다 작업에 참여했다.

영화의 테마는 사회의 변화다. 근본적으로 〈쿵후 선생〉은 (랑웅이 연기한) 나이 많은 중국인 태극권 고수가 아들과 미국인 며느리

---

2   Stephen Lowenstein, ed., 「Ang Lee: Pushing Hands」 『My First Movie』(Penguin Books, 2002), 368.

3   Kenny. 본문 209쪽

와 같이 살려고 미국에 왔을 때 빚어진 갈등을 다룬다. 중국인 입장에서 이 영화가 다루는 주제는 '서구인이 되는 것'이다. 이안에 따르면 동양적인 갈등 해소 방식은 모든 사람이 차이를 줄이려고 애쓰는 것이다. 사람들은 결국에 감정을 폭발시키기 전까지는 인내하고 감수한다. 엄청난 충격과 혼란이 찾아온 후, 사람들은 새로운 삶과 균형을 찾아낸다. 영화는 효도가 중요하다는 것을 강조하기도 한다. 이안의 표현에 따르면, 서구인이 된 중국인은 부모를 배신하면서 엄청난 죄책감을 느끼게 된다.

〈쿵후 선생〉은 대만에서는 성공했지만 다른 나라에서는 그러지 못했다. 영화에서, 이안은 캐릭터들이 주방에서 많은 시간을 보내게 만든다. 주방은 그가 촬영하기 좋아하는 곳 중 하나다. 주방은 여러 수준의 상호작용이 일어나는 전쟁터인 동시에 개인적인 공간이기 때문이다. 영화의 첫 15분에서 20분 사이에는 대사가 한마디도 없다. 캐릭터들 사이의 언어 차이는 제대로 된 의사소통에서, 또는 오해를 빚는 의사소통에서 핵심적인 역할을 수행한다. 따라서 언어의 부재는 관객에게 약간의 평온을, 더 적절하게 표현하자면 폭풍이 닥치기 직전의 고요를 안겨준다.

이 영화는 어떤 사람이 부모님에게 충실하면서 효심을 보여주는지 아닌지를 탐구하는 노인을 다룬다. 애초에 이안은 그가 구닥다리 영화들이라고 간주한 영화를, "사람들이 내가 어렸을 때 이미 만들기를 중단한 종류"[4]의 영화를 만들고자 한 게 아니었지만 말이다. 〈쿵후 선생〉은 이듬해 제작된 〈결혼 피로연〉과 그 다음해에 만들어진 〈음식남녀〉로 마무리되는 장편영화 삼부작의 막을 열었다. 이 세 영화는 각각의 작품이 아버지와 자식들 사이의 관계를 강조한다는 이유에서, 훗날 이안의 '아버지가 가장 잘 안다Father Knows Best' 삼부작으로 알려지게 됐다. 이안은 아버지 캐릭터와 자식 캐릭터 사이에서 일어나는 갈등 중 다수는 그 자신과 아버지 사이의 갈등을 그대로 반영한다는 것을 인정했다.

이안의 두 번째 장편 〈결혼 피로연〉도 남자 친구인 사이먼과 동거하고 있다는 사실을 부모에게 숨겨온 주인공인 대만계 미국인 동성애자 웨이퉁의 날선 인간관계를 묘사했다. 대만의 스튜디오가 〈결혼 피로연〉에 75만 달러를 투자했다. 그 시점에 제임스 샤머스는 시나리오 작업을 돕겠다고 제안했고, 그러면서 이안에 따르면, 장기간에 걸친 협력관계가 탄생했다. 이안은 샤머스가 시나리오 작업에 도움을 준 덕에 "이후에 일어난 일들은 세상이 다 아는 얘기라고 말하고 싶습니다"[5]라고 했다. 웨이퉁이 중국 본토에서 온, 합법적인 지위를 간절히 원하는 이주 여성 웨이웨이와 '정략결혼'을 해서 부모님을 기쁘게 해드리려 애쓰면서 〈결혼 피로연〉의 스토리는 본격적으로 궤도에 올라간다. 〈결혼 피로연〉은 "드라마와 코미디, 문화 비판을 뒤섞으면서" 상업적인 성공과 비평적인 성공을 거뒀다. 이 영화는 오스카와 골든글로브의 여러 부문에 후보로 지명됐고 베를린영화제에서는 황금곰상을 받았으며, 대만의 금마장시상식에서는 주요 6개 부문을 수상하며 식장을 휩쓸었다.[6]

영화 〈결혼 피로연〉에는 주요 캐릭터가 다섯 명이나 된다고 말할

4 Michael Berry, ed., 「Ang Lee: Freedom in Film」『Speaking in Images: Interviews with Contemporary Chinese Filmmakers』(Columbia University Press, 2005), 331.

5 Kenny. 본문 209쪽

6 Berry, 326.

수 있다. 웨이퉁, 그의 연인 사이먼, 법적인 아내 웨이웨이, 어머니, 그리고 (다시금 랑웅이 연기하는) 아버지이다. "영화가 시작될 때는 이 영화가 웨이퉁의 이야기가 될 것처럼 보이지만, 스토리가 진행되면서 다른 캐릭터들에게도 그와 비슷한 분량으로 스크린상의 시간이 주어지고 배경 사연도 부여된다. 내러티브는 영화에서 내려지는 결정들이 다섯 명으로 구성된 가족 전체에게 얼마나 강한 영향을 끼치는지를 반영한다."[7] 공동제작자인 제임스 샤머스는 이 스토리라인을 "게이와 중국인이 주인공이라는 점을 제외하면, 30년대 할리우드 스크루볼코미디의 전형적인 이야기 구조를 따른다"라고 묘사한다.[8] 이안은 "주요 캐릭터 다섯 명 각자는 무엇인가의 극단적인 형태를 대표하고, 관객은 그들이 한데 모이면 무슨 일이 일어나는지를 관찰한다"라고 덧붙인다.[9] 감독은 자신이 항상 세대적, 지리적 이주에서 비롯된 '정체성 문제'를 갖고 있었다는 점도 인정한다. "그(웨이퉁)는 이 여성(웨이웨이)을 통해 중국이라는 모국과 결합합니다. 그러고는 그의 부모가 등장합니다. 이 영화는 어떤 층위에서는 정치적인 풍자입니다. 중국과 대만이 그들을 하나로 묶으려고 애쓰는 미국의 영향력 아래에서 통일된다는 식의 풍자 말입니다. 그런 방식의 정치적인 색채는 그냥 자연스럽게 생겨났습니다."[10]

1994년에 〈메트로metro〉 매거진에서 크리스 베리가 진행한 인터뷰를 통해 이안은 웨이퉁과 사이먼이 키스하는 신은 당시의 대만영화

7   Whitney Crothers Dilley, 『The Cinema of Ang Lee: The Other Side of the Screen』 (Wallflower Press, 2007), 62.

8   Dilley, 61.

9   Berry, 331.

10   Berry, 332.

촬영장에서 (1997)

에는 처음 등장하는 신이라고 말했다. 그리고 그런 문화적 충격과 더불어, 뉴욕에서 중국인으로 지내는 데 따르는 정서라는, 상당히 퇴행적인 현실이 등장한다. 예를 들어, 중국인인 당신의 출신지는 중국 본토일지도 모르고 홍콩이나 대만일지도 모른다. 그런데 뉴욕에서 당신은 그냥 중국인일 뿐이다. 이안은 상이한 나라의 관객들이 보인 (특히 대만 관객과 미국 관객이 보인) 상이한 반응에 대해 논한다. 대만에서는 웨이퉁과 웨이웨이 캐릭터를 통해 2개의 중국이 하나가 되는 것이 폭소를 자아낸 반면, 미국에서는 뉴욕 결혼국에서 사용되는 언어가 관객들을 웃겼다.

이안의 세 번째 영화 〈음식남녀〉는 (다시금 랑웅이 연기한) 전직 요리사인 홀아비 아버지와 독신인 세 딸 사이의 관계를 그린다. 이안은 "(가족적이면서도 로맨틱한) 음식과 사랑을 축하한 작품"이라고 말할 수도 있는 이 영화를 만들려고 대만으로 돌아왔다.[11] "주周 사부에게는 성격이 확연히 다른 세 딸이 있는데 결국 딸들은 모두 자신들의 짝을 찾는다. 주 사부는 자신의 낭만적인 행복을 찾기 위해서 뭔가 속셈이 있고 고압적인 여성의 관심에서 벗어나야 한다. 이안은 이렇게 다가가기 쉬운 가족적인 포맷을 통해 그가 총애하는 부성父性과 가족, 의무라는 주제들을 다시금 탐구했다."[12]

이 영화는 그의 '아버지가 가장 잘 안다' 삼부작에 속하는 영화로 간주되지만, 이안은 이 작품으로 그가 앞서 만든 두 작품에서 했던 것하고는 대단히 의미 있는 방식들로 결별하기 시작했다고 느낀다. "나는 영화로 실험을 시작하면서 대체로 입체파적인 사고를 하고 있었습니다. 일직선적인 구조 대신, 영화를 지탱할 다른 방식을 찾고 있었습니다. 그래서 한 사건이나 캐릭터를 개발하면서 그걸 모든 측면에서 바라보려 애쓰고 있었습니다. 그런데 어떤 것을 모든 측면에서 바라보고 싶을 때면 촬영도 그걸 반영하는 방식으로 행해야만 합니다."[13]

〈음식남녀〉의 배경은 대만으로, 이안은 일본 감독 오즈 야스지로와 중국의 다른 가족드라마들에서 영향을 받았다고 밝혀왔다. 그러

11 Nick Dawson, "Father Knows Best: The Early Comedies of Ang Lee", www. focusfeatures.com, June 19, 2009.

12 Dawson.

13 Berry, 337.

면서 그는 실제로 이 영화와 관련해서 그에게 가장 큰 영감을 준 중국 속담을 언급한다. "모든 잔치는 결국 끝나기 마련이다."[14] 음식은 분명 메타포다. 그런데 이안은 잔치야말로 그가 조국인 대만에 대해 받는 느낌을 대표하는, 정말로 중요한 요소라고 생각한다. 이 영화는 (전작 〈결혼 피로연〉처럼) 오스카 외국어영화상 후보로 지명됐고 비평적으로도 성공을 거뒀다. 그 시점까지 미국에서 개봉된 중국어 영화 중 가장 성공한 영화가 되면서 상업적으로도 성공했다.

이안의 작품의 복판에 자리한 인간관계에 대한 관심은 대단히 상이한 프로젝트로 보이는, 제인 오스틴의 〈센스 앤 센서빌리티〉를 영화화하는 프로젝트를 위한 준비를 시켜줬다. 많은 평론가들은 이 각색 영화를, 풍속희극상류사회의 풍습을 풍자한 재치 있는 희극으로 자주 분류되는 작품인 〈음식남녀〉로부터 자연스럽게 이행된 작품이라고 느낀다. 이안의 전작에 깊은 인상을 받은 영화의 시나리오 작가이자 주연배우 에마 톰슨은 "이안과 같이 작업하면서 전체는 부분의 합보다 크다는 것을 배웠다"고 밝혔다.[15]

〈센스 앤 센서빌리티〉는 엄밀히 말해 이안이 영화 전편을 영어로 만든 첫 영화였다. 감독은 자신이 톰슨과 프로덕션디자이너로부터 엄청난 지원을 받았다고 느꼈다. 이안은 촬영을 시작하기 전에 가진 6개월의 조사 기간에 대해, 문헌을 읽고 박물관과 저택들을 방문하고 촬영지를 헌팅하러 다니고 때로는 주연배우 에마 톰슨을 대동하고는 의상들을 자주 살펴보러 다니는 것에서 배울 수 있는 것은 무엇이건 배운 기간으로 묘사한다.[16] 이안은 그게 장시간의 학습과정

---

14 Berry, 336.
15 Dawson.

이었다는 것을, 그리고 톰슨이 "내가 낭만주의 정신이 움트고 대도시의 특성과 산업혁명의 발흥을 볼 수 있도록 나를 박물관에 데리고 가는 것부터 특정 시대에 그려진 회화들을 감상하는 작업에까지"[17] 데리고 다닌 대단히 관대한 사람이었다고 인정한다. 사실, 이안은 그가 속한 문화와 시대하고는 너무도 다른 문화와 시대로 어떻게 그렇게 옮겨 다닐 수 있느냐는 질문을 자주 받았다. "많은 사람들이 묻습니다. '어떻게 그렇게 했나요?' 그런데 나는 그걸 하룻밤새 혼자서 한 게 아닙니다! 나한테는 팀으로 구성된 사람들이 있었고, 그들은 그런 협동 작업을 통해 내 정신과 영화적 재능을 활용했습니다. 그건 집단 노력이었습니다. 시간이 한참 지나면, 나는 내가 이런 작업을 하고 있는 중국인이라는 사실을 거의 까먹고는 했습니다. 나는 내 작품을 중국영화와 미국영화로 구분하지 않습니다."[18]

〈센스 앤 센서빌리티〉에서 내러티브의 핵심은 (에마 톰슨이 연기한) 엘리너와 (케이트 윈슬릿이 연기한) 메리앤, 그리고 그들이 각각 이성과 감성을 체현하는 방식을 중심으로 돈다. 엘리너는 이성적인 면이 강하고, 메리앤은 감성적인 면이 강하다. 〈음식남녀〉와 〈센스 앤 센서빌리티〉는 문화적 배경과 시대적 배경 면에서 대단히 상이한 영화들로 보이지만, 두 영화에는 동일한 대사가 등장한다. 자매 중 한 명이 다른 사람에게 말한다. "네가 내 마음에 대해 뭘 아니?"[19]

이안이 영국인 출연진의 작업 방식 때문에 약간 고심하기는 했지

---

16 Berry, 338.
17 Berry, 338.
18 Berry, 338.
19 Dilley, 88.

만, 영화는 열광적인 리뷰들을 받으면서 작품상을 포함한 아카데미 시상식 7개 부문에 후보로 지명됐다. 이안은 감독상 부문 후보에 오르지 못했지만 에마 톰슨의 시나리오는 오스카상을 수상했다. A급 제작 환경에서 영화를 만들었다는 점에서 이안은 이 작품을 그의 직업적인 입장에서 "유익한 과도기적" 작품으로 간주했다.

이안의 다음 영화는 〈아이스 스톰〉으로, 1994년에 출판된 릭 무디의 동명 소설이 원작인 그의 첫 미국영화였다. 1973년의 추수감사절 기간이 배경인 〈아이스 스톰〉은 코네티컷주 뉴케이넌의 부유한 주거지역에 사는, 본질적으로 제구실을 못하는 두 가정을 다룬다. 각각의 가정은 70년대 초반의 정치적, 사회적 변화들을 감당하려 애쓰고 있다. 알코올과 불륜, 성적性的 실험을 통해 현실에서 탈출하려는 그들의 시도는 간접적인 경로를 통해 비극적인 결과들로 이어진다.

〈결혼 피로연〉과 〈음식남녀〉에서 같이 작업한 이안의 제작 파트너 제임스 샤머스와 테드 호프는 그가 연출할, 영어가 더 많이 등장하는 소재를 찾는 중이었다. 이안은 릭 무디의 소설을 읽은 후 그게 "놀라울 정도로 영화적인 소재"라고 느꼈다.[20] 하지만 이안은 가을과 겨울 동안 일어난 일로 그려진 내용을 봄과 여름에 찍는 식으로 촬영 스케줄을 잡을 만큼 제작을 서둘렀다. 이안은 그렇게 서둔 동기가 〈센스 앤 센서빌리티〉가 받은 압도적으로 긍정적인 반응과 관련이 있다고 설명한다. "〈센스 앤 센서빌리티〉가 거둔 전체적인 성공과 그에 따른 모든 홍보 활동 덕에 나는 대단히 피곤하고 따분해졌습니다. 다시 일하러 돌아가기까지 기다릴 수가 없을 지경이었죠. 그래서 우리는 곧바로 일을 진행했습니다."[21] 촬영 당시 실제 계절에 영화 속 다른 계절들을 꾸미려는 시도 때문에 고역을 치렀을 뿐 아니라, 영화가 그려내는 뉴케이넌 지역의 일부 거주자가 소설이 마약과 배우자 스와핑을 "비판적으로" 언급했다면서 촬영을 반대하기도 했다.[22]

〈아이스 스톰〉은 케빈 클라인과 조앤 앨런, 토비 매과이어, 크리스티나 리치, 일라이자 우드, 시거니 위버 등의 앙상블 출연진을 내세웠음에도, 1800만 달러 남짓의 제작비를 쓰고도 흥행 수입이 800만 달러밖에 되지 않았다. 결국 〈아이스 스톰〉은 비평 면에서는 우호적인 반응을 얻었지만 상업적인 성공은 거두지 못하고 손해를 봤다. 이안은 스튜디오가 강력한 개봉 전략을 지지하지 않았고 배급 과정 내내 그와 함께 작업하지도 않았다고 주장한다. 그는 심지어 제작사가 DVD 배포 시점조차 그에게 알려주지 않았노라고 말한다. 하지만 〈아이스 스톰〉은 시간이 흐르는 동안 인지도가 높아지면서 DVD 판매, 그리고 케이블 같은 부가 시장에서 좋은 성적을 거뒀다.

이안의 다음 장편인 〈라이드 위드 데블〉은 〈쿵후 선생〉부터 〈아이스 스톰〉에 이르기까지 만든 각각의 영화들의 복판에 자리한 "가족드라마"하고는 그가 완전히 결별했음을 보여준다. 남북전쟁기를 배경으로 한 이 영화의 스토리라인은 작가 대니얼 우드렐이 쓴 책 『살아가는 데 따르는 비애Woe to Live On』를 바탕으로 제임스 샤머스가 쓴 시나리오에서 탄생됐다. 영화에서 묘사되는 사건들은 전쟁이 시

---

20 Iain Blair, "Ang Lee: The Director Braves The Ice Storm in His New Fox Searchlight Release", 〈Film & Video〉, October 1997, 50.

21 Blair, 50.

22 Blair, 50.

작될 무렵 미주리에서 남군의 민병대 집단이 북군 병사들을 상대로 벌이는 게릴라 전투에 초점을 맞춘다. 토비 매과이어와 스키트 울리히, 제프리 라이트, 조너선 브랜디스, 짐 커비즐, 가수 주얼 등의 앙상블 출연진이 출연한다.

〈라이드 위드 데블〉에서 가장 기억에 남는 요소 중 하나는 제프리 라이트가 연기하는 홀트 역이다. 해방된 노예인 홀트는 남부 친구들을 향한 충성심 때문에 남군 편에서 싸운다. 홀트 캐릭터는 영화의 첫 20분에서 30분 동안 한마디도 하지 않는다. 그는 한동안 말을 하지 않는 존재이기는 하지만 중요한 캐릭터다. 이런 설정은 위험해 보인다. 하지만 우리는 앞서 이안의 첫 장편 〈쿵후 선생〉에서도 이 감독이 20분 넘게 이어지는, 언어가 등장하지 않는non-verbal 시퀀스들을 기꺼이 삽입할 거라는 사실을, 그리고 아마도 그런 것을 즐길 거라는 사실을 목격한 바 있다. 실제로, 이안은 캐릭터들이 대사로 말하는 게 아니라 보디랭귀지와 행동을 통해 말하는 신scene과 극적인 순간들을 선호한다고 밝혀왔다.

이 영화에는 정체성이라는 이슈도 풍부하다. (토비 매과이어가 연기한) 남군 민병대원 제이크 뢰델은 독일 출신으로, 그의 가족은 북군 편에 섰다. 그는 남부인 무리 사이에서 아웃사이더다. 그렇게 그와 홀트는 지역적, 민족적, 인종적 정체성의 관점에서 갈등을 겪는다는 게 어떤 의미인지를 이해하는 아웃사이더들로서 엄청난 유대감을 형성하나. 〈라이드 위드 데블〉에서 이안은 광범위한 충성과 동맹을 특징으로 하는 남북전쟁의 장대한 본성을 파악하기 위해 그로서는 안락한 곳인 가족드라마라는 지역의 외부로 나간다.

불행히도 이안에 따르면 〈라이드 위드 데블〉은 대단히 제한된 극장에서만 개봉되면서 "버려졌다." 이 영화는 특이한 영화다. 폭력적이지만 카타르시스를 안겨주는 방식으로 그렇지는 않다. (그 시대의 사투리를 쓰는) 상당히 말이 많은 이상한 캐릭터들로 가득하고, 플롯은 정처 없이 떠돈다고 묘사할 수 있다. 하지만, 이안 입장에서 이 영화는 그와 연관 지어지던 가족 중심의 영화라는 유형을 떠나면서 한 새로운 출발을 대표하는 영화다. 그는 이 최초의 시도 이후로 그는 자신이 "규모가 더 큰" 영화들을 감당할 수 있다고 느꼈다.

이안은 실제로 〈와호장룡〉에서 국제적인 출연진이 등장하는 "큰" 영화를 다뤄냈다. 이 영화와 영화의 캐릭터들, 고급스러운 무술 시퀀스들에 대해서는 많은 글이 집필됐고 문화·언어 차이와 주요 캐스트 멤버들의 배경에 대한 더욱 논쟁적인 글도 많이 집필됐다. 〈와호장룡〉은, 무엇보다도 (주윤발이 연기한) 리무바이 캐릭터와 (양자경이 연기한) 위수리언 캐릭터 사이의 러브 스토리다. 그들을 보조하는 캐릭터로는 (장쯔이가 연기한) 젠과 (정패패가 연기한) 푸른 여우, (장첸이 연기한) 젠의 도적 연인 로 등이 있다. 플롯은 분열된 충성심, 동맹의 결성과 파기, 스승과 제자 사이의 역학, 모험과 무술 통달을 향한 여성의 욕망으로 가득하고 한편으로는 입이 쩍 벌어지는 무술 시퀀스들이 쉴 새 없이 등장한다.

〈와호장룡〉은 왕두루王度盧가 쓴 5부작 소설의 4부에서 비롯됐고, 제목은 "정당한 사회의 표면 아래에서 일어나고 있을지도 모르는 다른 무엇"을 가리킨다.[23] 이안은 이 소설의 작가를 향한 존경심을 밝혀왔다. "나는 이 작가를, 그리고 그가 중국의 고대 문화에 접

23 Mitch Persons, "Ang Lee on Crouching Tiger, Hidden Dragon", 〈Cinefantastique〉 33, no. 1/2(April 2001): 96.

근하는 구식의 향수 어린 방식을 늘 좋아했습니다. 그의 작품에는 어느 정도의 리얼리즘이 있습니다. 지나치게 미친 지경까지 나아가지 않고 한계를 너무 멀리 벗어나지도 않습니다. 그의 작품에는 걸출한 여성 캐릭터들이 있고 비극적인 엔딩도 있는데, 이 둘 모두는 무술 이야기에는 흔치 않은 것입니다."[24]

그는 이 소설이 "무협wuxia 소설"로 알려진 이유를 더 자세히 설명했다. "'무武'는 군대, 싸움을 뜻합니다. '협俠'은 기사knight, 합법적인 전사warrior를 뜻합니다."[25] 하지만 그 혹은 그녀는 사무라이나 편력기사knight-errant하고는 다르다. 무협은 계급이 아니고, 직업도 아니기 때문이다.[26] "무협은 '의로운 전사'이되, 스타일 면에서 자유롭습니다. 그들은 정부나 교회를 위해 일하는 사무라이나 편력기사보다는 웨스턴 영화의 외톨이 총잡이와 더 비슷합니다. 그들은 방랑자고 떠돌이입니다. 책에서 리무바이와 위수리언은 둘 다 무협입니다."[27]

제임스 샤머스와 함께 한 인터뷰에서, 이안은 (샤머스와) 함께 시나리오를 쓴 것은 유익한 성과를 낸 일이기도 했지만 어려움도 많았다고 밝혔다. 공동 집필의 결과 영화에는 글로벌한 매력이 더 많이 담겼고, 그런 점은 한때 제기됐던 두 가지 버전(영어 버전과 중국어 버전)으로 영화를 만들자는 제안과 반대로 중국어로만 영화를 만들자는 결정에 영향을 줬다.[28]

무술감독 원화평이 지대한 기여를 한 〈와호장룡〉은 2억 달러가

24 Persons, 96-97.

25 Persons, 97.

26 Persons, 97.

27 Persons, 97.

28 "Ang Lee and James Schamus", guardian.co.uk, November 2000.

넘는 흥행 성적을 올리면서 국제적인 깜짝 히트작이 됐다. 이 영화는 미국에서 1억 달러 이상의 흥행 성적을 올리면서 미국 역사상 가장 높은 흥행 성적을 올린 외국어 영화가 됐다. 영화는 아카데미 외국어영화상(대만)과 다른 세 부문의 아카데미상을 받았으며 작품상을 포함한 다른 6개 부문에 후보로 지명됐다.

그보다 더 규모가 큰 프로젝트 〈헐크〉는 특수효과라는 추가 요소와 더불어 예산과 규모 면에서 이안의 이전 작품들을 모두 능가했다. 이안이 자랄 때 코믹 북의 팬이 아니었다는 것은 인정된 사실이다. 그러나 그는 또 다른 전형적인 여름 블록버스터가 될 수도 있었던 영화에 "감정과 복잡성"을 추가하려고 애썼다.[29] 영화에는 상대적으로 신예인 에릭 바나(브루스 배너 박사, 헐크 역)와 제니퍼 코널리(연인 베티 역), 샘 엘리엇(그녀의 아버지 역), 조시 루커스, 닉 놀테(브루스의 아버지인 과학자 데이비드 배너 역)가 출연했다. 이 영화는 그 시점까지 이안이 만든 가장 규모가 큰 작업이었지만, 감독은 규모가 장대한 가족드라마로 돌아간 듯 보였다. 브루스 배너와 그의 아버지 데이비드 사이의 관계를 탐구하는 측면에서는 특히 더 그랬다.

이안이 〈와호장룡〉의 깜짝 놀랄 성공이라는 강점을 바탕으로 그의 첫 대형 스튜디오의 블록버스터인 〈헐크〉를 할 기회를 잡은 것은 분명하다. 이안은 그 자신에게 입증할 무엇인가를 어떻게 가지게 됐는지에 대해 말했다. "그걸 전부 하고 싶었습니다. 나는 액션을 향한 관객의 욕망을 충족시킬 영화를 원했습니다. 그런데 사이코드라마를, 액션을 함께 추동하는 강렬한 감정을 담은 작품을… 구축하

---

29 Ian Grey, "An Even More Incredible Hulk", www.fangoria.com, June 2003.

고도 싶었습니다. 그런데 그 과정은 약간의 갈등과 논란을 수반했습니다. 하지만 이 도전은 나를 흥분시켰습니다. 나는 내가 그걸 할 수 있다는 것을 나 자신에게 입증하고 싶었습니다."[30]

이안은 관객을 즐겁게 해주는 액션과 강렬한 사이코드라마를 통합시켰다. 브루스 배너는 헐크라는 또 다른 자아alter ego가 통제권에서 벗어나는 것을 두려워한다. 그러면서도 이안의 작품이 공통으로 다루는 주제인 감정적인 억압이라는 이슈를 반영한 파괴적인 헐크가 출현해서 겪는 에피소드에서 기묘한 해방감을 느낀다. 이 이슈는 그의 모든 영화에 이런 저런 형식으로 존재한다. 결국, 그가 헐크로서 겪는 에피소드들은 그를 연인 베티로부터 고립시키고, 그를 정부의 공격 대상이자 사리사욕을 추구하는 자들의 착취 대상으로 만든다. 하지만, 주된 갈등은 대다수 슈퍼히어로, 코믹 북 영화의 전통에서처럼 강력한 악당과 대결하는 데서 막을 내리지 않는다. 오히려 영화의 결말에 등장하는 극적인 대결의 초점은 의도치 않게 아들 브루스를 헐크로 만들어버린 아버지의 방사선 전이轉移가 제공한다.

이안이 CGI 작업에 필요한 동작을 제공하려고 헐크 복장을 입기까지 하면서 2년 넘게 작업했음에도 영화에 대한 리뷰들은 실망스러웠다. 영화는 (간간이 코믹 북 스타일의 화면분할을 보였음에도) 코믹 북 팬들의 반향을 강하게 이끌어내지 못한 듯 보였다. 코믹 북 팬들은 이 영화가 오리지널 스토리에 가한 변화와 특수효과에 문제가 있나고 봤다. 하지만, 일부 평론가들은 브루스와 데이비드 배너 부자 사이의 고통스러운 관계를 묘사하려는 이안의 시도를 높이 평가하

---

30 Gene Seymour, "Aarrgh!! Another Leap for Ang Lee", 〈Newsday〉, June, 2003.

면서, 코믹 북을 원작으로 한 대다수 블록버스터에 흔하게 수반되는 편이 아닌 심리적 깊이에서 강한 인상을 받았다.

마음을 가다듬은 이안은 다음 프로젝트에서는 규모가 더 작고, 더 내밀한 차원으로 돌아가기로 결심했고 그 작품은 압도적으로 긍정적인 성공을 거뒀다. 〈브로크백 마운틴〉은 두 카우보이 (히스 레저가 연기한) 에니스 델 마와 (제이크 질런홀이 연기한) 잭 트위스트 사이의 20년 남짓한 로맨틱하고 섹슈얼한 관계를 그린다.

영화의 원작은 1997년에 〈뉴요커〉에 실린, 애니 프루가 쓴 단편소설이다. 이 획기적인 프로젝트에는 이안이 연출 계약서에 서명을 하기 이전에 긴 사연이 있었다. "… 이후 7년간, 이 프로젝트는 할리우드를 떠돌았다. 한때는 조엘 슈마허의 것이었고 다른 때는 거스 밴 샌트의 것이었던 이 프로젝트는 할리우드에서 먼지를 뒤집어쓰는 한편, 영화로 제작되지 않은 가장 위대한 시나리오 중 하나라는 찬사를 받았다. 결국, 복잡한 액션영화 두 편을 완성하는 데 따른 피로를 떨쳐낸 이안은 이 작품을 떠올리고는 프로듀서 제임스 샤머스와, 샤머스가 공동대표로 있는 포커스 피처스를 끌어들였다."[31]

이안은 단편소설과 시나리오에 대한 그의 반응을 기꺼이 털어놓는다. 그는 눈물을 흘렸다고, 이 이야기에 깊은 감동을 받았다고 말한다. 그는 자신이 아웃사이더들을 다룬 이야기들에서 보편적인 것들을 찾아내려고 시도한다고 말해왔다. 그는 아웃사이더 캐릭터들에 공감하는 능력을 갖게 된 것을 그 자신도 역시 끊임없는 아웃사이더처럼 느낀다는 점 탓으로 돌린다. 고국 대만을 떠나 다른 나라

---

31 Peter Bowen, "Ride the High Country", 〈Filmmaker〉(2005년 10월호), 본문 156쪽

로 이주한 경험은 그에게 자신은 어느 쪽에건 완벽하게 속해 있지 않다는 느낌을 남겼다. 따라서 그는 대다수 사람들이 주어진 것으로 가정하는 관습들이 꾸준히 도전 받는 곳에서 외부 관찰자observer의 관점이라는 독특한 관점을 갖게 됐다고 주장한다.

이안은 〈결혼 피로연〉과 〈브로크백 마운틴〉으로 최고 수준의 게이 영화들을 만든 이성애자 감독이라는 명성을 얻기 시작했다. 하지만 이안은 〈브로크백 마운틴〉을 동성애자건 이성애자건 상관없이 보편적으로 공감할 수 있는 러브 스토리로 간주한다.[32]

영화의 배경은 영화가 발휘하는 극적인 위력에 있어서 중요하다. 이안 입장에서 브로크백 마운틴은 그 자체로 하나의 캐릭터여야 했다. 영화에서 작동하고 있는 아이디어들이 무척 추상적이기 때문이다. 이안은 이 점을 간결하게 요약한다. "내가 보기에는 대단히 실존주의적인 아이디어입니다. 이 이야기는 사랑이라는 환상을 다룹니다. 그들은 자신들이 이해하지 못하면서 시작한 무엇을 향해 돌아가기를 계속 원합니다. 그들이 그 무엇의 내부에 있었을 때 말입니다. 그들은 절대로 이해하지 못합니다. 이해했을 때, 그들은 그걸 놓쳤습니다. 나를 사로잡은 것은 그 주제였다고 생각합니다."[33]

〈브로크백 마운틴〉은 이안의 창조적인 부활을, 그리고 감독에 따르면 개인적인 부활을 상징한다. 이안은 여러 매체에서 〈브로크백 마운틴〉을 만든 경험을, 〈헐크〉를 제작하고 호오好惡 섞인 반응을 받은 혹독함이 남긴 상처를 "치유"한 경험으로 묘사한다. 이안은 이

32 Garth Franklin, "Interview: Ang Lee, Brokeback Mountain", Dark Horizons, www.darkhorizons.com, December 2005.

33 Carlo Cavagna, "Interview of Ang Lee", www.Aboutfilm.com, December 2005.

배우 히스 레저와 〈브로크백 마운틴〉 촬영장에서 (2005)

영화로 아카데미 감독상을 받았다. 작품상은 〈크래쉬〉에게 빼앗겼
지만 말이다. 〈브로크백 마운틴〉이 수상하기를 희망했던 많은 이들
입장에서는 분명 논란이 많은 결과였다.

영화 〈색, 계〉는 이안 입장에서는 중국으로 복귀했음을 뜻한다.
이 영화는 중국 작가 장애령張愛玲이 1979년에 발표한 동명의 중편
소설이 원작이다. 영화는 괴뢰정부의 고위급 비밀요원이자 신병 모
집책을 암살하려는 계획을 짠 대학생 무리를 그린다. 그들은 그를
함정으로 유인하기 위해 매력적인 젊은 여성을 활용한다.

영화는 열정적이기도 하고 사도마조히즘적이기도 한 노골적인 섹

스 신들을 담고 있다. 이안은 그 신들이 자체적으로 내러티브를 창조해내는 방식을 설명한다. "섹스 신들은 이야기를 들려줘야 합니다. 그 신들은 보디랭귀지가 관객에게 무엇인가를 말하는 방식으로 작동해야 합니다. 그 신들에는 극적인 의도가 있습니다. 왕^{배우} 탕웨이가 연기한 역할은 사랑에 빠질 필요가 있습니다. 그래서 우리는 이 선생^{배우} 양조위가 연기한 역할이 그녀를 껴안는 신을 넣었습니다. 그녀는 태아 같은 자세를 취합니다. 그는 그녀에게서 활력을 쥐어짜내는 듯 보입니다. 그리고 그녀는 가슴이 뭉클해집니다."[34]

실제로, 이안은 그의 섹스 신 연출을 "무술 영화의 무술감독"의 연출과 비교한다. 그는 두 주연 배우 사이의 섹스 체위 대다수는 명확한 극적 의도에서 창조됐노라고 말한다. 그는 "내가 말할 필요가 있는 내용을 가장 명쾌하게 말할" 보디랭귀지를 찾아내고는 그걸 배우들과 함께 검토했다. 그는 "그 신의 드라마에 대해, 캐릭터들의 마음속에서 일어나고 있는 일이 무엇인지에 대해, 그리고 그들이 그 마음을 주고받는 방법에 대해" 말하고는 했다.[35]

이안은 〈색, 계〉가 극도로 개인적인 영화라고 느꼈다. 중국어 영화라서 그렇기도 하지만, "내가 인식하지 못하는 내 내면의 감정과 심경에 대한 개인적인 지식을 갖고" 영화에 등장하는 캐릭터들을 연출하는 과정 때문에 더욱 그랬다.[36] 〈색, 계〉는 베니스영화제에서 황금사자상을 수상했다. 전해에 〈브로크백 마운틴〉으로 그 상을 수상했던 이안 입상에서는 두 번째 수상이었다. 그는 극장 개봉에서 R등급

34 Damon Wise, "Censor Sensibility", 〈Empire〉, December 2007, 167.

35 Wise, 167.

36 Jennifer Merin, "Taking What He Gives", 〈New York Press〉, September 2007, 27.

을 받기 위해 영화에 변화를 주자는 제안을 거부했다. DVD는 R등급^{17세 미만은 부모나 성인 보호자가 동반해서 관람해야 하는 미국의 영상물 등급 표시}을 받으려고 편집했지만 말이다. DVD는 그 덕에 임대점과 매장에서 더 광범위한 관객과 만날 수 있었다.[37]

〈테이킹 우드스탁〉은 대단히 강렬한 〈색, 계〉를 잇는, 상대적으로 유쾌한 후속작이다. 〈테이킹 우드스탁〉은 (디미트리 마틴이 연기한) 엘리엇 타이버의 실화를 바탕으로 한다. 타이버는 자신이 어쩌다보니 뉴욕주 북부의 다 쓰러져가는 모텔의 주인인 (헨리 굿맨과 이멜다 스턴톤이 연기한) 부모님과 함께 1969년의 우드스탁 페스티벌이라는 문화적 사건의 한복판에 있게 됐다는 것을 알게 된다. 하지만 이안은 〈테이킹 우드스탁〉이 음악에 대한 영화가 아니라는 것을, 그 대신 감독으로서 자신에게는 자타공인 친숙한 주제인, 본질적인 가족 관계를 탐구하는 영화라는 점을 명확히 했다.

이안은 〈색, 계〉를 둘러싼 논란을 겪은 후 코미디를 연출한다는 아이디어에 끌렸다. 그는 아시아와 미국에서 중국어 영화를 제작하고 홍보하면서 엄청난 감정적, 육체적 고통을 겪은 후 불면증에 시달렸고, 예상치 못한 순간에 주체하지 못할 정도로 울음을 터뜨리는 일을 겪었다고 밝힌다.[38]

〈테이킹 우드스탁〉의 촬영에는 42일이 걸렸고, 제작비는 〈색, 계〉의 예산의 거의 두 배에 달하는 3000만 달러가량이 들었다. 영화의 흥행 수입은 제작비의 일부에 불과했다. 일부 관객은 다큐멘터리나 콘서트 필름을, 또는 아마도 더욱 도발적인 게이 커밍아웃 영화를

---

37 Wikipedia.org / Lust, Caution(film).
38 Damon Wise, "Hippie Talking", www.empireonline.com, November 2009.

기대했다. 미국 문화의 분수령이라 할 이 특유한 순간을 다룬 이안의 독특한 관점에 긍정적인 리뷰를 쓴 평론가가 일부 있었지만, 많은 이들이 실망한 듯 보였다.

이안의 다음 영화는 기술적으로뿐 아니라 예술적으로도 대성공한 작품으로 폭넓게 간주된다. 얀 마텔의 2001년 동명 소설을 원작으로, 실사와 CG를 섞은 3D 모험 드라마 〈라이프 오브 파이〉였다. "스토리라인은 인도인 남성 피신 몰리토 '파이' 파텔을 중심으로 진행된다. 캐나다에 거주하는 그는 16세 때 그의 가족이 사망한 조난 사고에서 살아남고는 리처드 파커라는 이름을 가진 벵골 호랑이와 함께 구명정을 타고 태평양을 떠돈 자신의 이야기와 인생사를 소설가에게 들려준다."[39] "영화로 만들 수 없는 작품"으로 간주됐던 영화 프로젝트 〈라이프 오브 파이〉는 다년간 많은 이의 손을 거쳤다. 폭스가 영화화 권리를 획득한 2003년 이후로 M. 나이트 시아말란과 알폰소 쿠아론을 비롯한 다른 감독들이 이 복잡한 스토리를 고려하다 거절했다.[40] 이안은 이 프로젝트에 4년을 썼다. 그는 프로젝트를 맡은 직후 이 영화는 3D로 찍어야만 한다고 결정했다.[41] 호랑이와 함께 구명정에서 보내는 많은 신에 관객의 흥미를 붙잡아두려면 일종의 시각적 확장visual amplification이 필요할 거라고 느꼈기 때문이다.

하지만 이안이 프로젝트에 서명한 이후에도, 그가 이 영화는 실제로 만들어지지 못할 거라고 생각한 시점들이 있었다. 그는 자신

---

39 Wikipedia.org / Life of Pi(film).

40 John Hiscock, "Ang Lee, Interview: How He Filmed the Unfilmable for Life of Pi", 〈Telegraph〉, 2012년 12월 19일자에서. 본문 253쪽

41 Hiscock.

이 다음과 같이 느꼈던 것은 영화 경력에서 유일했다는 점을 저널리스트들에게 밝혔다. "실제 프리프로덕션을 시작하기 직전이었습니다. 나는 영화를 만들기 전에 영화의 바다 부분 전체를 사전 시각화previsualized했습니다. 그 정도로 준비가 돼있었죠. 그런데 어느 시점에 제작자들은 이 영화의 위험이 꽤 크다는 이유로 제작을 중단하고 싶어 하는 듯 보였습니다…. 하지만 나는 무엇이건 시작하고 나면 끝을 봐야만 합니다. 나는 그들을 계속 설득했고 그들은 마음을 돌렸습니다."[42]

〈라이프 오브 파이〉는 눈과 마음을 위한 성찬盛饌일 뿐 아니라 정신을 위한 성찬이기도 하다. 영화는 "우리가 두 눈으로 목격한 현실에 의문을 제기하는 매혹적이면서도, 의도적으로 평범하게 포장된 종결부coda"로 끝난다.[43] 관객은 믿을 수 없는 것을 믿으라는 요청을 받고, 영화는 블록버스터의 환상적인 기술적 묘기를 예술영화의 심오한 질문과 보편적인 이슈들과 함께 녹여낸다. 〈라이프 오브 파이〉는 전 세계적으로 제작비의 거의 6배 가까운 6억 달러 이상을 벌어들이면서 비평적이고 상업적인 성공작으로 떠올랐다. 영화는 아카데미 11개 부분에 후보로 올라 4개 부문을 수상했다. 음악상, 시각효과상, 촬영상, 이안이 수상한 감독상.

이안은 앞선 작품들에서 보여준 다방면에 걸친 주제 선택과 비주얼 솜씨를 바탕으로 "다재다능한" "장르를 넘나드는" "장르를 옮겨

42 Steve "Frosty" Weintraub, "Ang Lee Talks Life of Pi, the Difficulty of Getting the Project Off the Ground, 3D as a New Artistic Form, Deleted Scenes and More", www.collider.com, October 3, 2012.

43 Philip French, "Life of Pi—Review", www.theguardian.com, December 23, 2012.

다니는" "관심이 다양한" 영화감독이라는 말을 들어왔다. 이안은 자신의 독특한 접근방식과 영화연출에 대한 열정을 다음과 같이 가장 잘 묘사한다. "나를 흥분시킨 소재가 무엇이건 그 소재들은 특정한 장르나 복합적인 장르를 요구할 겁니다. 그 장르는 자연스럽게 도출될 것이고 나는 영화가 제대로 작동하는 방법을 열심히 배울 겁니다. 나는 규칙들을 배우고는, 그중 일부를 위반할 겁니다. 감독은 규칙들을 알아야 합니다. 그렇지 않으면 관객과 의사소통할 수단을 하나도 갖지 못할 겁니다. 하지만 규칙들을 신선하게 유지하기 위해서는 그중 일부를 위반해야 합니다. 나는 장르를 하나의 요소로서 선택하지 않습니다. 소재 자체가 요소입니다. 그러고 나면 나는 내게 필요한 장르가 무엇인지를 결정할 겁니다. 그게 바로 내가 작업하는 방식입니다."[44] 자신이 한계 없이, 꼬리표 없이, 두려움 없이 창작한다는 것을 보여줘온 어마어마한 감독이 밝힌 지당한 말씀이다.

카를라 레이 풀러

44 Weintraub.

믿음과 이야기는 우리 인생에 어떻게 영향을 끼치는가,

우리는 그것들을 어떻게 현실로 받아들이는가,

그것들이 어떤 면에서 현실보다 더 중요한가.

내게 있어서는 그게 진실입니다.

〈아이스 스톰〉 촬영장에서 (1997)

대만영화계의 뉴페이스

크리스 베리 —— 1993

대만의 신작 소극笑劇 〈결혼 피로연〉이 현재 전국에서 개봉중이다. 배급사 팰러스 엔터테인먼트는 이 영화에 큰 기대를 걸고 있다. 허우샤오시엔과 에드워드 양의 〈공포분자〉〈비정성시〉〈희몽인생〉〈고령가 소년 살인사건〉 같은 예술영화들과는 달리, 〈결혼 피로연〉은 대중적인 주류 영화이면서 아트하우스 관객에게도 어필할 수 있는 영화다. 이 영화는 이미 베를린영화제에서 황금곰상을 수상했고, 미화 400만 달러 상당의 흥행 성적을 올리면서 대히트를 친 대만뿐 아니라 유럽과 미국에서도 성공적으로 상영됐다.

하지만 이안 감독은 올해 초에 멜버른국제영화제에서 영화가 공개된 이후 근심이 많았었다. "시애틀에서는 어제 나온 반응의 100배는 나왔었어요. 생전 처음으로 기립박수를 받았죠. 샌프란시스코에

〈메트로〉 매거진 no. 96(1993–1994년 여름호)에서. Reprinted by permission.

서는 그보다 더 좋았고요." 그는 조바심을 보였다. 나는 미국인과 호주인 사이의 일부 문화적 차이를 설명했다. 해외에서 호주인들은 외향적인 국민이라는 평판을 갖고 있지만, 호주 국내에서는 꽤나 내성적인 편이라고. 영화제에 온 군중이 요란한 환호성을 지르지는 않았을지 모르지만 실제로는 이 영화를 마음에 들어 했다고.

아이러니한 일이었다. 〈결혼 피로연〉은 중국인에 대한 고정관념 두어 가지를 깨뜨리면서 중국인 내부의 일부 문화적 차이와 세대차를 보여주기 때문이다. 호주인과 미국인이 보여주는 상이한 반응이 앵글로색슨족 전체가 비슷한 것은 아니라는 걸 보여주는 것처럼 말이다. 〈결혼 피로연〉은 뉴욕에서 연인 사이면과 동거하는 대만인 게이 남성 웨이퉁을 다룬다. 타이베이에 있는 부모는 그가 게이라는 것을 모르고는 결혼하라고 계속 압력을 가한다. 손자를 낳고 혈통을 잇는 것은 외아들인 그의 책무다. 한편, 중국 본토에서 온 친구인 화가 웨이웨이는 영주권이 필요한 탓에 곤경에 처해있다. 웨이퉁은 웨이웨이와 결혼하는 것으로 일석이조의 효과를 보기로 결심한다. 그런데 고령에다 병약한 부모님이 결혼식에 참석하기로 결정하면서, 한바탕 소극이 제대로 시작된다.

대만, 중국 본토, 홍콩, 그 외 어디에서건 중국인chinese 사회는 동성애를 끔찍이 혐오하는 것으로 명성이 자자하다. 그래서 이안은 이 소재로 상당한 위험을 감수했던 게 분명하다. 어느 누구도 이 영화가 이토록 잘될 거라고는 예상하지 못했다. "대만은 이제 막 상이한 가치관들을 받아들이려는 참이라고 생각합니다. 그래서 느닷없이 '그래, 괜찮아' 하는 반응이 나온 겁니다." 그의 설명이다. "남성들끼리 키스하는 신은 대만영화에서 처음 나온 신이라고 확신합니다. 그

신이 진행되는 동안 객석은 대단히 조용했지만, 그러고 나서는 괜찮았습니다. 대만에서 전통적인 가치관은 해체되고 있고, 그래서 사람들은 상이한 가치관을 찾아내려 애쓰고 있으며 복수複數의 가치관도 받아들일만한 것이 돼가고 있습니다. 이 영화는 장애물이 부서지는 알맞은 시기에 나왔습니다."

대만에 새로 등장한 다문화주의는 중국 문화는 상대적으로 동질적이라고 생각하는 여기 대다수의 호주인들에게는 놀라운 일일지도 모른다. 하지만 대만의 문화는 호주만큼이나 디아스포라 문화이고 대만, 그리고 중국 본토 외부에 있는 다른 중국인 공동체들은 대단히 이질적이다. "내 입장에서 보면 나는 많은 요소가 섞인 혼합물이고 많은 것이 섞인 혼란한 존재입니다." 이안이 한 말이다. "나는 대만 토박이가 아닙니다(그의 부모는 1949년에 본토에서 이주해왔다). 그래서 대만 원주민들이 독립을 요구하는 오늘날, 나는 대만에서 일종의 이방인입니다. 그런데 중국 본토에 가면 나는 대만인입니다. 그리고 지금은 미국에 삽니다. 나는 세계 어디에서건 일종의 이방인입니다. 물론, 나는 중국 문화와 일체감을 느낍니다. 내가 양육된 문화가 중국 문화니까요. 그런데 그 점이 대단히 추상적으로 변해 갑니다. 중국이라는 관념 자체가 말입니다. 뉴욕에서 중국인으로 존재하는 데 따르는 감정은 대만이나 중국에 있을 때하고는 다릅니다. 중국인의 경우 출신지가 어디건, 중국이건 홍콩이건 대만이건, 뉴욕에서는 그저 중국인일 뿐입니다. 그게 일반화되고 융합된 방식에 속합니다. 사람들은 중국인이라는 추상적인 관념에 의해 서로에게 끌립니다. 그런 방식에 따라, 뉴욕시의 상이한 중국인들을 영화에 포함시키는 것은 내게는 자연스러운 일이었습니다. 언어와 캐릭터들이 혼합된 그것이 내 인생을 반영한 거니까요. 내게 그건 자연스러운 일입니다."

웨이퉁의 동성애 성향은 중국인 공동체 내부에서 중국인들이 빚어내는 이런 내적인 문화적 차이와 긴장, 유머를 반영한 상징이다. 이안 자신은 실제로는 게이가 아님에도, 웨이퉁에게 강하게 감정이 입하는 게 분명하다. "〈결혼 피로연〉의 아버지는 국민당의 군 장성입니다. 그는 전통은 계속 돼야 마땅하다고 믿습니다. '우리 가문은 빨갱이 놈들한테 몰살당했다. 가오高씨 가문은 계속 돼야 한다. 얘는 내 외아들이다.' 이건 나 자신과 우리 아버지와 비슷합니다. 내가 태어났을 때 아버지는 대단히 기뻐하셨습니다. 아버지는 공산당에게 가족 전체를 잃었기 때문에 대만에서 우리 어머니를 만나기 전에는 승려가 되고 싶어 했습니다. 우리 집안은 지주地主 가문이었고 아버지는 젊은 시절에 지역 관리였습니다. 아버지는 가문에서 본토를 탈출한 유일한 사람이었고 어머니 역시 외가에서 본토를 탈출한 유일한 사람이었습니다. 나의 탄생은 이씨 가문에게는 새로운 희망이었습니다. 그래서 나는 그런 부담을 무척 많이 짊어졌습니다. 웨이퉁이 느낀 감정도 똑같습니다. 내가 그를 게이로 만들면서 그런 상황을 극화했다는 점만 제외하면요. 웨이퉁이 게이라는 것은 그 때문에 가문의 전통이 중단된다는 뜻으로, 그것은 가부장제 전통에 대한 궁극적인 도전입니다."

하지만 동시에, 이안은 그가 아버지를 이해한다는 점도 명확히 했다. 이것이 어째서 이 대만영화가 동성애를 다룬 많은 할리우드 코미디가 실패한 바로 그 지점에서 성공을 거뒀는지 설명하는 걸 돕는 특징 중 하나다. 〈파트너들Partners〉〈새장 속의 광대La Cage Aux Folles〉

등의 유머와 달리, 〈결혼 피로연〉의 유머 중에 캐릭터들을 희생시킨 대가로 달성되는 유머는 하나도 없다. 영화는 모든 소극에 보편적인 제3자의 시점을 택한다. 그렇게 하면 관객은 극중 어느 한 캐릭터가 가진 것보다 더 많은 지식을 갖게 된다. 그런 까닭에, 관객인 우리는 위장 결혼의 유머와 부조리를 볼 수 있지만, 극중 캐릭터들은 그걸 보지 못하거나 그걸 보더라도 그렇다는 사실을 우리에게 보여주지 못한다. 더불어, 영화는 우리가 캐릭터들을 보고서 웃는 게 아니라 상황을 이해하면서 폭소를 터뜨리는 캐릭터 공감적인 관점을 취하게끔 만들려고 40년대와 50년대의 옛날 중국 멜로드라마의 전통에 의지한다.

중국인 관객이라면 잘 알고 있을 이 멜로드라마 전통은 서양 관객에게는 그 즉시 와 닿지 않을지도 모르는 달콤 씁쓸한 특징을 영화에 부여한다. "그들 입장에서 이 영화는 웃기면서도 감정을 자극하고, 예전의 가족적인 가치관 중 일부를 돌려줍니다." 이안의 설명이다. "중국인 가족이 그런 사건들을 겪는 것을 보는 것은 중국인 관객 입장에서는 흥미로운 일입니다. 그렇게 보면 됩니다." 한편, 중국인 관객들이 영화를 보면서 겉만 번지르르한 허울 아래에 말로 드러내지 않은 고통과 고초가 더 강한 충격으로 가족을 강타하리라 생각할 거라고 이안은 믿었다. "해피엔딩은 근거 없는 믿음입니다. 밑바닥의 정서는 대단히 슬프고 감상적입니다. 해피엔딩을 얻기 위해 모두가 무척 많은 것을 포기해야 하기 때문입니다. 결혼 피로연이라는 의식은 상징적입니다. 내게 있어 잘 된 신 중 하나가 부모가 대단히 흡족한 기분으로 피로연장을 떠나는 신입니다. 그래서 나는 그 신을 위해 결혼 피로연 전체를 찍었습니다. 아들은 부모가 떠나는 모습을 지켜봅니다. 무척 잘 된 일이죠. 신부는 실제 신부와 비슷한 기분을 느낍니다. 나는 그 신을 끝마치고는 눈물을 흘렸습니다. 그건 영화의 마지막 신이었습니다. 우리는 그 신을 마치면서 촬영을 종료했습니다."

서양 관객이 놓칠지도 모른다고 이안이 느끼는 영화의 또 다른 층위는 정치적 알레고리의 층위다. 신랑은 대만 출신이고 신부는 중국 본토 출신인 점, 그러나 뉴욕에서 벌어지는 결혼식이 위장 결혼인 것을 부모가 모르는 점 때문에 이 상황은 모든 종류의 해석에 열려있는 상태다.

"의도적으로 그렇게 한 것은 아닙니다. 어쩌다 보니 그런 식으로 작동한 겁니다. 물론 나는 그 아이디어를 떠올렸을 때 그렇다는 것을 인식했고, 그건 완벽하게 맞아들었습니다. 예를 들어 두 중국이 다시 하나가 됐다는 식으로 아버지가 연설하는 동안 객석에서 큰 웃음소리가 나는 걸 들었습니다. '우리는 하늘에서 우리를 굽어보시는 조상님들께 감사해야 합니다.' 그의 연설은 타이베이에서는 엄청난 웃음을 끌어냈습니다. 거기에서는 그게 훨씬 잘 먹힌 겁니다. 여기 사람들은 어머니가 신부의 눈물을 그치게 하려고 애쓸 때 웃지만, 아버지의 연설에 대해서는 거의 아무런 감정도 느끼지 않습니다. 반면에 타이베이의 관객은 결혼국 신을 그리 재미있게 보지 않습니다. 그들은 뉴욕시 결혼국의 언어에 민감하지 않으니까요."

영화가 모든 이에게 무엇인가를 안겨주는 듯 보이고 전반적인 반응은 우호적이었지만, 대만과 미국의 일부 사람들은 게이 커플의 여피적인 라이프스타일을 비판했다. "나는 내가 할 수 있는 최선의 유연성을 발휘했습니다." 이안의 주장이다. "내가 조금이라도 더 나갔다면 관객들은 그걸 받아들이지 않았을 겁니다. 이전에 대만에 게이 영화가 한 편 있었습니다. 대단히 음침하고 우중충한 지역인 뉴파크 the New Park. 타이베이에 있는 288화평공원의 이전 명칭 주변의 게이 공동체를 다룬 영화였죠. 남자들끼리 키스하는 신은 하나도 없었고, 캐릭터들 사이의 육체적 접촉도 전혀 없었습니다. 영화는 대단히 형편없었고 실패작으로 간주됐습니다. 그런데 이 영화는 다릅니다. 영화가 다루는 인간관계가 일상생활의 평범한 관계와 비슷하니까요. 그리고 영화가 그런 식으로 설정됐기 때문에 이성애자들도 영화를 열린 마음으로 대하게 됩니다. 나는 남성간의 키스 신이 처음이라고 확신합니다. 그 신은 당연한 것으로 간주되는데, 그게 이 영화가 다른 영화들과 다른 점입니다."

이안에 따르면, 이런 비판들이 있었음에도 〈결혼 피로연〉이 박스 오피스에서 성공하자 프로듀서들 사이에서 옛날 멜로드라마 전통을 새로운 방식으로 취해 대규모 관객을 끌어 모을 영화를 더 많이 내놓으라고 요구하는 목소리가 나왔다. 최근 몇 년 사이, 대만영화 산업은 홍콩 액션영화들과 맞서면서 위축돼왔다. 어느 정도냐면 "영화를 만들고 싶더라도 유능한 스태프가 모두 CF를 찍으러 가버리는 바람에 그런 인력을 찾아낼 수 없을 지경입니다. 제대로 된 배우도 찾을 수 없습니다. 그들은 모두 가수 아니면 TV 탤런트니까요." 이안의 말이다.

그럼에도 이안은 차기작을 선석으로 타이베이에서 만들기 위해 다년에 걸친 미국 생활을 접고 귀국했다. "〈음식남녀〉라는 이 영화는 유명한 요리사인 아버지와 그와 함께 사는 미혼인 세 딸에 대한 영화입니다. 복수의 스토리라인이 있는 영화로, 욕망 때문에 고심하

는 내용을 다룬 코미디입니다." 우리, 그 영화도 〈결혼 피로연〉만큼
이나 유쾌한 깜짝 히트작이 되기를 바라자.

이안, 〈음식남녀〉를 만들려고
고국 대만으로 돌아가다

스티븐 레아 —— 1994

〈음식남녀〉의 4분에 걸친 호화로운 오프닝 크레디트 시퀀스 동안 관객들은 요리로 펼치는 능란한 묘기를 보게 된다. 이국적인 채소들을 다루는 날랜 솜씨, 외과 수술하듯 농어를 다듬는 과정, 연꽃 스프가 부글부글 끓는 냄비를. 오스카 후보에 오른 아트하우스 히트작 〈결혼 피로연〉의 후속작을 공동으로 집필하고 연출한 이안은 이 신들을 촬영하려고 대만의 정상급 요리사 트리오를 고용했다. 영화에는 100개 이상의 레시피가 사용됐는데, 이 요리들은 장성한 세 딸과 그들의 홀아비 아버지(타이베이에서 가장 유명한 요리사다) 사이의 관계를 쫓는다.

그리고 그 4분짜리 시퀀스는? "촬영하는 데 8일이 걸렸습니다."

〈나이트 리더/트리뷴 뉴스 서비스Knight Ridder/Tribune News Service〉 1994년 8월 19일자에서. Reprinted by permission.

이안의 회상이다. "기나긴 날들이었죠. 제작의 관점에서 보면, 음식은 같이 작업하기가 그 어느 배우보다 어려웠습니다. 난점은 음식 광고처럼 보이는 일 없이 최상의 진미들을 촬영하는 방법이 무엇이냐 하는 거였습니다. 음식이 준비되는 과정을 그대로 포착하기 위해, 그런 후에는 김이 여전히 모락모락 나는 상태로 서빙되는 모습을 그대로 포착하기 위해 음식에 조명을 칠 새로운 방식들을 알아내야 했습니다. 그런 작업을 하고 또 했습니다."

"대단히 근사해 보이지 않는다면 그런 작업을 할 이유가 전혀 없으니까요."

〈음식남녀〉는 이안이 농담조로 자신의 "'아버지가 가장 잘 안다' 삼부작"이라고 부르는 것의 마지막 작품이다. 가족 간 갈등과 세대 간 갈등을 (그리고 음식과 섹스가 우리 인생에서 수행하는 주된 역할을) 담은 유쾌하고 코믹한 연대기인 이 작품은, 랑웅이 역시 "중국적인 전통의 상징"인 가부장으로 출연했던 다른 두 영화의 뒤를 잇는다.

대만의 베테랑 배우 랑웅은 이안의 첫 장편영화인 1991년 작 〈쿵후 선생〉에서 뉴욕 교외에서 미국인 며느리와 같은 집에 사는 동안 점차로 실의에 빠지는 태극권 사범을 연기했다. 〈결혼 피로연〉에서는 미국에 왔지만 아들이 복잡한 위장 결혼에 관여하고 있다는 것을 알게 되는 퇴역 장성이었다.

"그가 현대 세계와 가족의 변화를 대면하고, 혼란스러워하면서 분투하는 모습을 보는 것은 상징적인 일입니다." 이안의 설명이다. "하지만 세 번째 영화를 만들기 전까지는 내가 랑웅에게 알맞도록 역할을 재단하고 있다는 것을 깨닫지 못했습니다. 그건 내가 전에는 한 번도 해보지 않은 일입니다. 나는 특정 배우를 염두에 두고 역할을 집필한 적이 결코 없었습니다." 일리노이대학에 연극 전공으로 입학한 1978년부터 미국에 거주한 이안이 영화 한 편을 처음부터 끝까지 찍으려고 고국으로 돌아온 것도 세 번째 영화 이전까지는 없던 일이었다. 여러 문화가 뒤섞인 〈쿵후 선생〉과 〈결혼 피로연〉과 달리 〈음식남녀〉의 배경은 전부 대만이다.

"이건 내 귀향 영화입니다." 이안의 설명이다. "귀향 프로젝트라서 압박감이 꽤 컸습니다. 대만의 작업 철학은 미국하고는 달리 감독의 에너지를 10배는 더 요구하는 상이한 작업 철학이라서 그렇기도 했습니다.

"대만에서는 영화를 만들 때 감독이 차지하는 비중이 무척 큽니다. 미국에서는 제작 현장을 운영하는 사람은 프로듀서고 감독은 그냥 예술적인 결정들만 내리면 됩니다…. 대만에서는 감독이 모든 것을 고안해내야 하고 모든 작업을 지휘해야 합니다. 사람들은 무슨 일을 하려고 하건 감독을 쳐다봅니다. 솔직히 말해 내 입장에서는 번거로운 작업이었습니다."

작년에 〈결혼 피로연〉이 상업적인 성공(100만 달러 제작비로 3000만 달러를 벌어들였다)을 거두고 찬사를 받은 후, 시나리오들이 더 빠른 빈도로 이안의 현관문에 도착하고 있다. "어떤 시나리오는 중국 조폭과 관련된 내용이었고 많은 시나리오가 '가슴 따뜻한' 가족 코미디였습니다." 이안은 그의 흥미를 자극하는 시나리오는 현재까지 한 편도 없었냐고 넋붙이며 말했다. 대신, 이안은 새 프로젝트에 철저히 몰입하기 전에는 "약간 느긋하게 지낼" 계획이다. "나는 이달의 추천 요리 신세가 되는 것을 피하려고 애쓰고 싶습니다."

〈음식남녀〉: 눈을 위한 향연

브룩 코머 —— 1995

"음식에 대한 영화를 만들고 싶다는 생각이 늘 있었습니다." 이안 감독의 설명이다. "사람들이 군침을 흘리게 만들고 싶었습니다." 이안의 앞선 프로젝트인 〈결혼 피로연〉에도 고급 식당이 등장했지만, 푸짐한 음식 영화를 향한 그의 욕구를 충족시키지는 못했다. 〈결혼 피로연〉은 할리우드가 자세를 바로잡고 앉아 만두 냄새를 음미하게끔 만들었다. 아카데미 외국어영화상에 후보로 오른 이 영화는 고작 100만 달러의 제작비로 전 세계에서 3000만 달러의 흥행 성적을 올렸다. 그 영화가 성공한 덕에, 이안은 잘 차려진 한 끼 식사를 먹는 데 드는 가격 정도의 제작비를 들여 만든 〈음식남녀〉를 더 많은 극장에 걸 수 있었다.

〈아메리칸 시네마토그래퍼American Cinematographer〉 76, no. 1(1995년 1월호)에서. Reprinted by permission.

주 씨 가족의 주방에서 시작한 영화는 이야기의 대부분을 그곳에서 풀어나간다. 대만의 현존하는 가장 위대한 요리사인 주 사부는 곤경에 처해있다. 음식은 그의 생명인데, 그는 한때는 예민했던 미각을 잃고 있다. 홀로 키운 세 딸은 이제 다 자랐지만 여전히 반항적인 태도로 그와 계속 같은 집에 거주하고 있다. 대만의 요리는 퇴락하고 있다. 주 사부는 우울하다. 주방에서 딸들을 위한 복잡한 진미들을 준비하며 일시적으로 위안을 찾을 따름이다.

맏딸 가진은 노처녀 신세가 될까봐 두려워한다. 그녀가 열정을 쏟는 대상은 자신의 일이고 신앙의 대상은 예수 그리스도다. 막내 가령은 가장 친한 친구의 상심한 남자 친구를 위로하며 큰 위안을 얻는다. 야심만만한 항공사 임원 가천은 요리와 활발한 성생활을 모두 즐기는 유일한 딸이다. "나는 가족과 그들의 의사소통 방식을 생각해보기 시작했습니다." 감독의 설명이다. "아이들이 가장 많이 들을 필요가 있는 말은 부모들이 가장 하기 어려워하는 것인 경우가 잦고, 거꾸로도 마찬가지입니다. 그런 상황이 벌어지면 우리는 의례적인 일^{ritual}에 의존합니다."

각자의 삶의 이 시점에서, 주 씨 가문의 의사소통은 일요일 밤의 만찬이라는 의례로 줄어든 상태다. "아버지는 딸들의 기본적인 욕구 중 하나(음식)를 충족시키는 법만 압니다." 이안의 설명이다. "그는 무척이나 세련되고 복잡한 식탁을 준비하지만 딸들은 아버지가 그들에게 줄 수 있는 것 중 하나인 음식을 거의 먹을 수가 없습니다." 영화 내내 음식은 사랑을 가리키는 메타포 역할을 한다.

"음식 촬영은 시간을 엄청나게 잡아먹는 작업입니다." 이안은 지적한다. "대단히 도발적인 숏들을 창작해내면 사람들은 군침을 흘릴 거라고 생각했습니다. 그런데 그게 쉽지가 않더군요. 보기 좋은 음식을 보여주는 것만으로는 관객을 감질나게 만들 수 없습니다. 관객이 마음의 준비를 하게끔 만들어야 합니다. 음식이 준비되는 과정을 보여줘야 하는 거죠. 전체 조리 과정을 보여줘야 합니다. 영화로는 음식의 냄새를 풍기거나 맛을 보여줄 수 없습니다. 할 수 있는 건 음식을 보여주는 게 전부입니다. 그러니 음식을 보는 방법이 중요해집니다. 우리는 관객의 감각을 유혹하기 위해 음식을 이용하고 있는 겁니다."

중국의 정상급 음식전문가인 푸페이메이의 며느리인 음식 컨설턴트 린후에이이를 비롯한 세계 정상급 요리사 세 명이 제작에 참여했다. 후에이이는 음식을 실제로 준비하는 과정에 대해 배우들을 코치했고, 요리사가 전통적으로 보여주는 동작들을 모방하려고 특별한 안무를 고안해냈다. 8초짜리 숏을 위해 김이 나고 윤기가 흐르는 10여 가지 이상의 음식을 준비해야 했다. "땅콩버터에서 김이 나게 만들어야 할 경우, 땅콩버터 젤리 샌드위치를 찍는 데 2시간이 걸릴 겁니다." 이안은 생각에 잠겼다. "츠링 피시Chi-Ling Fish나 호박에 채워 찐 사슴 고기, 연꽃 스프를 촬영하는 걸 상상해보세요."

가천이 남자친구에게 먹일 만두를 만들려고 두부를 자르는 신은 촬영하는 데 6시간이 필요했다. 그녀가 중국식 전을 부치는 신을 위해서는 요리사 두 명이 조수 세 명과 함께 전을 부쳤다. "남자 요리사가 번철전을 부치거나 고기 따위를 볶을 때에 쓰는 솥뚜껑처럼 생긴 무쇠 그릇에 반죽을 올렸지만," 이안의 회상이다. "가천의 손의 대역으로 그의 손을 쓰는 것은 불가능했습니다. 그래서 전 전문가인 여성 요리사가 세트에 있어야 했습니다." 그 신에서, 전은 10개 코스 식사의 작은 부분일 뿐이었다. 스크린에 등장한 모든 요리를 위해 예비 요리를 각각 다섯 가지씩 준비했다.

이안은 영화계에서 경력을 쌓는 것보다 먼저 음식 장만하는 일을 경험했다. 대만 출신인 그는 영화를 공부하러 미국에 왔다. 어렸을 때 주로 본 영화는 할리우드 영화와 대만의 멜로드라마였다. "어렸을 때 영화광이었습니다." 그의 회상이다. "스크루볼코미디를 좋아했습니다. 빌리 와일더와 이탈리아 네오리얼리즘, 초기 펠리니와 데시카, 베리만을 좋아했죠."

이안은 뉴욕대에서 MFA Master of Fine Arts를 따고는 뉴욕대영화제에서 감독상과 작품상을 받았다. 그의 작품을 본 에이전트가 미국에 머물라고 강권하는 전화를 걸었을 때, 그는 대만으로 돌아가려고 짐을 싸던 중이었다. "시나리오를 쓰고 피치하고, 학교에서는 가르쳐주지 않았던 기본적인 시나리오 구조를 배우면서 6년을 보냈습니다." 영화 연출 기법들을 연마하는 동안 이안은 일하는 아내 대신 모든 음식을 다 조리했다. "제작의 관점에서 보면," 감독의 설명이다. "음식은 내가 여태까지 같이 작업해본 상대 중에서 가장 어려운 작업 상대입니다."

이안이 그의 영화 〈쿵후 선생〉의 프로듀서를 찾고 있을 무렵 굿 머신이라는 신생 제작사는 아직까지 장편을 찍지 않은, 유망한 단편 영화의 감독들을 물색하는 중이었다. 공동대표인 제임스 샤머스와 테드 호프는 이안의 작품이 마음에 들었다. 그들은 같이 작업하자며 감독과 접촉할 계획을 짰다. 그런데 감독이 선수를 쳤다. 그들에게 먼저 전화를 건 거였다. 오늘날, 굿 머신은 독립영화계에서 주도적인 제작사라는 명성이 자자하다. "처음에 우리의 강점은 무일푼이었습니다." 샤머스의 회상이다. "우리는 공동 제작과 서비스 계약에서 받는 수수료로 근근이 지탱하고 있었습니다. 우리는 광고와 뮤직 비디오는 작업하지 말자는 결정을 의식적으로 내렸습니다. 우리는 프로젝트들을 신중하게 선택했습니다."

굿 머신과 이안 사이의 관계는 탄탄하게 남았다. 샤머스는 말한다. "우리는 함께 작업한 거의 모든 감독의 첫 장편영화를 만들고는 그 사람 곁에 머뭅니다. 그렇게 하는 진짜 이유는 저예산 세계에서 자작 시나리오를 연출하는 감독은 마케팅 관점에서 중요한 인물이기 때문입니다." 그는 촬영감독들도 한 감독의 곁에 가까이 머무는 경우가 잦다고도 덧붙였다. "양자 모두 협력 작업을 하는 과정에서 각자의 역량이 느는 경우가 잦습니다."

감독도 아니고 촬영감독도 아닌 샤머스는 이안과 왕후이링과 함께 〈결혼 피로연〉과 〈음식남녀〉를 모두 집필하며 협력하는 작업 역량을 키웠다. 이안은 샤머스를 "세계에서 가장 뛰어난 시나리오 의사 중 한 명"이라 부른다. 이안은 촬영감독하고도 마찬가지 경험을 했다. 임양충은 감독의 전작인 〈결혼 피로연〉과 〈쿵후 선생〉을 촬영했고, 동경영화제 결선에 오른 〈꿈의 그림자들 Shadows of a Dream〉을 포함한 다른 감독들의 프로젝트도 촬영했다.

이안은 뉴욕대에서 임양충을 만난 일을 묘사하며 미소를 지었다. "그는 영화와 관련된 일은 무엇이건 하지 않으려고 했습니다. 그것 말고는 세상의 무슨 일이건 하고 싶어 했습니다. 그는 아침부터 저녁까지 하루 종일 영화 얘기만 하는 영화 가문 출신입니다. 영화에 질릴 대로 질린 그는 영화에는 절대로 참여하지 않으려고 했습니다."

임양충도 동의한다. "뉴욕대에서 공부하는 동안 내가 나중에 촬영감독이 될 거라는 생각을 해본 적은 한 번도 없었습니다." 촬영감독이라는 자리는 그가 채우기에는 너무 큰 자리처럼 보였다. 임양충의 아버지는 중국영화의 황금기 동안 정상급 촬영감독이었다. 그는 금마장상을 네 번 수상했고, 현재는 대만에서 사설 필름 스튜디오인 시네 콩^Cine Kong과 풀서비스 임대 시설을 소유한 유일한 카메라맨이다.

임양충의 아버지는 20년도 훨씬 전에 시네마스코프 미니 줌렌즈를 디자인하기도 했다. "그 시절에" 임양충의 설명이다. "일부 메이저 브랜드 줌렌즈는 지나치게 비쌌습니다. 그래서 아버지는 당신이 쓰실 걸 직접 만드셨죠." 특수 효과 영화들을 위해, 임양충의 아버지는 미첼 무브먼트^미첼 카메라의 무브먼트 부품가 딸린 광학인화기^optical printer를 설계해서는 집에서 뚝딱 만들었다.

임양충은 13살 때부터 여름철마다 아버지의 영화 촬영을 도우려고 배터리 장비를 짊어졌었다. 대만의 담강대학에서 불문학을 공부하고 군복무를 한 후, 임양충은 뉴욕대 필름 스쿨에 진학했다. "그때까지도 촬영이 내 직업이 될 거라고는 생각도 안했습니다. 급우들로부터 자기들 영화를 촬영해달라는 제안을 너무 많이 받기 전까지는요." 그가 가진 강력한 기술적 배경과 조기 교육이 요긴했다는 것을 그도 인정한다. "나는 대단한 행운아입니다." 임양충의 설명이다. "그 이후로는 일이 꾸준히 들어왔으니까요."

"임양충은 뛰어난 촬영 감각을 갖고 있습니다." 이안의 설명이다. "하지만 그는 빛이나 때깔이 영화를 장악하게 만들지 않습니다. 그가 촬영한 영화들을 보면서 '와, 촬영 끝내주네'라고 말하면서 스토리를 잊어먹는 일은 없을 겁니다. 그는 캐릭터들을 도드라지게 만드는 법을 압니다." 이안은 임양충과 함께 시나리오의 매 신을 검토하는 게 보통으로, 자신이 추구하는 무드와 정서가 어떤 종류의 것인지를 그에게 알려준다. "그러면 그는 책임감을 갖고 혼자서 작업을 해냅니다. 대부분의 경우 나는 그가 내린 결정에 동의하는 편입니다."

두 사람은 영화사史를 참조한 짤막한 소통 수단을 개발했다. "이따금씩 우리가 카메라를 위로 향하고 앵글숏을 삽입할 경우, 나는 임양충한테 '아하! 베리만 고해告解 앵글!'이라고 말하고는 합니다. 주 씨 집안의 막내딸이 패스트푸드 레스토랑에서 일하면서 친한 친구의 남자친구를 빼앗은 것에 죄책감을 느끼는 신의 경우, 우리는 그림자를 확실히 드리우려고 톱라이트를 활용했습니다. 우리는 그걸 '베리만 죄책감 조명'이라고 불렀죠. 우리는 작업을 해나가는 동안 우리만의 용어들을 지어냈습니다."

이안의 스토리텔링 재능은 근사한 화면을 만들어내는 것을 강조하기보다는 캐릭터들을, 그리고 스토리를 추동해나가는 것을 강조하는 쪽을 선택한다. "홍콩부터 할리우드까지, 많은 영화에는 이른바 잘 된 촬영이 스토리를 장악하는 경향이 있습니다. 그렇지만 나는 스토리에 초점을 맞춥니다. 그래서 임양충에게 온당한 대우를 해주지 못하는 경우가 잦습니다." 이안의 설명이다. "그의 카메라워크는 눈에 띄지 않습니다. 나는 사람들이 촬영에 대해서는 잊어버리기를 바랍니다. 물론, 나는 촬영의 품질이 우수하기를 바라죠. 하지만 임양충은 나랑 일한 탓에 금마장 촬영상을 수상할 가능성이 낮습니다."

제작진은 촬영 기간 동안 러시필름dailies을 시사할 수가 없었다.

촬영이 종료될 무렵, 그들은 러시의 고작 3분의 1만 본 상태였다. "임양충하고 그 문제를 논의했었습니다." 이안의 설명이다. "우리는 필름을 듀아트DuArt Media Service. 뉴욕에 있는 포스트프로덕션 전문 시설로 보내기로 결정했습니다. 타이베이에서는 그만큼 굉장히 수준 높은 시설을 찾을 수가 없었으니까요." 현상된 필름을 돌려받는 데 드는 비용은 엄두도 못 낼 정도로 비쌌다. 대신, 엄선한 작업용 프린트들이 테이프로 옮겨진 후 카세트에 담겨 대만으로 운반됐다. 이안과 임양충이 시사한 러시들은 테이프에 담긴 내용에만 국한됐는데, 그것도 해당 신들의 촬영이 종료되고 한참이 지나서야 당도했다.

"제작기간 동안 우리는 많은 것을 짐작만 하면서 일해야 했습니다." 이안은 인정했다. "힘들었죠. 음식과 관련한 문제에서는 특히 더 그랬습니다. 러시를 보기 전까지는 제대로 확신할 수가 없었으니까요." 이안은 촬영 마지막에야 음식 신들을 확인했다. "그래서 그 신들이 어떻게 나올지 도무지 감을 잡지 못했습니다. 촬영을 종료하고 두 달이 지난 후에야 그 신들을 봤습니다. 운 좋게도 화면이 좋았습니다." 그는 예산이 조금 더 있었다면 "러시필름 전부를 보냈을 것"이라고 인정한다.

영화의 오프닝에 나오는 주 씨 주방의 음식 신을 위해, 임양충은 부드러운 라이트 박스light box를 만들려고 두꺼운 그리드 섬유grid cloth를 활용했다. "그리드 섬유를 통과하는 5K HMI 조명들을 활용했습니다. 내보는 더 밝은 조명도 섞었습니다. 음식의 색깔이 짙어지는 경향이 있는 경우에는 말입니다." 그의 설명이다. 식당 신을 위해서는 식탁들을 굽어보는 테크닉도 활용했는데, 이 경우에는 그리드 뒤에 로웰 조명Lowel light를 활용했다.

임양충은 집 암jib arm이 달린 팬더 달리Panther dolly 덕에 촬영 내내 주방 곳곳으로 카메라를 움직일 수 있었다. "놀이기구를 타는 것처럼 보이게 만들려고 노력했습니다." 그의 설명이다. "아리 Ⅲ 카메라와 9.8mm 슈퍼와이드 앵글 렌즈가 달린 스테디캠을 썼습니다. (그랜드 호텔의 주방 신과 주 씨 저택에서 벌어지는 싸움 신 같은) 혼란스러운 신을 연출하기 위해서는 핸드헬드 카메라를 썼고 상이한 앵글들에서 마스터 숏을 찍었습니다. 핸드헬드 숏들은 180도 가상 선을 넘지 않는 한에서 즉흥적으로 촬영할 수 있었습니다. 그래야 숏들이 잘 붙을 수 있으니까요."

영화에서 가장 품격 있는 장소는 의심의 여지없이 세계에서 가장 호화로운 건물 중 하나라는 명성이 자자한, 그리고 대만에서 가장 큰 주방을 가졌다고 하는 그랜드 호텔the Grand Hotel이다. 영화에 등장하는 결혼 피로연 신은 영화를 위해 만들어낸 게 아니었다. 이안은 실제 피로연을 준비하는 과정을 어찌어찌해서 촬영했다. "주방에서 벌어지는 혼란스러운 신을 얻기 위해, 트랜지션 숏transition shot으로 와이드숏을 촬영해도 좋다는 허가를 받았다는 점에서 우리는 운이 좋았습니다." 임양충의 의견이다. "야간에는 2시간 내에 촬영을 마쳐달라는 요구를 받은 촬영 스태프들은 대단히 효율적으로 작업했습니다." 임양충은 이런 엄격한 요건을 충족시키기 위해 최소한의 조명과 아리 Ⅲ를 활용했다. "피로연은 실제로 부유한 대만인 가족이 연 잔치였습니다." 임양충의 설명이다. "식탁이 120개 있었는데 각 식탁마다 손님이 12명씩 앉았습니다." 제작진은 대만 내무부 장관의 클로즈업을 포함한 일부 카메오들의 숏을 건질 정도로 충분히 운이 좋았다고 그는 덧붙였다. "영화가 대만에서 개봉되면" 임양충의 의견이다. "관객들은 그를 보고는 키득거릴 겁니다."

실제 로케이션들은 〈음식남녀〉에 진실성을 불어넣었다. 대부분의 중요한 신은 주 씨 저택, 특히 주방이 배경이다. 이안은 일본풍으로 50년 전에 건축된 위풍당당한 저택인 옛 시장市長 관사를 선택했다. 이 저택이 방치된 상태였다는 점은 플러스 요인이었다. 청소를 조금 해야 한다는 뜻이었지만 내부를 개조할 수 있다는 뜻이기도 했다. "미장센을 위해 벽이 없는 거실을 원했습니다. 확 트인 느낌을 주는 데다 사람들을 더 잘 볼 수 있으니까요." 그는 화면에 깊이를 더하려고 유리문들로 대형 주방을 분리했고 창문들은 그냥 놔뒀다. 이안에 따르면 "커다란 일본풍 창문들은 이미지에 깊이가 있는 좋은 그림자를 드리웁니다."

학교 두 곳을 배경으로 한 신들도 실제 학교에서 촬영했다. 주 사부의 맏딸은 고등학교 선생인데 몇몇 신은 그녀가 배구 코치와 꽃피우는 로맨스를 좇는다. 이안이 선택한 학교는 "정말 많은 도움을 줬다"고 그는 기억한다. "거기에 1주일 정도 있었는데, 주변에 영화 스태프가 있다는 사실에 모두들 무척 흥분했습니다. 우리는 학생들을 엑스트라로 활용했습니다." 다른 신에서, 주 사부는 이웃집 소녀 샨샨을 위해 학교로 가져갈 점심을 준비하기 시작한다. 샨샨의 도시락은 갑자기 급우들의 부러움을 사고 친구들의 요청을 받아들이기 시작한 샨샨은 그것들을 셰프에게 전달한다. 이안은 샨샨을 연기한 아역배우 탕유츠엔이 다니는 실제 학교를 이용했고 그녀의 실제 급우들은 자신들을 연기했다. "뉴욕에서는 그런 일을 할 수 없었을 겁니다." 이안은 강조한다.

감독에 따르면, 대만에서 촬영하는 것은 행정적인 관점에서뿐 아니라 기술적인 관점에서도 미국에서 촬영하는 것과 다르다. "대만의 작업 윤리는 다릅니다." 그는 강조한다. "미국에서는 프로듀서가 제작 현장을 운영합니다. 감독은 프로듀서가 원하는 것이 무엇인지를 묻죠. 예술적인 선택들은 그런 식으로 내려집니다. 대만에서, 감독은 영향력이 더 셉니다. 조직은 덜 효율적이지만 충성심은 더 강합니다. 시간 면에서는 그다지 많은 압박을 받지 않습니다."

대만에서는 촬영감독의 역할도 다르다. "수석 개퍼head gaffer가 조명의 많은 부분을 책임집니다." 이안의 설명이다. "개퍼에게 원하는 종류의 무드를 설명하면 그는 그걸 실행에 옮깁니다. 개퍼는 카메라 옆에 서서 어시스턴트와 함께 일합니다. 대만의 개퍼들은 경험이 많습니다. 40년간 일해 온 수석 개퍼를 만나는 건 놀랄 일도 아닙니다. 더 경험 많은 촬영 스태프들도 볼 수 있죠."

사운드 믹서sound mixer 톰 폴은 나름의 고초를 겪었다. 그는 마이크로폰을 제대로 설치하기 위해 붐마이크의 그림자를 제거해 줄 C 스탠드와 깃발이 많이 필요했다. 하지만 제작진은 그림자가 지지 않도록 테이프만 쓸 수 있었고 천장이나 벽에 검정 판지를 붙일 수 있었다. 예를 들어 가천이 남자친구를 위해 요리하는 주방 신을 촬영할 때, 이안은 주방 공간이 협소했음에도 여배우가 앞뒤로 걸어 다니기를 원했다. "톰 입장에서는 고생이었습니다." 임양충의 의견이다. "붐 마이크 작업이 상당히 많이 필요했습니다. 그래서 개퍼 친포우는 톰의 붐 작업을 도우려고 천장에 검정 판지 조각들을 설치하느라 많은 시간을 썼습니다. 그런 후 우리는 카메라를 돌리고 촬영을 시작했죠. 그런데 테이크 중간에 판지들이 한 장씩 천장에서 떨어졌고, 우리는 모두 폭소를 터뜨렸습니다."

김이 모락모락 나는 요리들을 완벽한 광택이 가시기 전에 필름에 포착해야 하는 긴박한 순간들도 있었지만, 이안은 대체로 "잘못된 것은 하나도 없었다"고 강조한다. "음식 숏들은 촬영 환경이 열악했음에도, 그리고 우리가 러시를 시사할 수 없었음에도 상당히 잘 나왔습니다."

이안은 마이클 퉁이 입맛을 다시게 만들었을 때 자신의 영화가 성공했다는 것을 알았다. 뉴욕에 있는 션 리 레스토랑의 주인인 퉁은 (상하이와 후난, 베이징의 진미들을 포함한) 영화에 나온 여러 요리를 레스토랑 메뉴에 덧붙였다. 영화 팬들은 '황해를 헤엄치는 용Dragon Swimming on Yellow Sea. 바닷가재와 조각낸 키위, 준비에 6시간이 걸린다'이나 '거지닭Beggar's Chicken. 진흙을 발라 요리한 닭' '젤리 호수를 헤엄치는 녹색 새우Jade Shrimps Swimming in Jelly Lake. 새우와 달걀찜'를 주문할 수 있다. "카메라로 음식을 보기 좋게 만드는 것은 어려운 작업입니다." 많은 잡지를 위해 자신의 요리를 촬영해 본 퉁의 설명이다. "광택제로 광택을 낸 음식을 열기에 노출시켜야 하죠. 10분이 지나면 광채가 사라지고 음식은 시각적으로 흥미가 떨어져 보입니다." 그는 이안의 노고에 갈채를 보내면서, "이 영화는 사람들을 허기지게 만들 겁니다"라고 예측한다.

세관 관리들이 카세트에 담긴 러시들이 미국을 떠나는 것을 막으면서 사소한 문제가 발생했다. 그들은 필름이 음란한 영상을 담고 있다고 의심했다. "세관은 제목 때문에 이걸 포르노 영화라고 생각했습니다." 이안의 설명이다. "당시에는 정말로 돌아버릴 지경이었습니다. 세관이 테이프를 1주일간 붙잡아두고 있었거든요. 하지만 지금은 그 생각을 할 때마다 껄껄 웃고는 합니다."

〈센스 앤 센서빌리티〉 (1995)

상투적인 유머와 유혹

그레이엄 풀러 —— 1996

〈센스 앤 센서빌리티〉의 고용된 총잡이hired-gun 감독 이안은 그가 처음으로 할리우드의 자금을 받아 만드는 영화를 작업하면서 숱한 화염 세례를 받을 거라는 걸 예상할 수 있었다. 거기에는 영국인 배우들로 구성된 출연진을 연출하는 것에 대한 예상도 큰 부분을 차지했다. 출연진에는 시나리오를 집필한 에마 톰슨, 새로이 스타 반열에 오른 휴 그랜트, 배우 중의 배우 앨런 릭맨, 머리에 피도 안 마른 신인 케이트 윈즐럿과 그레그 와이즈 등이 포함돼 있었다. 이안이 어마어마한 배우들을 상대하는 것이 이게 처음은 아니었다. 그는 이전 작품들에서 중국 배우 랑웅을 연출했었다. 하지만 대만영화 산업에서 감독은 신神으로, 배우들의 이견을 절대로 용납하지 않는다. (다음에 나오는 감독 자신의 말을 비롯한) 여러 사람의 말에 따르면, 이안은 외

〈사이트 앤 사운드Sight and Sound〉 6, no. 3(1996년 3월호)에서. Reprinted by permission.

유내강의 접근방식을 취하지 않았다. 그렇지만 현장에서 보스가 누구인지에 대해서는 의심의 여지가 조금도 없었다.

이 영화는 당신이 서양 배우들과 진지하게 작업한 최초의 경험이었습니다. 촬영이 일단 시작되고 나서 진행된 과정에 대한 초기 인상은 어땠나요?

〈센스 앤 센서빌리티〉의 첫 2, 3일 동안, 나한테는 정말로 골치 아픈 문젯거리가 있었습니다. 자신들이 영화를 끌고 나가고 있다는 식의 태도를 보이는 배우들과 관련된 문제였죠. 이건 정말로 대만하고는 정반대되는 일이었습니다. 대만에서는 감독이 배우들을 끌고 가는 식으로 영화를 만들거든요. 하지만 이후로 한동안 우리는 서로와 타협하기보다는, 상대가 하고 있는 일을 제대로 평가하면서 영화를 위해 가장 좋은 공통 영역을 찾기 시작했습니다. 내 역할은 모두에게서 최상의 것을 유혹해 끌어내서 그들이 가진 모든 상이한 스타일을 한 편의 영화로 짜 맞추려 애쓰는 것임을 알게 됐습니다. 엄밀히 말해 내가 하는 주된 일은 배우들이 연기로 보여주는 강렬함을 줄이는 거였습니다.

그런 일에 어떻게 착수했나요?

촬영할 때 내가 하는 일은 대단히 육체적이고 기술적인 일입니다. 생각은 그리 많이 하지 않습니다. 내가 걸출한 배우들과 작업하고 있다는 것을 알았습니다. 그래서 우리는 리허설 기간에 (몇날 며칠을) 리허설을 하는 대신 캐릭터들의 관계에 대한 의견을 나누면서 시간을 보냈습니다. 우리가 어떤 신의 동선을 일단 짜고 나면, 나머지 모든 것은 배우들 몫이었습니다. 하지만 나는 그들이 생각을 너무 많이 하게끔 놔두지는 않는 편입니다. 그들이 러시를 보는 것을 허용하지 않았고 남의 시선을 의식하게끔 놔두지도 않았습니다.

케이트 윈슬릿과 작업한 건 어땠나요? 그녀는 영화 경험이 일천한데요.

케이트는 뛰어난 여배우는 아니었습니다. 나는 그녀를 〈천상의 피조물〉에서 봤습니다. 혼잣말을 했죠. "메리앤 후보가 저기 있군. 하지만 그녀에게서 우아한 면모를 끌어내지 못한다면 그녀가 연기하는 메리앤 배역은 비극적이거나 끔찍해질 수도 있어. 그녀가 제인 오스틴에서 가져온 대사들을 연기하게 만드는 것은 고문 행위가 될 수도 있고." 캐스팅했을 때 그녀는 막 19세가 된 참이었습니다. 대담하면서도 경험은 없는 인재인 그녀는 무슨 일이건 할 수 있었지만 통제하기가 무척 힘들었습니다. 시나리오작가이자 캐스팅 과정에도 참여한 에마를 제외하면 내가 가장 많은 시간을 함께 보낸 배우일 겁니다.

우리는 많은 신에 에마의 상대역으로 케이트를 집어넣고 있었습니다. 이게 내가 직면한 가장 큰 난점 중 하나였습니다. 뛰어난 배우인 에마는 케이트가 그리 뛰어나지 않게끔 보이도록 만들 수 있었습니다. 이성과 감성에 대한 영화를 연출하는 나는 그 문제가 무척 신경 쓰였습니다. 젊은 여배우들은 집중하는 법을 모릅니다. 그녀들이 연기를 하려고 지나치게 애를 쓰다 보면, 자신들의 연기 능력을 허약하게 만들고는 우스꽝스러운 모습을 보이게 될 위험도 있습니다. 그래서 나는 케이트와 함께 복식호흡과 발성 훈련을 많이 했습니다. 그녀가 긴장을 줄이고 사소한 습관들을 버리는 것을 도우려고 기를 풀어주는 훈련도 약간 했고요. 나는 영어 대사의 전문가는 아닙니다. 그래서 케이트와 에마는 그 문제를 함께 논의했고 자매처럼 시간을 함께 보내기도 했습니다.

그런 후 케이트에게 고딕소설들을 읽을거리로 줬습니다. 그렇게 하면 그녀가 과장된 연기를 펼치게끔 만들 위험이 있었지만, 그래도 그것들을 최대한 활용하고 싶었습니다. 내 입장에서 비법은 케이트가 등장하는 장면들을 웃게 만드는 거였습니다. 케이트는 시종일관, 심지어 멍청하리만치 고딕풍 분위기에서조차 진지해야 했지만요. 케이트에게 조명을 치는 법 말고도, 메리앤을 스크린에 등장시킬 비법을 찾으려고 촬영한 러시필름을 살펴보는 데 최소 2주가 걸렸습니다. 케이트는 얼굴을 찡그리고, 지나치게 활짝 웃으며, 턱을 안으로 집어넣는 경향이 있었습니다. 그녀의 이런 신체적 특징에 대해 얘기해주는 게 유용했습니다. 그녀는 여생 동안 내가 한 얘기를 기억할 거라고 생각합니다.

연출 지시는 대단히 간결해야 합니다. 그렇지 않으면 배우들은 혼란스러워 할 겁니다. 나는 카메라를 돌리기 직전에, 그리고 우리가 할 일에 대해 합의한 후에 케이트에게 짤막하게 연출 지시를 했습니다. 우리는 한 테이크를 찍은 다음에 무척 서둘러서 또 다른 테이크를 찍었습니다. 그녀에게 너무 많은 시간은 주지 않았습니다. 다른 배우들의 수준은 지나치게 높기 때문에 그들과 이런 방식으로 작업하는 것은 터무니없는 일이 될 겁니다. 내가 이따금 그런 식으로 작업하면 그들은 약간 불편해하고는 했습니다. 하지만 케이트는 달랐습니다. 그녀는 무슨 일이건 기꺼이 시도하려고 했습니다.

에마 톰슨이 5년간 시나리오를 작업해왔고 그녀의 캐릭터인 엘리너 대시우드에 대해 그 누구보다 잘 안다는 점을 감안할 때, 당신은 그녀에게서 원하는 것

을 얻어내기 위해 어떤 식으로 접근했나요?

에마가 맡은 두 역할은 서로 충돌했습니다. 감독은 시나리오작가가 촬영장에 오는 것을 허용하지 않는 게 보통입니다. 촬영하는 걸 보면서 속상해하니까요. 그녀를 상대하는 것은 두 가지 상이한 일을 하는 거였습니다. 그녀가 시나리오를 수정하는 동안, 내가 거의 6개월가량 프리프로덕션을 한 것은 유익했습니다. 그렇지 않았다면, 나는 내가 그녀의 손에서 갓난아기를 빼앗고 있다는 느낌을 받았을 겁니다. 그녀와 린지 도런은 이 프로젝트의 어머니들이고 나는 의붓아버지라는 느낌을 받았습니다. 나는 그 프로젝트에는 신참이었습니다. 감독으로서도, 그 소재에 대한 문외한으로서도요. 나는 시나리오 수정과 프로덕션디자인을 거치면서 프로젝트에 들어왔고 내가 그 영화에 대해 품은 개념을 형성하는 작업에 에마를 참여시켰습니다. 그녀를 작가로서 상대하는 면에서, 나는 영화가 제대로 굴러가게 만들기를 원한다면 그녀의 자존심을 무시해야만 할 거라고 판단했습니다. 그녀는 내가 하고자 하는 바를 제대로 평가했다고 생각합니다. 그리고 나는 그녀의 연기에서, 그리고 텍스트에 대한 그녀의 해석에서 많은 것을 배웠습니다.

에마는 엘리너를 연기하기에는 나이가 너무 많았습니다. 가장 중요한 작업은 그녀의 나이를 줄이는 거였습니다. 나는 그녀를 안심시키려고 할 수 있는 모든 일을 다 했습니다. 케이트에게 그런 것처럼 그녀에게도 훈련할 거리들을 줬습니다. 그녀는 발성 연습도 했습니다. 나는 그녀가 특정한 음역 아래의 목소리를 내는 것은 허용하지 않았습니다. 에마는 육체적인 연기에 대해서는 무척이나 개방적입니다. 그녀는 전신숏full body shot과 후방에서 찍는 숏, 롱숏들을 좋아합니다. 엘리너의 이미지를 만들기 위해, 나는 그녀에게 어떤 종류의 프레임으로 그녀를 잡을 건지 알려주고는 했습니다. 여배우와 그런 식으로 작업한 것은 그게 처음이었습니다. 나는 에마를 등 뒤에서 잡다가 옆모습을 잡고 클로즈업으로 잡는 쪽으로 서서히 카메라의 방향을 옮겨 촬영했습니다. 케이트는 정반대로 정면 숏에서 옆모습으로, 그리고 뒷모습으로 방향을 바꿨습니다. 그들이 연기하는 캐릭터들의 변신을 보여주기 위해서였습니다. 엘리너는 더욱 낭만적으로 변하고 메리앤은 더욱 이성적인 사람이 돼갑니다. 영화가 진행되는 동안 그들은 천천히 입장을 바꿉니다. 클라이맥스는 영화에서 가장 영화적인 시퀀스인 클리블랜드 시퀀스입니다. 메리앤은 언덕을 올라가고, 브랜던은 그녀를 병상으로 데려옵니다. 병상 세트를 짓고는 톱숏^{top shot}으로 찍었습니다. 그건 〈센스 앤 센서빌리티〉 숏입니다. 절박해진 엘리너는 메리앤이 자신의 소울메이트라는 것을, 메리앤이 죽는다면 자신도 죽을 거라는 걸 깨닫습니다. 나는 에마에게 순수한 두려움만 드러내고 다른 모든 감정은 제거하라고 말했습니다. 그녀는 연기를 엄청나게 잘 해냈습니다.

앨런 릭맨의 연기 특징은 허세가 묻어나는 겁니다. 그런데 그건 그가 연기한 캐릭터인 브랜던 대령에게는 없는 특징입니다. 그렇게 완벽하게 절제된 연기를 그에게서 어떻게 얻어냈나요?

나는 영국식 스타일로 (뛰어난 대사 연기 스타일로) 연기하는 배우로서 앨런을 존경합니다. 그는 전화번호부를 읽더라도 흥미롭게 들리게끔 만들 수 있을 겁니다. 하지만 그건 브랜던에게는 맞지 않습니다. 원작 소설에서 그는 따분한 사람이고 로맨틱한 이야기의 패자

이니까요. 관객들은 메리앤이 윌러비를 얻지 못했기 때문에 아주 흡족해하지는 않는다는 걸 감지합니다.

그런데 그게 딱 내가 관객들이 생각하기를 원했던 상황은 아니었습니다. 에마는 브랜던이 가장 각색하기 어려운 역할이었다고 말했는데, 나는 그녀가 그에게 남성성을 부여했고 그를 그 자신뿐 아니라 남들도 보살피는 정말로 탄탄한 인물로 만들었다고 생각합니다. 그녀는 그의 매력 없는 면모와 나이를 강조하는 대신에 그의 비극적인 사연을 강조했는데, 그 점 때문에 그를 메리앤의 연인으로 만드는 것을 관객들은 제대로 받아들입니다. 그럼에도 앨런은 "줄여서" 연기할 필요가 있었습니다. 그가 그렇게 하면, 나는 "더" 그러라고 요청했습니다. 당연히 그는 혼란스러워했습니다. 내 말뜻은 더 줄여서 해야 한다는 거였으니까요.

그는 더 현란한 연기를 펼치고 싶어 했나요?

로맨틱한 모습을 보이고 싶어 했습니다. 그는 브랜던을 책에서보다 더 로맨틱하게 봤습니다. 하지만 나는 그런 로맨틱한 측면은 모두 캐릭터의 머릿속에만 있을 뿐 겉으로 드러나서는 안 된다고 생각합니다. 우리는 그런 모습이 보일 때면 언제든 그걸 잘라냈습니다. 하지만 앨런은, 우리가 초기에 의사소통을 한 이후에, 내가 자유롭게 풀어준 배우였습니다. 나는 그의 연기에 넋을 잃었습니다. 반면에 다른 배우들은 더 분투할 필요가 있었습니다.

당신은 화려한 모습의 유혹자 윌러비 역에 그레그 와이즈를 캐스팅했습니다. 당신은 그도 역시 "줄여야" 했나요?

예. 월러비를 캐스팅할 때, 나는 몸이 탄탄한 바이런영국의 시인을, 하지만 제임스 딘 방식으로 위험하지는 않게 연기할 수 있는 배우를 원했습니다. 그레그가 와서는 정말로 놀라운 시나리오 리딩을 했습니다. 그는 월러비가 책에서 하는 것처럼 꽃을 가져오는 것으로 자신이 이 배역을 진정으로 원한다는 것을 보여줬습니다. 유명 배우는 아니었지만 우리 모두는 그에게서 정말로 강한 인상을 받았습니다. 그는 무척이나 호감형이자 훌륭한 스포츠맨입니다. 상당히 위험한 월러비의 코러클coracle. 둥그렇고 작은 배을 조종할 줄 알았습니다. 문제는 그가 아직 그 정도 반열에 오르지는 않았다는 거였습니다. 그리고 그는 이 빼어난 출연진 중에서, 영화에서 가장 매력적인 인물이어야 했습니다. 젊은 배우는 자신감을 잃고는 과장된 연기를 하기 쉽습니다. 연기가 콧물 범벅으로 이어지면서 의도치 않게 우스갯거리가 될 수도 있습니다. 나는 그레그에게 꾸준히 말했습니다. "자네는 지금도 무척 매력적이야. 뭔가를 보여주려고 애쓰지 마. 플롯은 다른 배우들이 끌어갈 거야." 그에게 대단히 잘하고 있다는 얘기를 계속해줘야 했습니다. 하지만 때로는 내가 젊은 중국 배우들에게 했던 것처럼 매우 혹독하게 대하기도 했습니다. 그가 한 연기가 하나같이 옳았던 것은 아닙니다. 그래서 나는 "이거 하지 마, 저거 하지 마" 말하고는 했습니다. 그는 케이트처럼 내 말을 받아들였습니다. 젊으니까요.

낭신은 에드워드 페라스 역에 슈퍼스타 휴 그랜트를 캐스팅했습니다. 그와 작업하는 건 어땠나요?

처음 이틀 정도는 그하고 문제가 있었습니다. 그는 스타 특유의 상투적인 연기shtick를 했으니까요. 그는 내가 어울린다고 생각하지 않는 연기를 하고 싶어 했습니다. 결국 우리는 공통 영역을 찾아냈습니다. 캐릭터를 구해내려면 그가 가장 잘하는 것을 하도록 놔둬야 한다고 판단했습니다. 원작 소설에서 에드워드는 어리석은 짓을 하고는 멋쩍어 하고 우둔한 인물입니다. 하지만 영화에서 우리는 40분간 등장했다가 80페이지를 영화에서 떠난 후 돌아와서는 마지막 신을 훔치면서 관객의 가슴을 찢어놓을 사람이 필요했습니다. 그런 연기를 하려면 정말로 좋은 배우가 필요합니다.

에드워드의 몇 안 되는 장점 중 하나가 딱딱한 유머 감각입니다. 그는 그걸 거의 영웅적인 방식으로 사회에 맞서 저항하기 위해 사용합니다. 캐리 그랜트 이후로 휴만큼 그걸 잘해낼 배우는 도저히 떠오르지 않습니다. 따라서 나는 한 걸음 뒤로 물러나 그가 그렇게 연기하게끔 놔둘 필요가 있었습니다. 한편 그도 한 걸음 물러나 더 진지한 순간에는 절제된 연기를 했습니다. 그는 매우 협조적이었습니다.

그는 더 갈팡질팡하면서 말을 더듬기를 원했나요?

예. 때때로 나는 그의 공들인 발성 기술들을 감당하지 못했습니다. 그래서 그의 연기에 제한을 가했습니다. 그는 깊은 상처를 받았지만 우리는 서로에게 익숙해졌습니다. 내가 사용한 가장 직설적인 언사가 그에게 한 말이었을 겁니다. 나는 직설적이었습니다. 내가 아는 방법 중에 내가 원하는 바를 솔직하게 전달할 방법은 그것뿐이었습니다. 다른 배우들의 경우에는 내 속내를 표현할 12배 좋은 방식이 있었습니다. 휴하고 작업상 함께 한 관계는 대단히 만족스러웠고 모든 관계 중에서 가장 기분 좋은 관계가 됐습니다.

이안에 대한 의견

오렌 무버만 ── 1997

일부 감독들은 매끄럽고 쿨하며 스타일리시한 영화들로 우리를 황홀경에 빠트린다. 이안의 작품에는 그런 것들이 딱히 존재하지는 않지만, 그 대신 그의 작품에서는 진정으로 걸출한 스토리텔러의 지혜가 모습을 드러낸다.

이안은 할리우드의 기업형 영화제작과, "이달의 추천 영화"를 향해 질주하는 독립영화계의 경향 사이에 주기적으로 생기는 거대한 공간을 뛰어나게 지배한다. 과묵하고 점잖지만 위엄 있는 존재감을 내뿜는, 대만 출신으로 뉴욕대학에서 교육받은 이 감독은 영화계 스펙트럼의 양쪽 끝 모두에서 동등하게 도외시된 요소, 즉 인간에 집중하는 것으로 세계 전역에서 관객들과 교감해왔다. 이안은 〈쿵후 선생〉과 〈결혼 피로연〉 〈음식남녀〉 〈센스 앤 센서빌리티〉로 세 대

〈인터뷰Interview〉 매거진 1997년 9월호. Courtesy BMP Media Holdings, LLC.

륙과 두 세기를 수월하게 이동하면서, 통찰력 넘치면서도 항상 즐거움을 주는 문화적 관찰자로 발전해왔다. 그러는 동안, 그는 작가auteur의 비전이 결여됐다는 공격을 받았다. 평론가들은 그를 유미주의자aesthete로 분류할 수가 없었다. 그는 "배우의 감독actor's director"으로 알려지게 됐는데, 일반적으로 이 용어는 흉내 낼 수 없는 비주얼 스타일로 관객의 눈에 강한 인상을 남기는 데는 실패했지만 인기는 좋은 영화감독을 위로하는 듣기 좋은 말로 사용된다. 하지만 이안의 휴머니즘은 그런 꺼림칙한 용어들을 초월한다.

그의 강렬한 신작 〈아이스 스톰〉은 다시금 문화적 경계선을 넘는 그의 모습을 보여준다. 릭 무디의 1994년 작 소설이 원작인 이 작품은 워터게이트를 배경으로 하는 시대극으로, 코네티컷주 뉴케이넌에 거주하는, 부유하지만 집안 분위기는 싸늘한 두 가정을 다룬다. 제멋대로 부는 시대적 변화의 바람에 휘말린 그들은 감정과 영혼이 마비되는 신세로 전락한다. 이상 기온이라는 재앙을 배경으로 한 영화는, 비극적인 줄거리와 이상하리만치 카타르시스를 주는 결말을 불러오는 사건들을 양식화된 일상생활의 시선day-in-the-life으로 바라본다. 케빈 클라인과 시거니 위버, 조앤 앨런, 크리스티나 리치, 일라이자 우드, 토비 매과이어, 애덤 한버드를 비롯한 걸출한 앙상블이 출연하지만, 〈아이스 스톰〉의 진정한 스타는 감정을 느끼는 관객의 능력을 여전히 믿고 있는 이 영화의 가식 없는 지휘자다.

〈센스 앤 센서빌리티〉 이후, 당신은 자신의 비전을 특정 풍경이나 시대에 구속시키는 것을 거부한 감독으로 유명해졌습니다. 당신의 주된 관심 대상은 인간입니다. 70년대에 미국 교외에 거주하는 〈아이스 스톰〉 캐릭터들의 어떤 점에

매력을 느꼈나요?

장담하건대, 개인적으로 느낀 매력은 전혀 없습니다. 70년대에 타이베이에 산 나는 글을 통해 미국 교외의 삶과 60년대 후반의 섹스 혁명에 대해 알게 됐습니다. 하지만 내게 그 모든 것은 약간 모호하기만 했죠. 제임스(제임스 샤머스. 〈아이스 스톰〉의 공동 프로듀서이자 시나리오작가)가 읽어보라면서 나한테 책을 건넸습니다. 그 210페이지에서 나는 제작 가능성이 있는 영화를 봤습니다. (영화에서 케빈 클라인이 연기한) 아버지 벤 후드가 이웃집 남자아이의 시체를 발견하는 신이 있는데, 그 신과 관련된 무엇인가가 나를 정말로 강하게 강타했습니다. 그리스비극과 사뭇 비슷했습니다. 나는 나 자신에게 거듭 물었습니다. 이 아이는 왜 죽어야 하는 걸까? 그건 정당한 이유가 있는 징벌이 아니었습니다.

당신이 그리스비극의 요소를 봤다는 게 흥미롭습니다. 원작 소설과 제임스 샤머스의 각색 시나리오 둘 다 대단히 현대적인 방식에서 재미있기 때문입니다.

맞습니다. 이 작품은 당혹감과 청소년의 비통함을 다룬 스토리입니다. 나는 가족드라마를 만드는 영화감독입니다. 우리는 가족과, 가족의 많은 상이한 형태에 대해 온갖 부정적인 것들을 말할 수 있습니다. 하지만 영화의 화자이자 가장 큰 아이인 폴이 아이스 스톰 이후로 자신의 가정이 붕괴되는 모습을 볼 때, 그것은 대단히 감정적이고 대단히 감동적입니다. 그래서 이 프로젝트에 몰입하게 됐습니다. 그 시절에는 분명 무언가 순수한 것이 있었습니다. 작품에서 부모들은 아이들보다 훨씬 더 애들 같습니다. 그리고 그들의 인생을 바꿔놓는 시각적인 메타포(아이스 스톰)가 있습니다. 이 영화는 자연재해를 다룬 영화가 아니라 특정한 시대와 장소와 연계된 인간적·자연적인 재앙을 다룬 영화입니다. 하지만 인간의 근본적인 욕망과 욕구는 인종과 문화, 시대를 초월해서 본질적으로 동일합니다. 바로 그것이 나 같은 사람이 이런 영화들을 만드는 게 허용되는 이유입니다.

이 영화는 순전히 미국 문화만을 다룬 당신의 첫 미국영화입니다. 하지만 미국과 한 당신의 연애는 1978년에 시작됐죠, 그렇지 않나요?

나는 영화를 공부하려고 여기에 왔습니다. 그러니까, 그 시절에 그건 (고등교육을 받으러 미국에 가는 것은) 대만에 사는 사람 대다수가 하는 거였습니다. 미국 유명 대학에서 박사나 석사 학위를 받고 귀국하면 더 나은 삶을 살 수 있었습니다. (웃음) 이 나라에서 중국인 영화감독이 영화를 만들 수 있을 거라는 상상은 꿈에도 하지 못했습니다. 그런데 어느 에이전트가 나한테 미국에 남으라고 설득했습니다. 〈아이스 스톰〉은 미국영화입니다. 하지만 어린 시절에 내가 미국영화들을 봤을 때 상상하던 방식의 미국영화는 아닙니다.

이 영화는 할리우드 히어로들과는 정반대로 안티히어로들을 다루기 때문에 현실과 더 가깝습니다. 영화에 등장하는 캐릭터들은 그릇된 해방 때문에 권태를 느끼고 길을 잃은 채 혼란스러워합니다. 그들의 인생에서 상실된 것은, 자연이 등장해서 그들에게 그토록 큰 피해를 입히게끔 허용한 것은 무엇이라고 생각하나요?

나도 그 대답을 알았으면 좋겠습니다. 이 캐릭터들은 자신들이 불행한 이유를, 그들이 서로를 불신하는 이유를, 그리고 그들의 욕구가 충족되지 않는 이유를 많이 갖고 있습니다. 원인이 무엇인지 딱

꼬집어 지적하기는 대단히 어렵습니다. 많은 이유가 과거에서 비롯됐고 또 미래에 대해 알지 못하기 때문에 비롯됐다고 생각합니다. 이 캐릭터들은 대중 심리학과 패션, 폴리에스테르^polyester, 개방결혼 ^open marriage, 해방, 욕망, 욕구 실현 등에 열중합니다. 그런데 그들은 어디로 가는 걸까요? 나도 모릅니다. 이 얼마나 혼란스럽습니까! 나는 캐릭터들이 이런 식으로 행동하는 이유를 말할 수가 없습니다. 하지만 내가 보기에는 그것이 삶의 본질입니다.

아웃사이더인 당신은 이야기에 등장하는 영적으로 얼어붙은 사람들과 자연 사이의 긴장을 자신이 미국인이었을 때보다 이해하기 쉽다고 생각하나요?

이 나라에서 자라고 이 소재에 대해 개인적인 방식으로 관련된 사람들보다 나한테 애초부터 더 명확히 보였을 겁니다. 당연한 말이지만 내 약점은 그 시대와 사회의 질감을 이해하는 거였습니다. 나는 내가 부족한 점을 만회해야 했습니다. 그런데 내 생각에 자연을 보는 이 영화의 관점은 동양적입니다. 내게 있어 자연은 활발한 힘^force입니다. 우리가 두려워하고 존중해야 하는 무엇이죠. 나는 자라면서 그런 생각을 품게 됐습니다. 미국인들의 관점하고는 다를 겁니다. 그런데 솔직히 말해 나는 내 안의 어느 부분이 미국적이고 어느 부분이 동양적인지에 대해 더 이상은 말하지 못합니다. 나는 이 나라에 오래 살았습니다. 그리고 대만에서 자란 시기에는 미국의 영향을 많이 받았습니다. 물론 영어 영화들을 연출하는 아웃사이더로서, 나는 아는 것이 적기 때문에 더 많은 것을 짐작해야만 합니다. 그런데 그런 짐작들이 더 정확하고 객관적일 수도 있습니다. 더 많이 관찰해야 하고 캐릭터들에게 더 많이 공감해야만 하니까요. 그런 공감은 영화를 연출할 때 유익합니다.

당신이 만든 모든 영화의 기초로 가족 구조를 활용하는 이유는 뭔가요?

내게 있어 가정생활은 대단히 탄탄합니다. 가정생활은 우리가 권태에 빠지지 않게끔, 파괴적인 사람이 되지 않게끔 막아줄 수 있는 믿음들을 제공합니다. 이것들은 대체로 일부 종류의 구속(사회적 구속, 가정, 민족, 종교)과 관련돼 있습니다. 그런데 그 문제는 대단히 복잡합니다.

당신은 작품에서 아버지 상의 역할을 꾸준히 검토합니다. 실제로 당신은 당신의 첫 영화 세 편을 농담조로 '아버지가 가장 잘 안다' 삼부작이라고 부릅니다. 〈센스 앤 센서빌리티〉에서 모든 요소에 시동을 거는 것은 아버지 상의 부재입니다. 〈아이스 스톰〉에서 우리는 미국의 궁극적인 아버지 상인 당시 대통령 리처드 닉슨의 위신이 추락하는 모습을 TV 이미지로 봅니다. 그러고는 모든 것이 혼란에 빠져들죠. 케빈 클라인이 연기한 캐릭터인 벤은 위기에 처한 가장 직접적인 아버지 상입니다. 아버지라는 테마를 그리도 많이 활용하는 까닭은 뭔가요? 뭔가 개인적인 이유가 있나요?

중국 사회는 가부장제 사회이기 때문에, 나는 늘 아버지 상이 단순한 부모보다 더 큰 의미를 갖고 있다고 생각해왔습니다. 그것은 전통이 작동하는 방식의 상징입니다. 그리고 내 첫 세 영화에서 나는 우리 아버지를 모델로 활용했습니다.

아버님에 대해 말씀해주시죠.

우리 아버지의 전全 가족은 중국에서 처형당했습니다. 하지만 아버지는 탈출하셨죠. 아버지 딱 한 분만요. 대만에 온 아버지는 어머니와 결혼해서 나를 낳았습니다. 아버지는 내가 다니는 고등학교의 교장이었습니다. 대만에서 최고 명문에 속하는 학교였죠. 교장의 아들로 사는 것은 항상 창피한 일이었습니다! 그리고 나는 맏아들이었기 때문에 양어깨에 세상 전부가 얹혀 있다고 느꼈습니다. 우리 집안은 예술이나 창작 활동을 전혀 사랑하지 않았습니다. 엔터테인먼트 비즈니스는 말할 나위도 없었죠. 아버지와 관련된 모든 것, 가족에게 느끼는 의무감, 그런 것들이 내가 숨 쉬는 것을, 내 진정한 자아를 대면하는 것을 어렵게 만들었습니다.

아버님은 당신이 무엇이 되기를 원했나요?

내 짐작에, 영화감독만 아니면 뭐든 좋다고 바라셨죠. 아버지는 내가 교사가 되기를 원했습니다만 나는 필름 스쿨에 가겠다고 고집을 부렸습니다. 내가 〈결혼 피로연〉을 만들고 상을 여러 개 받지 못했다면 아버지는 나를 창피해 했을 겁니다.

〈아이스 스톰〉에서 아버지 이슈를 택한 것은 내게는 중요한 일이었습니다. 벤은 내 다른 영화들의 아버지들보다 작품에 더 깊이 관여돼있으니까요. 우리는 아버지 상을 닻으로 활용했고, 그를 중심으로 영화를 전개했습니다. 하지만 나는 이번에는 나 자신을 모델로 활용했습니다.

당신 자신을요?

나 자신을요. 아버지가 되는 것에 품은 내 두려움을요.

어떤 식으로요?

13살짜리하고 7살짜리 아이가 둘 있습니다. 나 자신을 부모로 보는 것은 내가 우리 아버지를 보는 방식하고는 다릅니다. 요즘 세상에서는 어른들이 아이들을 낳는 게 아닙니다. 실제로는 아이들이 어른들을 낳습니다. 우리가 그런 식으로 행동해야만 아이들은 우리를 우러러봅니다. 하지만 그렇게 하려면 많이 노력해야 하고 멋진 사람이 돼야 합니다. 아이들은 더 성숙해지라며 우리를 압박하지만, 우리는 롤 모델이 돼서 아이들에게 해야 할 일을 가르치고 그들이 원하는 것을 건넬 준비가 전혀 돼있지 않습니다. 우리는 항상 우리가 충분히 나은 사람이 아니라는 것을 두려워하고 그래서 가식적으로 행동합니다. 그건 영화를 연출하는 것과 비슷합니다. 우리한테는 이런저런 생각이 많은데, 부모 노릇을 하는 것과 감독 노릇을 하는 것에는 모두 많은 행동이 필요합니다. (웃음) 우리는 자식들에게 솔직해지기를 원하지만 철저하게 그러지는 못합니다. 영화 〈라이어 라이어〉 속의 혼란과 비슷할 겁니다. 하지만 부모로서 우리는 상황을 적절하게 유지해야 합니다. 모르는 것을 향해 막무가내로 돌진하고 있는 〈아이스 스톰〉의 부모들하고는 다르게 말입니다.

당신은 당신 영화들에 나오는 캐릭터들을 이해하는 듯 보입니다. 아니면, 적어도 그들의 문제가 무엇인지를 이해하는 듯 보입니다. 그런데 내가 당신의 접근 방식에서 가장 비범하다고 생각하는 것은 당신이 그들에 대한 이런저런 판단을 하지 않는다는 겁니다.

사람들이 이런 일들을 하는 이유가 있습니다. 그런데 그들을 판단하는 것은 감독이 할 일이 아닙니다. 그건 관객들 몫이죠. 배우들은 관객의 사고와 감정을 유발해야 합니다. 영화가 하는 일은 그것이지, 관객들에게 어떻게 느껴야 하는지를 알려주는 게 아닙니다.

당신은 항상 당신의 배우들이 느긋하게 느끼도록, 남의 눈을 의식하지 않게끔 만들면서도 집중하도록 만드는 것처럼 보입니다. 우리는 당신의 영화들에서 그런 것을 기대하게 됐습니다. 〈아이스 스톰〉의 다른 점은 이 영화의 스타일이 대단히 의식적이라는 겁니다. 우리는 영화에서 당신의 지문을 볼 수 있습니다. 반면, 과거에 당신은 사람들이 그걸 보는 것을 원치 않는다고 말했었습니다.

맞습니다. 이 영화에는 내 지문이 묻어 있습니다. 나는 이런 종류의 강렬한 소재에는 특정한 스타일이 필요하다고, 그렇지 않으면 영화가 지탱하지 못할 거라고 생각합니다. 노골적인 구조를 띤 자연이 너무도 불균질적이기 때문에, 우리는 시각적으로 유사한 것들을 만들어서 조심스럽게 영화 전편을 조화롭게 묶어내야 했습니다. 〈센스 앤 센서빌리티〉에서처럼 벌어지는 이야기를 그냥 지켜만 보는 것하고는 달랐습니다. 이 영화에서 우리는 연달아 이어지는 순간들을 통해 이야기가 진행되는 것을 보고 있습니다. 그래서 이 영화는 내가 만든 다른 영화들보다 더 작위적입니다. 또는 굳이 말하자면, 예술적입니다. 그런 식으로 작업하는 것은 굉장히 재미있습니다. 하지만 고통스럽기도 하죠. 나한테는 약간 부자연스러운 일이니까요. 하지만 나는 이 작품을 만든 기간이 유익했다고 믿습니다.

〈아이스 스톰〉이 제기하는 철학적 문제 중 하나가 애텀 이고이언의 〈달콤한 후세〉에 메아리칩니다. 두 감독 모두 이렇게 묻고 있는 듯 보입니다. 우리는 우리 아이들에게 무슨 일을 하고 있는 건가?

그건 집합의식collective consciousness의 일부라고 생각합니다. 중국인들은 우리가 무슨 잘못을 저질렀는데도 우리한테 아무 일도 생기지 않으면, 그건 아직은 벌을 받을 때가 아니라는 뜻이라고 믿습니다. 물론 부모로서 우리는 우리가 아이들에게 하고 있는 일에 대한 의문에 민감합니다. 우리는 우리 환경과 우리 자신의 행동을 더욱 조심스러워하는 태도로 돌아갑니다. 우리는 우리 행동의 결과들을 생각합니다. 우리는 우리 편하자고 하는 일들을 조심해야 합니다. 우리 자신의 해방에 대해 조심해야 합니다. 그 모든 것이 아이들에게 영향을 끼치니까요. 나는 우리가 올바른 질문을 던져서 우리로 하여금 더 나은 사람이 되게끔 강요하기를 바랍니다. 나한테 가장 중요한 것은 영화와 내 가족입니다. 나는 둘 사이에서 균형을 잡으려고 애쓰지만 가족은 내 작업을 위해 희생돼왔습니다. 영화는 자신들의 꿈을 내 어깨에 올려놓는 사람들과 관련된 일이기 때문에 나 자신의 삶보다 훨씬 더 거대한 것입니다. 접시들을 작대기 위에 올려놓고는 떨어뜨리지 않고 돌리려고 애쓰는 묘기를 부리는 것처럼 균형을 잡기가 쉽지 않습니다. 이건 대단히 중국적인 상황입니다!

〈아이스 스톰〉에는 어느 아버지가 여행 가방을 들고 위층으로 올라오는 순간이 있습니다. 그는 아들들 방에 들러 "안녕, 나 돌아왔다"고 인사합니다. 두 소년은 당황한 표정으로 바라보며 묻습니다. "어디 갔었어요?"

(웃음) 굉장히 슬픈 일이죠. 캐릭터들은 그들의 삶을 몽유夢遊하고 있습니다. 그러던 중에 모닝콜이 걸려옵니다.

그런데 그들이 비극을 겪지 않고도 모닝콜을 받을 수는 없나요?

그럴 수는 없죠. 고통은 최상의 모닝콜입니다. 고통은 우리가 무슨 일이 벌어지는지를 깨닫게 만드는 증상으로서, 영적으로 좋은 일이 될 수 있다고 생각합니다. 우리가 우리 신경계에서 통증을 들어낸다면, 우리는 무방비 상태가 되면서 뭐가 잘못됐는지를 모르게 됩니다. 진정한 통증은 우리를 성장시킵니다.

당신은 영화감독으로서 어떻게 성장했나요?

나는 개인적인 영화 세 편으로 경력을 시작했습니다. 그런데 우리가 아는 것은, 또 우리의 이웃은 매우 제한적일 수 있다고 생각합니다. 바로 그게 내가 앞선 영화들과 비슷한 영화를 열 편씩 만들지 않으려는 이유입니다. 자랄 때 내 인생은 꽤나 따분했기 때문에 나는 놀고 싶었고, 재능을 최대한 발휘하고 싶었고, 탐구하고 싶었습니다. 요즘 새 영화를 만들 때마다 "쪽박을 차겠군, 내 운이 다 하겠군" 같은 생각을 합니다. 실패하고 싶지는 않지만 한계가 어디까지인지는 보고 싶습니다. 이게 영화를 향한 내 태도입니다. 하지만 영화 제작의 노예가 되고 싶지는 않습니다. 나는 내가 작동하게끔 만들어야 하는 일을 할 겁니다. 하지만 영화가 일단 완성되면, 그때는 한 등급 더 높은 곳으로 이동할 때입니다. 내게 있어 연출은 배움입니다. 인생은 배움입니다. 배움은 우리의 목표를 달성하는 방법이 아닙니다. 배움 자체가 목표입니다. 그게 인생에 오톨도톨한 질감을 줍니다.

숙취

고드프리 체셔 —— 1997

　예상치 못한 기상 변화를 암시하는 제목과 사뭇 비슷하게 〈아이스 스톰〉은 이안과 제임스 샤머스가 공유해 온 창작 환경의 갑작스러운 변화를 보여준다. 이런 변화는 두 사람 모두에게 처음이 아니다. 두 사람이 〈쿵후 선생〉과 〈결혼 피로연〉〈음식남녀〉를 (이안은 작가·감독으로, 샤머스는 작가·프로듀서로) 함께 작업한 후 그들은 현대 대만인 가족들의 정서적 변화를 다룬 중간급 규모의, 엄청나게 성공한 코미디들을 만드는 안락한 틈새시장에 정착한 듯 보였다. 그러다 1995년에 〈센스 앤 센서빌리티〉가 나왔다. 제인 오스틴의 영국으로 향한 이 대대적인 비행은 스타가 위력을 발휘하는 고예산 영화제작의 영역으로 이안과 샤머스를 안내했고, 할리우드의 진지한 눈길을 이끌어왔다. 영화는 오스카 7개 부문에 후보로 지명됐고 에마 톰슨은 각색상을

〈필름메이커Filmmaker〉 6, no. 1(1997년 9월호). Reprinted by permission.

수상했다.

〈아이스 스톰〉은 두 사람을 (샤머스가 컬럼비아대학에서 영화를 가르치고, 테드 호프와 함께 운영하는 제작사 굿 머신의 다양한 활동을 지휘하는 일을 돕는 곳인) 뉴욕의 근거지로 복귀시켰다. 하지만 이 신작 영화는 귀향 작품인 만큼이나 또 다른 출발이기도 하다. 릭 무디의 호평받은 1994년 작 소설을 각색한 이 영화는 이안의 작품 중에서 샤머스가 시나리오 전편을 쓴 첫 영화다. 시거니 위버, 케빈 클라인, 조앤 앨런, 크리스티나 리치가 포함된 출연진이 등장하는 이 영화는 두 사람이 거물급 미국 배우들과 처음 만난 작품이다. 닉슨 시대의 족쇄 풀린 성性 풍속과 부패하는 사회적 관습을 그려낸 작품으로서, 영화는 소설이 묘사한 친숙하면서도 이상하게도 불편한 시대정신을 모험적으로 따라간다. 영화는 뒤로 공중제비를 넘는 묘기를 부리면서 조잡한 의복衣服의 세계와 그보다 더 조잡한 행동의 세계로 들어간다.

북극의 광포한 기후가 미국 북동부의 목을 조를 준비를 하던 1973년 11월의 코네티컷 교외가 배경인 줄거리는 섹스 혁명의 당혹감을 회고적인 시선으로 신랄하게 조롱한다. 어른들이 불안감 넘치는 불륜 게임을 하는 동안, 그들의 아이들은 장난을 치는 것이 엄숙한 의무나 되는 양 에로틱한 세계에 입문하려 든다. 명목상으로는 이 모든 것이 코미디로 표현됐지만 영화는 일반적인 장르 가이드라인이 허용하는 것보다 훨씬 더 복잡하고 위험한 무엇인가를 겨냥한다. 이안의 비범한 뉘앙스가 담긴 연출과 샤머스의 꼼꼼한 캐릭터 묘사(그의 작업은 칸영화제에서 각본상을 획득했다)는 한데 어울려, 개인적인 것이 됐건 집단적인 것이 됐건 진지한 자기반성에 불가피하게 수반되는 씁쓸한 맛을 제공한다. 현재 상영 중인 영화뿐 아니라 그들의 최근 협력 작품들을 숙고할 때조차 그런 종류의 꼼꼼함과 사려 깊음은 이안과 샤머스 두 사람 모두를 특징짓는 성격으로 남았다.

이안 감독님, 이 영화를 만들기로 결정하게 만든 건 무엇이었나요? 당신은 이 작품에 대해서는 약간의 의구심을 품고 있었다고 말한 적이 있는데요.

이안: 〈아이스 스톰〉은 많은 면에서 (내 다른 영화들보다) 냉혹합니다. 훨씬 어둡죠. 전에는 이런 작품을 시도해 본 적이 없습니다. 일부 다른 감독들에게는 이게 날마다 겪는 삶일지도 모르지만, 나는 내가 지켜보기에 대단히 편안한 영화들을 만듭니다. 그래서 이 영화는 도전입니다.

이 영화에는 톤^{tone}들이 대단히 교묘하게 섞여있습니다.

샤머스: 우리는 늘 말합니다. 리스크는 무엇이고 소득은 뭐지? (관객을) 코미디의 끝까지 데려가 그들이 방어막을 내리게끔 만들고는, 그들이 화내지 않게 만들면서도 그들을 비극으로 밀어 넣는 방법은 뭘까? 이건 리스크가 큰 영화입니다. 우리는 장르와 장르들이 맞닿은 공간을 걷고 있었습니다.

이안 감독님, 당신은 소설과 제임스의 시나리오 중 무엇을 먼저 읽었나요?

이안: 소설을 읽었는데 정말로 감동을 받았습니다. 결말 즈음에 기차가 도착하고 폴 후드가 거기에 그의 가족이 서있는 모습을 볼 때는 특히 그랬습니다. 또 다른 게 있습니다. 나는 아이스 스톰을 찍어야만 했습니다. 그것에 집착했습니다. 그건 대단히 강렬한 메타포로, 그 특별한 해에 가족 구조에 벌어지고 있던 일(순수의 상실, 워터

게이트)과 유사한 것입니다. 그해는 '우스꽝스러운 모습'과 '조잡함'이 판치던 해였습니다.

영화의 배경을 1973년으로 잡은 것은 필수적인 일이었나요? 배경을 오늘날로 바꾸는 걸 고려했었나요?

이안: 이 영화가 그리는 갈등은 보편적이면서 시대를 초월한다고 생각합니다. 하지만 이런 방식으로 배경을 설정하면 영화가 더 날카롭고 묵직해진다고 생각합니다. 선택의 여지가 없습니다. (그 시대는) 우리를 빨아들입니다. 그곳은 우리에게 정서적인 따스함과 안정감을 제공하는 동시에, 우리가 해방돼 도망치려고 애쓰는 곳입니다. 구속하려는 힘과 해방되려는 힘이 왔다 갔다 합니다. (영화의 배경을) 변화하는 시대로 설정한 것은 "멈춰 있는 것은 아무 것도 없다"는 동양철학의 느낌을 제공합니다. 우리는 끊임없이 변해야 합니다. 세상 만물은 변화할 것이기 때문에 우리가 의존할 수 있는 대상은 하나도 없습니다.

샤머스: 〈아이스 스톰〉은 아마도 내가 관여했던 시대극 중에 가장 '시대를 잘 그려낸' 영화일 겁니다. 나를 주로 경악하게 만든 것은 '오 마이 갓, 나는 저 시대에 자랐어! 나도 늙었군!' 하는 깨달음입니다. 하지만 맞습니다. 영화의 가족 구성원들이 이동하고 있는 균열된 궤도는 그 시대의 궤도입니다.

닉슨의 사임은 미국 정치에서 정말로 흔치 않은 일이었습니다. 대통령은 우리의 아버지고 우리는 우리 대통령에게 상처를 줘서는 안 됩니다.

샤머스: 지당한 말입니다. (워터게이트는) 오이디푸스적인 격노라

할 만한 곳으로 이어지는 문들을 열어젖혔습니다. 하지만 지금 그 시대를 돌아보면 이 영화는 의복과 관련된 상이한 종류의 격노를 촉발시킵니다!

정말로 무서운 것은 이 모든 의복이 다시금 돌아와 유행하고 있다는 겁니다.

샤머스: 시거니가 그에 대한 가장 뛰어난 얘기를 했습니다. "당신이 어떤 옷을 처음 입었다면, 그걸 두 번째로 입어서는 안 된다."

당신이 이 영화에 적용한 비주얼 접근방식을 결정한 주된 요소들은 무엇이었나요? 비주얼 스타일과 관련해서 고민한 것은 무엇이었나요?

이안: 본질은 조잡함이었습니다. 뭔가 조잡한 것은 흥미롭습니다. 자연에 맞서 작동하는 무엇인가는, 인간이 만든 무엇인가는요. 촬영 면에서는 포토리얼리즘입니다. 사람들의 눈동자가 있는 곳의 초점을 보면, 그들은 서로를 쳐다보고 있지 않습니다. 몽환적이고 몽롱하며 대단히 강렬한 스타일, 그게 목표였습니다. 그리고 눈^snow으로 한 작업도 있었습니다. 나는 고감도의 깊이 있는 반사를 통해 아이스 스톰을 처리했습니다. 그렇게 해서 아이스 스톰이 대단히 투명해지고 해방감이 느껴지게끔 만들었습니다. 관객은 반사가 잘되는 표면을 통해 세상을 바라보지만, 그와 동시에 자신들이 발가벗었다는 느낌을 받습니다.

영화가 끝난 후 누군가가 나한테 흥미로운 얘기를 했습니다. 사람들이 일반적으로 그 시대를 재창조하는 표면적인 방식을 통해서보다는 감정들을 통해 당신이 그 시대를 더 철저히 재창조했다는 겁니다.

이안: 그게 더 중요하다고 생각합니다. 그 감정이 내가 이 영화를 만들고 싶었던 이유였습니다.

영화의 가족 관계 묘사에는 상당히 많은 분노가 배어있습니다.

샤머스: 영화는 현실(정의^{justice}와 인과응보, 도덕성, 공정한 것에 대한 관념)과 관련해서 청소년, 또는 청소년 이전 시기를 명확하게 보여줍니다. 나는 이 영화가, 우리가 (그런 청소년의 관점을) 지지하지 않고 있다는 말을, 그렇지만 그런 감정들을 이해한다는 말을 하기를 바랍니다. 영화는 그런 분노를 담은 산물이 되지 않으면서도 그것을 받아들일 수 있습니다. 그 분노가 원치 않는 사람들을 끌어들이거나 사람들을 침묵시켜서는 안 됩니다. 그 분노는 다른 감정과 관념들과 더불어 존재해야 합니다. 그것이 더욱 어른스러운 관점입니다.

그 시대가 어떤 시대였는지에 관해 배우들과 함께 많은 작업을 했나요? 영화에 출연한 나이 많은 배우들은 그 시대에 대한 자신들만의 기억이 있었을 텐데요.

이안: 그와는 반대였습니다. 스태프는 우리 또래였고 나는 이 영화를 만드는 방법의 대부분을 스태프들을 인터뷰해서 얻었습니다. 나는 내가 다큐멘터리를 만드는 중이라고 생각했습니다. 나는 자신들의 10대에 대해 말하는 그들의 목소리를 경청했습니다. (영화에 나오는 어린 아이들은 이제) 내 나이나 약간 젊은 나이가 됐을 겁니다. 나는 이 아이늘과 함께 성장했기 때문에 (그들과) 공감할 수 있습니다. 이제 그들은 그들의 부모님 나이가 됐습니다. 나는 특히 그들로부터 질감에 대해, 태도에 대해 배웠습니다. (그 시대의) 태도는 우리가 제대로 파악해야 할 대상입니다. 우리는 교훈들을 어느 정도 취

해서 그걸 쌓아놓고는 정말로 옳은 것이 무엇인지를 가르쳐야 합니다. 우리 자신을 표현하는 방법은 다락방에서 꺼낸 의상들 이상의 것입니다. 오늘날, 아이들이 부모들에게 반항한다면, 그건 그 아이들이 할 일이 그것이기 때문입니다! 오늘날의 또 다른 특징은 아이들과 부모들이 자신들에 대한 확신을 갖고 있다는 겁니다. (오늘날의 아이들은) 주관이 더 뚜렷하고 자신감도 더 있습니다. 하지만 그 시절에 (이 자신감은) 막 진실한 것이 돼가고 있었습니다. 그래서 우리는 그런 태도를 제공하고 그 시대를 정확히 재현하기 위해 그들이 말하는 바를 약간 불확실하게 만들어야 했습니다.

최근에 만든 영화〈아이스 스톰〉〈센스 앤 센서빌리티〉**의 출연진과 작업한 것은 어땠나요?**

이안: 굉장히 달랐습니다. 미국인들은 어느 정도는 영화를 더 많이 접하면서 자랐습니다. 최소한 이 배우 그룹에서, (미국인들은) 그들이 관찰의 대상이 됐을 때 카메라를 더 편안하게 대하고 자신을 드러내는 방식도 더 편안합니다. 그들은 더 자연스럽고 편안해합니다. 그들은 무비 스타라는 아이디어에 더 익숙하다고 생각합니다. 영국 배우들의 경우, 카메라를 그들 주위에 가져가는 건 힘든 일입니다. 그들에게 익숙하지 않은 곳이라서 알몸이 된 것처럼 불편하게 여기는 장소에서 그들을 관찰하는 것도 힘들고요. 그런 장소에서 그들은 알몸이 된 것처럼 불편함을 느끼고는 합니다. 그들은 기이한 연기를 펼칩니다. 그들은 사람들이 봐주기를 원하는 자신들의 모습을 선택합니다. 그들은 통제받고 있지 않으면 신경을 곤두세웁니다. 미국 배우들과 비교할 때, 영국 배우들에게서는 단순하고 순수하지

만 감동적인 순간들을 얻기가 힘듭니다. 나는 그들에게 그런 점을 납득시키지 못하면서 항상 그들을 혼란스럽게 만드는 결과를 얻고는 합니다.

당신은 배우들을 모서리에 세워 약간 불편한 상태를 유지하게끔 만들려고 애쓰나요?

이안: 그건 중요합니다. 그들이 어떤 신을 연기하면서 편안함을 느낀다면 그건 제대로 된 게 아닙니다. 연기는 처음 시작부터, 첫 리허설부터 시작됩니다. 배우들은 말하죠. "맙소사, 이건 내가 여태껏 해본 중에 가장 힘든 연기야." 그렇다면 배우들이 무슨 연기를 하건 그건 그릇된 연기입니다. 균형을 유지하는 것은 일종의 선禪적인 접근 방식입니다. 배우들이 하는 연기가 무엇이건 배우들은 그걸 해체할 필요가 있습니다.

당신은 미국영화들이 더 이상 가족이라는 주제를 다루고 있지 않은 시기에 〈아이스 스톰〉을 만들었습니다.

샤머스: 그건 모르겠습니다. 아이들을 가진 부모로서 나는 그런 영화들을 거의 보지 못하고 있기는 합니다.

글쎄요, 당신이 제작한 영화들을 보기만 해도 당신은 그런 영화를 많이 본 것 같은데요.

샤머스: 〈인어 공주〉를 5000번쯤 봤습니다. 우리는 디즈니 영화들에 지겹도록 노출되면서 가족용 엔터테인먼트로 포장된 그 작품들이 치명적인 오이디푸스콤플렉스를 다루고 있다는 것을 깨닫기 시

작합니다. 〈밤비〉가 됐건 〈라이온 킹〉이 됐건, 대다수 디즈니 영화는 부모 중 한쪽 또는 양쪽이 살해당하는 것으로 시작됩니다. 디즈니 영화에서 부모가 되는 것은 대단히 강력한 대포에 장착된 매우 정교한 조준경을 통해 겨냥 당하는 거나 마찬가지입니다.

당신은 이 영화에 나오는 가족들과 대만영화들에 나오는 가족들 사이의 관계를 어떻게 보나요? 내가 강한 인상을 받은 것은 〈아이스 스톰〉의 배경이 〈쿵후 선생〉의 캐릭터들이 거주한 곳과 그리 다르지 않은 지역이라는 겁니다.

이안: 두 곳은 다릅니다.

무엇이 다른가요?

이안: (코네티컷주 뉴케이넌은) 더 발전됐고 더 고상한 지역입니다. 행동 측면에서 말하는 게 아니라 문명 면에서 앞서 있습니다. 더 해방된 곳입니다.

두 영화에서 그리는 문화들은 여러 면에서 거의 정반대되는 것처럼 보입니다. 중국인들의 경우, 문제는 권위와 전통에 대한 강박적인 순응과 복종에서 비롯됩니다. 반면 미국에서는, 특히 이 시대에는 저항적인 태도를 취하는 것, 그리고 지나치게 해방된 것과 관련된 문제들이 더 많습니다.

이안: 정확한 지적입니다. 나를 감동시킨 건 '60년대'가 아니었습니다. 학생운동이 아니었습니다. 이 (영화가 그리는 것은) 60년대가 남긴 숙취입니다. 그 숙취는 결국 과묵한 중산층의 심리에 파고들었습니다. 사회 구조는 흔들리고 있고, 세계는 붕괴되고 있습니다.

당신은 이런 일들이 벌어지는 동안 대만에 있었나요? 당시 고등학생이었나요?

이안: (고등학교) 첫 해는 내게는 중추적인 해였습니다. 나는 우리 가족과 부모님의 명예를 드높이기 위해 대학에 들어가려고 공부했습니다. 하지만 그해 대입 시험을 망쳤습니다! 아버지는 내가 다니는 고등학교의 교장이었습니다. 내게 그 사건은 커다란 전환점이었습니다. 나는 대만국립예술원에 들어갔습니다. 그리고 처음으로 무대에 섰는데, 그것으로 끝이었습니다. 나는 내가 하고 싶어 하는 게 무엇인지를 알게 됐습니다.

제임스, 당신은 존 치버 John Cheever. 뉴욕의 교외지역을 그린 소설들로 유명한 미국 작가**가 그리는 특유한 배경 출신인가요?**

샤머스: 아뇨, 나는 LA에서 자랐습니다. 버클리에서 영문과 대학원을 다닐 때, 업다이크와 치버를 읽는 것은 컨트리클럽에서 드라이 마티니를 마시는 것과 비슷한 일이었습니다.

당신들의 작업 관계에 대해 두 분께 묻고 싶습니다. 이 관계는 제임스가 작가와 프로듀서를 겸한다는 점에서 흔치 않은 관계인데다 장기간 유지돼온 관계입니다. 그런 관계는 어떻게 작동하나요?

이안: 우리가 시나리오를 읽을 때, 우리가 읽는 것은 보통은 스튜디오 간부들을 대상으로 집필된 것들입니다. 그것들은 영화감독이 작업할 공간이 그리 많이 남지 않은 것으로 입증된 전함을 건조하는 것과 비슷합니다. 하지만 제임스는 나한테는 그런 식으로 작업하지 않습니다. '우리는 영화적으로 짜릿한 어떤 것을 할 수 있을까?' 우리 관계는 그런 종류의 관계입니다. 굉장히 재미있습니다. 나는 운

이 좋습니다. 제임스가 없었다면 나는 아마 다른 영화들을 만들었을 겁니다. 심지어 중국어 영화들의 경우에도, 그는 나한테 또 다른 관점을 제공할 겁니다.

제임스, 이안이랑 작업하는 시나리오작가로서 당신은 무엇을 배웠나요?

샤머스: 우리는 시나리오를 생각할 때 다른 누군가를 위해 글을 쓰는 것으로 생각해야만 합니다. 그걸 직업으로 생각해야 합니다. 내가 나 자신을 만족시키려고 시나리오를 쓴다면, 그 시나리오는 쓰레기 중의 쓰레기가 될 겁니다. 다행히도, 내 주된 관객은 '미국 대중'이나 피터 거버Peter Guber. 할리우드의 거물 제작자가 아니라 이안입니다. 나한테는 관객이 한 명 있는데, 그는 자신이 하려는 바를 잘 아는 사람입니다.

요즘 사람들은 영화가 시작되고 5분 이내에 영화의 결말이 어떻게 될지를 알고 싶어 합니다. 이 영화는 그런 주요한 방식을 위반합니다.

샤머스: 우리가 그런 일을 하면서도 관객들을 계속 붙잡아둘 수 있어서 기쁩니다. 우리는 폴 마주르스키의 〈파트너 체인지〉 같은 70년대 영화들로부터 그 형식을 취했습니다. 그 영화는 작가주의 감독의 판테온에 오르지는 못하겠지만 아무튼 놀라운 작품입니다. 진정으로 기이한 또 다른 영화가 있습니다. 버트 랭커스터가 출연한 〈애증의 세월〉입니다. 그는 영화 내내 수영복 차림입니다!

〈라이드 위드 데블〉: 이안 인터뷰

엘런 킴 —— 1999

이안은 남북전쟁을 더 일찍 다뤘어야 마땅했다.

사랑과 가족 내 불화를 탐구했던 〈음식남녀〉와 〈센스 앤 센서빌리티〉 〈아이스 스톰〉 같은 영화들을 만든 후, 이안이 국가적인 불화를 택하는 건 자연스러운 일로만 보인다. 그는 이번에는 11월 24일에 뉴욕과 로스앤젤레스에서 개봉되는 전쟁 서사 영화 〈라이드 위드 데블〉을 지휘한다.

대만에서 태어나 자랐지만 미국에서 연극과 영화를 공부한 이안은 대만을 기반으로 한 '아버지가 가장 잘 안다' 삼부작으로 최초의 찬사를 받았다. 〈쿵후 선생〉과 〈결혼 피로연〉 〈음식남녀〉. 뒤의 두 영화는 1992년과 1994년에 아카데미 외국어영화상과 골든글로브상을 수상했다.

Hollywood.com 1999년 10월 8일자. Reprinted by permission.

그의 첫 미국 프로젝트인 1995년 작 자매 로맨스 〈센스 앤 센서빌리티〉를 맡아달라는 전화가 왔을 때, 그는 소재 때문에 깜짝 놀랐다고 말한다. "그들은 내가 제인 오스틴을 할 수 있을 거라고 생각하더군요." 이안은 싱긋 웃으면서 말했다. "에마 톰슨이 있었기 때문에 거절할 수가 없었어요. 하지만 나는 잔뜩 겁에 질려 있었죠. 영어로 찍는 영화를 처음으로 하는 것인데다 제인 오스틴이었으니까요."

그러나 그 영화는 그해 최고작 중 하나라는 리뷰를 받으면서 오스카와 골든글로브 여러 부문에 후보로 올랐다. 이안이 감독상을 수상하지는 못했지만 영화와 주연배우 톰슨과 케이트 윈즐릿이 후보로 지명됐고, 톰슨은 각색상 트로피를 집에 가져갔다. 이안은 말한다. "그 영화 이후로 나는 시대극만 해야겠다고 생각했어요."

다음 영화는 그를 70년대 미국 교외에 사는 중산층이라는 완전히 다른 시대로 날려 보냈다. 1997년 작 〈아이스 스톰〉으로 가족과 성적인 각성을 다룬 드라마였다. 케빈 클라인과 시거니 위버, 조앤 앨런, 크리스티나 리치가 출연한 영화는 비평적으로는 찬사를 받았지만 시상식 시즌에는 사실상 무시당했고 이안은 차기 프로젝트를 물색했다.

"나는 항상 뭔가 규모가 더 큰 것을 고대하고 있습니다." 이안은 말했다. "나는 내가 가족드라마에 대해 말하고 싶은 것을 상당히 많이 말했다고 생각합니다. 내가 적어도 한동안은 가족드라마를 하지 않을 거라고 생각합니다."

대니얼 우드렐의 1987년 소설 『살아가는 데 따르는 비애』가 원작인 〈라이드 위드 데블〉은 이안을 또 다른 공간과 시간으로 보낸다. 남북전쟁기의 캔자스-미주리 경계지역으로. 촌놈들Bushwhackers이라고 불리는, 남부에 동조하는 젊은이들 무리에 신입 멤버 두 명이 가담한다. 어릴 적부터 친구인 제이크(토비 매과이어)와 잭 불(스키트 울리히)이다. 전쟁이 격해지면서 두 친구는 북에서 온 적들과 그들 내부에서 나타난 적들에 맞서고, 그러다 만난 젊은 과부(가수 주얼)를 연인으로 맞는다.

영화는 전쟁을 그린 서사 영화라기보다는 전쟁에 의해 변화하는 아웃사이더들에 대한 캐릭터 스터디character study. 중심인물의 성격 묘사가 플롯보다 더 중요한 비중을 차지하는 픽션에 더 가깝다. 주연 배우들의 경우, 스튜디오는 리어나도 디캐프리오와 맷 데이먼을 확보하려고 들었지만 〈아이스 스톰〉에서 매과이어와 작업했던 이안은 책을 읽을 때 제이크 캐릭터에는 그가 적역이라는 것을 알았다.

"이 친구는 아무리 지켜봐도 절대로 지겹지가 않습니다." 매과이어에 대한 이안의 의견이다. "사람들은 주인공 캐릭터가 감독 자신인 경우가 잦다고 말합니다. 나는 그에게서 나 자신의 많은 측면을 찾아냈습니다. 수동적이면서 사태를 관망하는 성격인데, 이건 주인공으로 만들어내기가 어려운 성격입니다. 그가 특정한 상황에서 변화하고, 사태를 관망하는 모습을 보면 그에게 빠져들게 될 겁니다. 그리고 그의 거동을 보면 그는 대단히 믿음직스럽게 보입니다. 내가 같이 일했던 배우들 대다수는 그들이 연기하는 배역을 반드시 믿지는 않습니다. 하지만 그는 자신의 배역을 믿죠. 몸 전체로요. 감독이 꿈꾸는 배우라고 생각합니다."

정확한 캐스팅이 요구된 또 다른 캐릭터는 홀트였다. 촌놈들에게 충실한 해방 노예인 그는 제이크한테 속내를 털어놓을 정도로 친한 친구가 되지만, 영화의 전반부 동안 한마디도 하지 않는다.

"책을 읽을 때 그 캐릭터는 내 관심을 사로잡은, 내가 공감한 첫 캐릭터였습니다." 이안의 설명이다. "나는 이 나라에서 몇 년간 외국인이었습니다…. 노예해방이라는 주제도 있었지만 나를 무척이나 감동시킨 것은 그의 자기 인식…, 자기 해방이었습니다. 이 이야기는 사실은 남북전쟁에 대한 이야기가 아닙니다. 서브텍스트는 민권에 대한 것입니다. 그래서 그 성장담coming-of-age story이 나를 정말로 감동시킵니다."

제프리 라이트(〈바스키아〉에서 바스키아 역을 연기함)는 이안이 홀트 역을 위해 오디션한 첫 배우였다. 감독은 그가 자신의 마음을 붙들어 맸다고 말했다.

"그의 눈이 마음에 들었습니다. 그의 눈이 나를 사로잡았다고 생각합니다." 이안의 의견이다. "그는 무슨 생각을 하고 있는 걸까 생각하게 됩니다. 그의 두 눈은 근사한 특징을 갖고 있다고 생각합니다. 그는 목소리도 근사합니다. 더불어, 그는 좋은 배우입니다."

이안은 현재 〈와호장룡〉을 촬영 중이다. 그의 입장에서는 또 다른 방향인, 19세기 중국을 배경으로 한 액션영화다. "무술 영화를 하는 것은 내가 늘 원했던 일입니다. 나는 분류의 대상이 되고 싶지 않습니다. 나는 영화감독으로서 성장하고 싶습니다." 이안은 말한다. "내게 있어 내 커리어 전체는 커다란 영화학교와 비슷합니다…. 그리고 이번에 나는 인간관계나 사회적 의무 대 개인적인 자유와 변화하는 시대 같은, 이전 영화들과 연관된 영화를 만듭니다. 나는 더 큰 걸음을 내딛고 있습니다."

이안과 제임스 샤머스

닐 노먼 —— 2 0 0 0

노먼: 〈와호장룡〉 얘기부터 시작하죠. 이 영화의 원작은 중국판 펄프 픽션 pulp fiction. 싸구려 통속 소설을 의미함이라 할 5부작 소설 중 4부입니다. 당신은 어느 단계에서 이 소설에서 영화의 가능성을 봤나요?

이안: 내가 이 특별한 작가의 팬이라는 것을 아는 친구를 통해 1994년에 책을 읽었습니다. 젊은 아가씨 젠의 이야기인 4부를 읽으면서 거기에 영화가 있다는 인상을 강하게 받았습니다. 스토리에 강인한 여성 캐릭터가 있을 경우, 그 스토리는 나를 늘 사로잡습니다. 내가 어렸을 때부터 만들고 싶었던 이 대단히 마초적인 장르에서는 특히 더 그렇습니다. 이런 종류의 영화를 만들 권리를 얻으려고 앞선 영화 여섯 편을 만든 것 같다고 느꼈습니다. 물론 나는 성장하는

〈가디언the Guardian〉 2000년 11월 7일자에서. 인터뷰는 영국영화협회the British Film Institute에서 행해졌다. Copyright Guardian News and Media Ltd. 2000. Reprinted by permission.

영화감독이고, 개인 간의 관계에 대한 가족드라마를 만드는 것으로 유명한, 입지가 탄탄한 영화감독입니다. 그래서 나는 사방으로 옮겨 다니면서 순수한 장르영화를 만들 수는 없습니다. 내가 아는 모든 것을 모둠요리에 그러는 것처럼 이 영화에 쏟아 넣어야 했습니다. 비법은 균형을 유지하는 것입니다.

원작은, 내가 대단히 흥미로워 하면서 그걸 내 첫 무술 영화로 만들겠다고 집어들만큼 몇 가지 면에서 강한 인상을 줬다고 생각합니다. 책에는 대단히 강렬한 여성 캐릭터가 있고 중국의 고전적인 분위기가 매우 풍부합니다. 이런 펄프 픽션들은 합법적인 사회는 무시하는 게 보통입니다. 그들은 거의 동화 속의 세계와 비슷한, 강호라고 부르는 인간관계와 검술이 뒤엉킨 지하 세계를 창조합니다. 그런데 이 소설은 정확히 그런 식은 아닙니다. 이 책에는 내가 관심을 갖는 것들이 대단히 풍부합니다. 그리고 오랫동안 상실된 중국 역사의 전개 과정하고도 관련이 있고, 내가 역사와 부모님, 영화들로부터 배운 중국의 고전적인 분위기도 있었습니다. 책은 몇 가지 면에서 중국의 인상을, 내가 보기에 숨은 용(장룡)hidden dragon과 비슷한 이미지로 제공합니다. 그래서 그걸 좇고 싶다고 느꼈습니다.

그 시기에 〈센스 앤 센서빌리티〉 제안을 받았습니다. 그 일을 거절할 수가 없었습니다. 너무 좋은 일이었으니까요. 그래서 그 영화를 만들었습니다. 그러는 동안, 〈아이스 스톰〉은 여전히 개발 단계에 있었습니다. 그건 내가 정말로 하고 싶었던 작품이었습니다. 그리고 솔직히 내가 이런 큰 작품을 할 준비가 돼있다고는 생각하지 않았습니다. 그래서 나는 다른 영화 〈라이드 위드 데블〉을 했고, 그런 후에야 준비가 됐다는 생각을 했습니다. 메이저리그 제작 작품들을 만들고, 어떤 면에서는 액션영화인 〈라이드 위드 데블〉을 포함한 영어 영화를 세 편 만들고 돌아온 나는 준비가 됐다고 생각했습니다. 나는 강해져 있었습니다. 시나리오 집필에 대해서는 제임스가 말할 겁니다. 시나리오 문제와 제작비 조달 문제가 있었습니다. 제임스가 그런 문제를 다루는 동안, 나는 베이징에 가서 로케이션헌팅을 다니기 시작했습니다. 2년짜리 과정이었습니다. 프리프로덕션으로 5, 6개월을 보내고, 촬영에 5개월을 쓰고, 포스트프로덕션에 5개월을 쓴 후, 홍보를 7, 8개월 했습니다.

노먼: 중국에서 제작된 이 영화와 관련해서 주목할 점은 서양의 신화들과 공명하는 요소들이 있다는 겁니다. 예를 들어, 청명검青命劍the Green Destiny sword은 아서왕 전설의 엑스칼리버와 비교할 수 있습니다. 그리고 영화 곳곳에는 햄릿의 요소들이 흩뿌려져 있는 듯 보입니다. 이런 점은 원작에 들어있던 건가요, 아니면 영화를 더 보편적인 작품으로 만들기 위해 당신이 고안한 건가요?

이안: 나는 사람들은 보편적이라고 생각합니다. 내가 푸른 운명 Green Destiny이라는 이름을 얻은 출처는⋯ 으음, 청명검이라고 불리는 그런 칼이 있습니다. 칼이 녹색인 이유는 칼을 계속 구부리면, 그건 고대부터 내려온 제작 기술인데 칼이 대단히 탄력적이고 가벼워질 때까지 칼을 계속 구부리고 내려치고 구부리는 겁니다. 획획! 칼을 휘두르면 그런 소리가 납니다.

푸른 운명은 책에 나온 이름입니다. 그 이름을 취해서는 도교道敎 철학을 가미했습니다. 푸른 여우jade fox는 오래된 녹색, 녹색의 진정한 의미인 탁한 녹색입니다. 그건 궁극적인 음성陰性입니다. 음양陰陽은 모든 것이 존재하는 곳이고 모든 것이 유래되는 곳입니다⋯. 설명하기 힘들군요. 가장 신비로운 여성스러운 요인, 우리 남자들은 모르는 존재. 그게 여성입니다. 여성성이죠. 칼이 바로 그런 겁니다. 그게 칼에 담긴 상징적인 의미입니다. 심지어 중국어로 말해도 그걸 이해하지 못할 겁니다…. 나도 모르겠네요. 어쨌든 나한테는 그런 의미입니다. 녹색은 그게 무엇이건 장룡이고, 욕망이고 억압입니다…. 깊이 파고들수록 기이한 무엇입니다. 여기에 엑스칼리버와 비슷한 무엇이 있다고 생각합니다….

우리가 정확히 서양 관객들을 염두에 두고 그런 요소들을 넣은 것은 아닙니다. 서양 관객에게 어필할만한 요소들의 경우는 제임스하고 나 사이에서 중국어와 영어로 오가는 동안에 그렇게 됐다고 생각합니다. 나는 그게 서양 관객만이 아닌 전 세계의 관객을 위해, 그리고 어느 정도는 현대적인 중국 관객을 위해서도 합당한 좋은 일이라고 생각합니다. 우리가 동양에서는 당연한 일일 거라고 받아들이는 상황과 논리는, 오늘날에는 논리적이지 않을지도 모릅니다. 이건 글로벌한 관점에서 이야기를 들려줄 방법을 보여주는 좋은 사례입니다. 사회 구조는 더 층층이 쌓여있고, 게임의 규칙들은 더 자세히 설명해야 한다는 뜻입니다. 예를 들어, 첫 결투는 영화가 시작되고 15분이 지나기 전까지는 나오지 않습니다. 중국 관객들은 그 시간을 30분처럼 느꼈을 겁니다. "도대체 싸우는 걸 보게 되는 거야, 마는 거야?" 이 장르에서 일어나는 첫 사건은 관객들이 안심해도 좋다는 것을 보여주는 뛰어난 결투 시퀀스들인 게 보통입니다. 그래서 우리는 그 규칙을 깼습니다. 나는 그중 많은 부분은 서양 관객을 염두에 둔 데서 비롯됐다고 생각합니다.

나는 그저 그런 무술 영화를 만들고 싶지도 않았습니다. 이 영화에는 드라마가 있습니다. 이 영화에는 서양의 3막 구조가 약간 깔려 있다고 생각합니다. 위기나 액션, 그와 비슷한 사건들, 또는 인간관계의 구술口述 표현 같은 것들로 시작하는 구조 말입니다.

노먼: 제임스, 〈센스 앤 센서빌리티〉를 제외하면 당신이 이안의 모든 시나리오를 작업했다는 것을 압니다. 그리고 당신은 이안의 모든 영화를 함께 작업했습니다. 하지만 이와 비슷한 영화는 결코 작업한 적이 없었죠. 당신 입장에서 시나리오의 무술 부분과 씨름하는 데 따른 난점은 어떤 거였나요?

샤머스: 놀라운 도전이었습니다. 실제로 나는 그 작업을 하지는 않았으니까요. (웃음) 시나리오 초고에 짧은 서문을 달았습니다. 다른 신들을 거치고 결투 신에 도달했을 때, 나는 내가 사용한 언어를 정확하게 기억합니다. "그들이 싸운다." 서문에 쓰기를, "내가 결투 신들을 설명하는 데 실패했더라도 그 신들은 여태껏 영화사史에서 집필된 중에 가장 위대한 결투 신이 될 거라고 장담할 수 있다. 이상 끝." 그리고 그게 우리가 당시 영화를 팔려고 돌아다니면서 배급업자들에게 피치한 내용이었습니다. 나는 두 가지를 알고 있었습니다. 하나는 이안이 서양적인 결투 시퀀스 같은 것들과는 다른 종류의 결투 시퀀스들을 고안하겠다고 고집을 부리고 있었다는 겁니다. 서양적인 시퀀스에서 악당은 착한 사내를 죽이고 싶어 하는 반면, 착한 사내는 악당을 죽이고 싶어 하지 않습니다. 하지만 결투를 하면 악당이 우세하고 착한 사내는 목숨을 잃을 것처럼 보이지만, 마지막 순간 착한 사내가 악당을 죽입니다. 아니면 그는 악당을 죽이지 않고 불구로 만들고, 그러면 악당이 결국 칼을 들고 통에서 벗어나기 때문에 결국 착한 사내는 그를 죽여야만 합니다. (웃음)

따라서 나는 그 신들이 의미 있는 인간관계를 표현하리라는 것을 알았습니다. 이 영화에 등장하는 결투 신의 대다수에는 싸우고 싶어 하지 않는 사람이 있기 때문입니다. 그래서 이렇게 드라마틱한 결투 신들을 만들어야만 하는 상황은 정말로 흥미로웠습니다. 나는 이안이, 그리고 특히 우리의 무술감독인 원화평이 프리프로덕션 때 이 모든 신을 작업해낼 것을 알았습니다. 우리가 여기 서양에서 원화평을 언급할 때마다 항상 "〈매트릭스〉로 유명한"이라는 말을 붙인다는 것은 대단한 아이러니 중 하나입니다. 우리가 사랑해 마지않는 〈매트릭스〉의 무술을 감독한 인물인 건 분명하지만, 우리는 그가 성룡과 이연걸의 경력을 창조한 사람이라는 것도 당연히 알고 있기 때문입니다. 그리고 30년 후에, 문화가 한 바퀴를 완전히 돌았다는 것을 확인하는 것은 경이로운 일입니다. 그렇게 원화평은 〈매트릭스〉를 한 사내로 우리에게 돌아왔습니다.

노먼: 영화가 준비되는 동안, 상이한 캐스팅과 관련된 보도들이 있었습니다. 이연걸을 사실상 주인공 역할로 고려중이라는 보도를 봤고, 당신이 두 언어 버전(하나는 영어, 다른 하나는 중국어 버전)을 준비하고 있다는 보도도 있었습니다. 사실인가요?

이안: 그건 그냥 생각만 했을 뿐입니다. 그게 실행 가능할까요? 모르겠습니다. 누군가가 이전에 그런 일을 했었나요? 모르겠습니다. 두 버전을 촬영하는 건 시간 낭비처럼 보였습니다. 내가 두 버전을 동등한 강도로 연출할 수 있을까요? 모든 배우가 영어보다 중국어를 더 잘 구사했습니다. 그들은 영어 때문에 고생하게 될까요? 제작 관점에서 보면, 그건 사리에 맞지 않습니다. 영화에 대사가 한 50줄

쯤만 있다면, 어찌어찌 그걸 해낼지도 모릅니다. 하지만 이 영화에는 대사가 너무 많습니다. 그래서 나는 그러지 않기로 결정하고는 중국어를 고수했습니다.

맞습니다, 이연걸. 무술 영화를 할 때 가장 먼저 떠올리는 사람이 그죠. 하지만 당시에 이 영화는 규모가 꽤 작은 프로젝트여서, 나는 실제로는 무술이 나오는 〈센스 앤 센서빌리티〉를 만들 작정이었습니다. (웃음) … 두 여자 이야기…. 그렇기에 남자들은 일반적인 조역으로 약간만 등장하는, 여성들의 로맨스와 갈등을 전달하는 수단에 불과한 영화. 그래서 이연걸을 초대했지만… 일이 제대로 굴러가지 않았습니다….

하여간, 주윤발이 그 다음 거물 무비 스타였습니다. 나는 그걸 성룡의 역할로 보지는 않습니다. (웃음) 주윤발은 시대극 연기는 절대 하지 않을 거라고, 머리를 밀고 변발을 할 일은 절대 없을 거라고 말했습니다. 그는 이전에 칼을 잡아본 적이 전혀 없었습니다. 하지만 나는 그가 좋은 배우이고 대단히 매력적인 배우라는 것을 알았습니다. 그래서 그에게 시나리오를 보여줬죠. 그랬더니 그는 기꺼이 하겠다고 나섰습니다. 나는 깊이 감명 받았습니다. 그가 텀블링을 하면서 이연걸 스타일의 온갖 환상적인 무술을 보여주지는 못할 테니까 결투는 축소시켰고, 그의 역할은 대폭 보강했습니다. 그와 양자경의 관계는 정말로 대폭 강화됐고, 그러면서 그 배역은 정말로 낭만적인 주인공이 됐습니다. 돌이켜 보면, 그를 확보했다는 면에서 우리는 운이 좋았다고 생각합니다. 영화는 그 덕에 더 낭만적인 드라마가 됐습니다.

노먼: 그렇다면 당신이 그를 캐스팅했다는 사실이 영화의 정서적인 무게를 바꿔놓은 거군요?

이안: 맞습니다. 나는 늘 그렇게 합니다. 때로는 집필 중에 그런 일이 일어나고 때로는 연출 중에 그런 일이 일어납니다. 젊은 아가씨 장쯔이도 비슷합니다. 그녀는 내가 배역을 보는 방식하고는 달랐습니다. 그래서 나는 영화의 방향을 그녀 쪽으로 틀면서 그게 잘 먹혀들게 만들어야 했습니다. 나는 배우들을 재단하는 재단사라고 생각합니다. 캐스팅과 관련된 한, 그 작업은 음악의 마지막 순간이 작곡되기 전까지는 완료되지 않습니다. 전체 과정이 캐스팅입니다. 감독은 그들이 완벽한 캐스팅처럼 보이게 만들어야 합니다.

노먼: 당신의 지난 영화 네 편은 소설이 원작이었습니다. 릭 무디의 『아이스 스톰』, 오스틴의 『센스 앤 센서빌리티』, 대니얼 우드렐의 『살아가는 데 따르는 비애』, 그리고 이 작품. 작업할 원작을 확보했을 때, 당신은 오리지널 시나리오에 접근할 때하고는 다른 방식으로 생각하나요? 제임스?

샤머스: 아, 나요?

노먼: 으음, 두 분 모두요…. (웃음)

이안: 나는 쓸거리가 바닥나고 있습니다. 그게 내가 각색하는 이유입니다….

샤머스: 으음, 본질적으로 그건 내가 다른 누군가가 쓴 글을 훔쳐서 초고로 제출할 수 있다는 뜻이죠…. (웃음) 그건 대단한 위안거리입니다. 집필의 첫 단계는 원작의 모든 재미있는 단계를 거치면서 밑줄을 친 다음, 그것들을 영화적으로 사리에 맞는 순서대로 진행되

게끔 노력하는 단계니까요. 그러고 나면 정말로 힘든 부분이 등장합니다. 그러면서 작가는 소설을 간단하게 영화로 번역할 수는 없다는 것을 깨닫게 되죠. 소설이 독자를 위해 창출한 세계를 시나리오가 주는 즐거움의 기반이라고 가정하는 것은 영화에서는 치명적인 실수입니다. 그 세계를 일단 영화적인 용어로 다루면 그것은 존재하지 않으니까요. 작가는 길을 걸으면서 걸음을 내딛을 때마다 그 세계를 창조해야 합니다. 그건 영화 제작 자체와 비슷합니다.

촬영장을 굴러가게 만드는 사람인 조감독으로 경력을 시작한, 굿머신의 내 파트너 테드 호프는 그건 필립 K. 딕의 소설과 비슷하다고 말하고는 합니다. 당신이 마룻바닥에 대해 생각하지 않으면 그 바닥은 거기에 존재하지 않고, 그러면서 당신은 그 밑으로 떨어집니다. 소설을 각색하는 것도 어느 정도 같습니다. 작가는 원작을 영화로 만드는 데 필요한 것을 망각해왔다는 것을 갑자기 깨닫습니다. 따라서 그건 흥미로운 과정입니다. 게으른 사람에게 유익한 과정이죠. 첫 단계는 대단히 쉬우니까요. 일을 질질 끄는 사람한테도 유익한 과정입니다. 영화를 만드는 문제에 대한 고민을 시작하기 전에 이미 원고를 갖고 있으니까요.

노먼: 이건 이안의 오리지널 시나리오는 더 이상은 없을 거라는 뜻인가요?

이안: 제임스 샤머스의 오리지널 시나리오는 있을 수 있습니다…. 나는 사실 집필에는 관심이 없습니다. 내가 경력을 시작할 때 직접 시나리오를 쓴 것은 나한테 시나리오를 건넨 사람이 아무도 없었기 때문입니다…. 내가 가족드라마를 쓴 이유가 그겁니다. 나는 가정적인 사람으로, 그게 내가 아는 전부입니다! 지금 나는 입지가 탄

탄한 감독 비슷한 존재입니다. 나는 집필보다는 연출이 훨씬 좋습니다. 집필은 외로운 작업입니다. 연출을 하면 온갖 종류의 영감을 얻습니다. 연출은 사람들과 함께 작업합니다. 그게 훨씬 더 재미있습니다. 그렇게 꽉 찬 스케줄을 갖게 되면, 나는 두어 달을 한 자리에 앉아 조사를 하면서 고통스러운 과정을 거치는 내 모습을 보지 않아도 됩니다. 그건 더 이상 내 일이 아닙니다. 나는 할 수 있는 한 많은 영화를 연출해야만 할 때 활력을 얻습니다.

노먼: 1985년경의 초기 단계를 살펴보도록 하죠. 당신은 뉴욕대 필름 스쿨에 있었고 시나리오 두 편을 갖고 있었으며, 연출할 영화를 확보하지 못하고 있었습니다. 그래서 당신은 대만 정부가 주최하는 공모전에 시나리오 두 편을 보냈습니다. 1등상을 받은 〈쿵후 선생〉과 2등상을 받은 〈결혼 피로연〉이었습니다. 출발치고는 나쁘지 않은 방식입니다! 그 일이 당신에게 영화를 만드는 추진력을 제공했죠. 그러고는 제임스의 회사인 굿 머신이 등장합니다. 그런 의기투합은 어떻게 일어난 건가요?

이안: 시나리오들을 보낼 때, 내 인생은 바닥을 치고 있었습니다. 둘째 아들을 막 본 참이었는데, 처자식을 데리러 병원에 가면서 기저귀 살 돈을 찾으려고 은행에 들렀을 때 현금자동지급기는 나한테 잔액이 26달러밖에 없다는 것을 보여줬습니다. 끔찍했죠. 어쨌든, 내 첫 중국어 시나리오는 〈결혼 피로연〉이었습니다. 그걸 쓴 게 영화로 만들기 6년 전이었습니다. 그 시절에 미국에서 중국어 영화를 만든다는 것은 상상도 할 수 없는 일이었고, 나한테 돈을 주려는 사람도 아무도 없었습니다. 영화의 규모가 아무리 작더라도 말입니다. 게다가 그 작품의 소재는 게이와 관련이 있었습니다. 그래서 대만

에서도 돈을 구할 수가 없어서 나는 그냥 자리에 앉아있기만 했습니다.

그러다 1989년 말에 내 친구가 광고를 봤습니다. 그해 시나리오 공모전은 해외에 있는 중국인까지 참가 대상을 넓힌다는 광고였습니다. 최우수상은 상금이 1만 6000달러였습니다. 쏠쏠한 액수였죠. 〈쿵후 선생〉의 아이디어를, 나이 든 태극권 사범에 대한 아이디어를 오랫동안 갖고 있었지만 그걸 시나리오로 쓰고 싶은 생각은 전혀 없었습니다. 그 6년 동안 자리에 앉아만 있는 것이 내게는 아무 데도 가지 않고 집에만 틀어박혀 있는 늙은 태극권 사범처럼 느껴졌습니다. (웃음)

그 영화를 만들겠다는 의도는 전혀 없었습니다. 하지만 내가 그 시나리오를 쓰면 대만 정부가 주는 최우수상을 받을 수 있을 거라는 건 알고 있었습니다. 그래서 공모진을 위해 작품을 썼습니다. 그렇게 상을 받았고 주최 측은 대만에서 열리는 시상식에 오라며 나한테 항공권을 보냈습니다. 내가 도착하자 그들 스튜디오는 영화 세 편을 만들고 싶다고 말했습니다. 중영공사Central Motion Pictures라고 불리는 스튜디오는 정부 관련 기관이었는데 경영진이 막 교체된 참이었습니다. 그들은 "영화 세 편을 만들고 싶은 데, 한 편은 신인 감독에게 맡길 겁니다. 우리가 손해 볼 거라는 걸 잘 아니까 그냥 당신이 원하는 것을 만들어요"라고 말했습니다. (웃음) "아내 역할이 미국인이라고요? 너무 못생긴 배우를 선택하지는 말아요." (웃음)

제작비의 3분의 1은 정부가 댔고, 3분의 1은 그들이 가진 비디오테이프의 일괄 거래package deal였습니다. 별도로 10만 달러 상당을 투자 받았습니다. 그들은 돈을 줬으니 이제 가서 영화를 만들라고 말했습니다. 줄거리의 배경은 뉴욕이었습니다. 하지만 나는 돈을 받고는 말했습니다. "이틀만 시간을 주십시오. 내가 이걸 하고 싶은지 여부를 잘 모르겠습니다." 그때까지 나는 10년을 기다려왔습니다…. 망작을 만들고 싶지는 않았습니다. 나는 돈을 갖고는 라인프로듀서 영화 제작에서 제작을 총괄하는 책임 프로듀서의 지휘를 받아 영화의 현장을 담당하는 사람를 찾아다녔습니다. 그러다 친구를 통해 테드를 알게 됐죠. 그러고는 테드와 제임스가 새로 세운 굿 머신이 있었습니다. 그들은 다른 회사와 책상 2개를 공유하고 있었을 겁니다. 그래서 나는 내 피치를 했습니다. 그리고 그들은 그들의 피치를 했죠. 그들은 내게 자신들은 뉴욕의 무예산 영화 제작의 제왕들이라고 말했습니다. (웃음)

제임스는 중고차 세일즈맨이자 교수처럼 보였습니다…. 그들이 말했죠. "유의해요. 우리는 '저예산'이 아니라 '무예산'이라고 했어요. 당신의 돈, 40만 달러가량은…

샤머스: 35만.

이안: "35만 달러는 우리한테는 어마어마한 거금이에요." 그들은 나한테 매우 솔깃한 제의를 했습니다. 그들은 자신들이 감독을 중심으로 삼아 활동하는 프로듀서들이라고 말했습니다. 그들은 감독들이 개발의 지옥에서 시간을 보내게 만드는 대신, 감독들에게 그들의 형편에 맞는 영화들을 만드는 방법을 가르치고 싶어 했습니다…. 나는 그들이 말한 개발의 지옥에서 6년을 보낸 참이라, 그게 어떤 맛인지를 잘 알고 있었죠…. 지난 몇 해 동안 나는 이 두 사람이 마냥 고맙기만 합니다. 그들이 사기꾼이 아니라서 마냥 고맙기만 합니다. (웃음)

그들은 약속을 지켰습니다. 그들은 나와 함께 성장했고 지금도 내가 만들 형편이 되는 영화를 만드는 법을 여전히 가르치고 있습니다. 여러분이 보는 모든 영화(소품들과 대작들)에서 두 사람은 내가 하는 것처럼 더듬거리면서 길을 걷고 있습니다. 그들은 거물급 인사들과 상이한 환경들을 다루는 법을, 국제적인 제작비 모금과 영화 판매 방법을 배우고 있습니다. 첫 영화 〈쿵후 선생〉은 대만을 제외한 다른 나라에서는 거의 돈을 벌지 못했습니다. 그래서 제임스는 말했죠. "두 번째 영화를 위한 시나리오를 쓸 때 내가 당신을 돕게 해줘요." 그리고 그 영화가 히트했습니다. 〈결혼 피로연〉은 세계적으로 히트했고 우리는 영화를 한 편씩, 중국어 영화를, 그리고 영어 영화를 만들 수 있게 됐습니다…. 우리가 함께 성장한 관계는 대단히 생산적이고, 서로의 성장을 돕는 관계입니다. 지금 나는 그들이 나한테 〈터미네이터 3〉를 만드는 법을 가르쳐 주기를 원합니다….

객석에서 나온 질문들

(객석) 질문자: 당신은 장르에서 장르를 넘나드는 듯 보입니다. 개발 단계에서 그런 도약들을 계획하나요?

샤머스: 공략할만한 재미있는 새로운 장르를 물색하느냐고요? 그게 반드시 문젯거리였던 것은 아닙니다만 세월이 흐르는 동안 두 가지 일이 벌어졌다고 생각합니다. 하나는 내가 가진 괴짜nerd 측면과 관련이 있는데, 그건 영화의 역사적 기록, 전통과 관련이 있습니다. 그중 다수가 온갖 유행이 쌓이는 동안 할리우드 자신도 망각해버린 할리우드 전통이죠. 그런 데 관여하는 과업이 나를 개인적으로 대단히 풍요롭게 만들고 있다고 생각합니다. 이안의 입장에서 그런 전

통을 접하고 자신의 솜씨를 꾸준히 시험하는 것은, 그리고 자신을 예술가이자 장인匠人으로 대하는 것은 그가 그때까지 해오던 것하고는 상이한 방향의 작업이면서도 한편으로는 무척이나 비슷한 작업이기도 했습니다. 그런 수련을 하는 것은 분명 호사스러운 일입니다. 나는 그런 포괄적이고 긴요한 활동이 지속되고 있다고 생각합니다. 우리가 다음에 하고 싶어 죽을 지경인 작품을 반드시 가질 필요는 없습니다. 뮤지컬 얘기가 조금은 거론돼왔지만… (웃음) 하지만 정말로 우리는 아직까지는 결정을 하지 않았습니다.

이안: 바로 그 점이 영화과 교수 제임스하고 같이 일하는 데 따르는 장점이라고 생각합니다. 내가 어떤 작품을 하는 것이 지겨워질 때마다 풍부한 자료들이 날아옵니다. 획획! 따라서 시나리오를 집필하는 것은 우리에게는 가장 덜 흥미로운 일입니다. 우리에게 흥미로운 것은 우리가 만들고 있는 영화, 그러면서 느끼는 재미, 그걸 만들면서 취한 관점, 우리가 그 작품에 불어넣고 있는 알짜배기 재미입니다. 장르나 시나리오 집필이 아니라 그게 바로 진정한 재미였습니다. 우리가 어떤 솜씨를 발휘해서 어떤 재미를 볼 것이냐 하는 것이 말입니다.

질문자: 〈와호장룡〉은 성공 여부가 불확실한 가운데에서도 투신을 감행한 대단한 모험처럼 보입니다. 위험 요소가 무엇이었나요? 금전적인 리스크였나요?

이안: 물론 리스크가 큰 작품이었습니다. 스트레스도 엄청났죠. 이 영화는 내가 오랫동안 만들고 싶었던 영화였지만, 내가 영화 여섯 편을 만들기 전까지는 정말이지 어쩔 도리가 없었습니다. 나는 그러고 나서야 도전에 나설 준비를 마쳤습니다. 내가 맞선 가장 큰

도전은 거금을 들여 만드는 장르영화를 작업하는 거였습니다. 한 술 더 떠 A급 드라마를 만들고 싶었고, A급과 B급 양쪽의 장점을 모두 취하면서 균형을 유지할 수 있는지 여부를 확인하고 싶었습니다. 나아가 중국의 광활한 풍경을 작업하고 싶었습니다. 따라서 그 모든 게 대단히 어려운 일이었습니다. 영어 영화 세 편을 작업한 후, 어릴 적 꿈을 실현하기 위해 내 문화적 뿌리로 돌아가는 것은 내게는 중요한 일입니다. 이런 종류의 영화제작은 미국에서는 저예산에 속해지만 중국에서는 타이타닉 급에 속하기 때문에 새로운 모험이기도 했습니다. 규칙은 하나도 없습니다. 우리는 규칙을 만들어야만 합니다. 어깨 너머에서 우리를 지켜볼 프로듀서도 없습니다. 정해진 기준도 없습니다. 물론, 나는 한계를 계속 시험하고 있습니다.

주윤발과 양자경이 출연하는 이안 영화를 위해 각각의 영역이 얼마나 많은 것을 제공했는지에 대한 이야기는 제임스가 해줄 겁니다. 투자자들이 우리에게 전화번호를 건네면 우리는 제작비 예산을 제출했습니다. 제임스가 지금까지 사연을 말해줄 겁니다. 대단히 흥미로운 과정입니다. 제작비 조달 과정도 그렇고 성패가 달려있는 문제들도 그렇습니다. 일단 제작비를 모으면, 우리는 "오케이, 우리는 영화를 만들고 있어"라고 생각했습니다. 그런데 투자자들 입장에서, 이 영화의 손익분기점은 6000만 달러였습니다. 중국영화 중에 그 숫자에 근접이라도 한 영화는 한 편도 없었습니다. 이건 일종의 미션 임파서블이었죠. 그런데도 이 영화는 우리가 만들고 싶은 영화였습니다.

샤머스: 으음, 할리우드에서 이안이 만드는 중국어 영화를 위해 돈을 구하러 다니는 것은 흥미로운 상황이었습니다. 말하자면 〈아이

스 스톰〉의 "블록버스터급" 성공과 〈라이드 위드 데블〉 이후 우리에게 쏟아진 "찬사와 엄청난 자금의 불벼락" 때문에… 기본적으로, 이 영화가 제대로 나오지 않았다면 이안은 지금은 폭스 TV를 위해 〈짐승들이 가장 섬뜩한 순간들〉의 에피소드들을 연출하고 있었을 겁니다…. 따라서 이 프로젝트에는 약간 불길한 부분이 관련돼 있었습니다. 그리고 제작비 전액을 제공하겠다고 약속한 대만의 어느 억만장자는, 잘 모르겠지만, 마작을 했는데 끗발이 나빴는지…

이안: 아시아에 몰아친 경제 불황 때문이었어요….

샤머스: 뭐, 그런 거였죠. 그래서 우리는 유럽으로 방향을 틀어야 했습니다. 그리고 특히 여기 런던에 있는, 이안에게 여전히 믿음을 갖고 있는 오랜 친구들과 배급 공동체를 향해서요. 우리는 이 영화가 제작비를 회수할 수 있다는 것을 입증해야 했습니다. 그 시점에서 우리는 미국의 소니 픽처스 클래식을 끌어들였고, 또 다른 소니-컬럼비아 픽처스 아시아, 그런 후에는 아시아 지역과 라틴아메리카를 포함한 다른 지역들을 획득하기 위해 컬럼비아 픽처스 인터내셔널 산하의 소니 독립 법인들을 끌어들였습니다. 퍼즐 조각들을 끼워맞추려고 찾아와 우리가 영화를 만드는 것을 도와준 게 바로 이 소니 기업 집단이었습니다. 그런데 그 시점에서는 그 기업 집단의 쿠키통도 비어있었습니다. 그래서 우리는 모든 계약을 보류해야 했고, 그런 일을 하겠다고 나설 정도로 정신이 나간 은행을 찾아야 했습니다. 그런 은행이 프랑스에 있더군요. 영화 제작을 보장할 채권 회사를 구해야 했습니다. 중국 전역에서 촬영하고 있는 이 괴짜 영화를 우리가 제대로 내놓을 것임을 보증하는 보험 계약을 체결하기 전까지는, 은행들은 우리한테 한 푼도 주려고 들지 않았으니까요. 그런

회사가 로스앤젤레스에 있었습니다. 그런 후 우리는 대만의 제작사를 확보했습니다. 그런데 세금 문제 때문에(이 이야기는 복잡합니다), 그들은 계약을 마무리하기 위해 영국령 버진아일랜드에 자회사를 세워야 했습니다. 우리가 미국에 설립한 우리 유한회사는 영어 버전에 관한 권리를 2차 양도했습니다. 그래서 우리는 말 그대로 수천 페이지에 달하는 법률 서류를 갖는 신세가 됐습니다. 그 서류들 모두 순환적인 방식으로 서명을 해야만 했었죠. 순환적이라는 게 무슨 말이냐면, 이탈리아에 있는 사람은 프랑스에 있는 사람이 서명하지 않으면 서명하지 않겠다는 식으로 일이 진행된 겁니다. 그러는 동안 제작진은 이미 베이징에서 영화의 프리프로덕션을 하고 있었고, 이안의 저택은 어느 정도 은행에 담보로 잡혀있었습니다. 그래서 이 영화는 약간 불길했습니다.

노먼: 양자경이 촬영 개시 직후에 무릎을 다친 것 같은 사소한 사건 한두 가지 때문에 그 모든 것이 위험에 처했었던 건가요?

이안: 맞습니다. 불행히도 촬영 2주차에 그런 일이 생겼죠. 그녀가 그때까지 수천 번은 해왔던 공중 돌려차기를 하다가 그랬습니다. 야간 촬영이 끝날 무렵으로 그녀의 집중력이 흐트러진 참이었죠. "우두둑" 소리와 함께 무릎 인대가 끊어지면서 그녀는 수술대에 올라야 했습니다. 두 달 반 정도 동안, 우리는 모든 스케줄을 다시 짜야 했습니다. 악몽이었죠. 영화는 고비사막에서 촬영을 시작했습니다. 모래 폭풍이 불고 사막에서 길을 잃기도 하고 홍수가 나는 등의 일 때문에, 이것 역시 인력과 장비 이동면에서 악몽이었죠. 사막인데도 비가 2주간이나 내리는 겁니다! (웃음)

샤머스: 날마다 행운을 빌려고 향을 피웠지만 그런 행운은 조금도 얻지 못한 우리 프로듀서 빌 쿵을 현지 주민들이 찾아왔습니다. 그들이 말하기를, "향을 피워주셔서 정말로 감사합니다. 우리는 비를 원할 때면 언제든 향을 피우거든요!"

이안: 제작 과정 전체가 그런 식이었습니다. 제대로 굴러가는 게 하나도 없었습니다. 사소한 것 하나하나까지도 제대로 굴러가게 만드는 것은 나 스스로 목숨을 끊고 모든 사람을 죽이는 것과 비슷한 고역이었습니다. 전체 제작 과정이 그런 식이었어요. 나는 툭하면 내가 죽어가는 중이라고 생각했습니다. 어떻게 살아서 헤쳐 나갈지 방법을 몰랐습니다. 사람들이 나한테 속편에 대해 물어볼 때면… (웃음) 그건 그냥 미친 짓입니다.

질문자: 〈와호장룡〉 소설을 여기서도 구입할 수 있나요?

샤머스: 그걸 조율하려고 애쓰고 있는데요…. 글쎄요. 대만에서 출판된 소설의 축약본이 있었습니다. 출판사에서 그 축약본의 번역본을 내놓으려고 애쓰고 있습니다. 물론, 그 축약본은 저작권을 침해한 해적판입니다…. 사람들이 그걸 차단할 수 있을지 여부를 누가 알겠습니까.

질문자: 두 분 모두 무술 장르의 팬인가요? 만약 그렇다면, 두 분이 이 장르에서 좋아하는 감독들은 누구인가요?

이안: 나는 무술 영화를 보면서 자랐습니다. 열성적인 팬이죠. 내가 젊었을 때 나를 진정으로 사로잡은 것은 스토리텔링입니다. 힘과 개인적인 초월, 로맨스에 대한 환상적인 스토리텔링이요. 도덕적인

이야기들. 우리가 자랄 때 누린 특별한 즐거움. 내가 나이를 조금 먹는 동안, 홍콩의 무술감독들이 그 장르를 장악하고는 환상적인 결투 시퀀스들을 만들어냈습니다. 물론, 그들은 결투와 결투 사이에 있는 것에는 제대로 신경을 쓰지 않았습니다. 젊은 영화학도였던 나는 그 영화언어에 정말로 매료됐습니다. 따라서 그 장르는 나를 양면에서 정말로 매료시켰습니다. 나는 진심으로 홍콩 액션의 기준 면에서 고차원에 도달하고 싶었고, 그와 동시에 환상적인 영화와 찬사, 그 외의 모든 것을 갖고 싶었습니다. 그게 내가 항상 하고 싶었던 일이었습니다.

그런 감독들 중에서 호금전은 우러러볼 만한 감독이고, 장철도 그렇습니다. 최근 감독들 중에서는 정말로 걸출한 일부 결투 시퀀스를 제외하고는 나한테 제대로 영향을 끼친 감독이 없습니다. 최근 영화들의 줄거리는 내게는 그리 흥미롭지 않습니다.

샤머스: 이 영화를 위한 조사를 하는 동안 상당히 많은 영화를 봤습니다. 내가 현재 좋아하는 감독은 장철로, 60년대와 70년대에 활동하던 감독입니다. 여러분이 기회가 닿아 〈의리의 사나이 외팔이〉의 테이프를 손에 넣는다면… 그의 영화들은 몸에 기름기가 번지르르한 사내들이 서로를 칼질해서 조각조각 내는 내용의 믿기 힘들 정도로 잔혹하고 기이하며 사도마조히즘적인 결투 영화들입니다. 그 영화들, 굉장히 재미있습니다! (웃음)

질문자: 당신들이 내년에 프리퀄을 계획하고 있다는 얘기를 들었습니다. 그리고 주윤발이 앞으로 1년 반 동안 휴식을 취하겠다고 선언한 게 사실인가요?

샤머스: 내가 주윤발인데 이 사람하고 같이 이 영화를 만들었다

면, 나는 다시 작업하지는 않을 겁니다.

이안: 내년은 아닙니다. 나는 더 이상은 감당할 수가 없어요. 너무 지쳤습니다. 기력을 회복하려면 영어 영화를 한 편이나 두 편 만들어야 할 것 같습니다. 육체적으로 나는 더 이상은 감당할 수가 없습니다.

샤머스: 하지만 걱정 마세요. 내년쯤이면 〈와호장룡: 프리퀄〉이라는 제목을 단 중국영화가 스무 편쯤 나와 있을 테니까….

질문자: 당신은 연출한 영화들에서 대단히 흥미로운 여성 캐릭터들을 묘사합니다. 요즘 영화에서 그런 것은 그리 흔하게 볼 수 있는 게 아닌데요. 당신은 어디에서 아이디어들을 얻는 건가요?

이안: 아내한테서 얻는다고 생각합니다. 진담입니다. 그리고 내 예전 여자친구한테서요. 실제로 나는 대단히 남성 우월주의적인 방식으로, 중국 전통의 남성적인 방식으로 양육됐습니다. 그렇지만 마음 깊은 곳의 나는 마초가 아니라고 봅니다. 나는 오우삼이 되지는 않을 겁니다. 강한 여성들은 실생활에서도, 드라마의 맥락에서도 나를 매료시킵니다. 강한 여성이 마음 아파할 때면 내 마음도 아픕니다. 강한 여성이라는 존재는 내 마음을 대단히 잘 대변합니다. 텍스트에 그런 캐릭터들이 있으면 나는 그 텍스트를 움켜쥐는 편입니다. 이유는 모르겠습니다. 그냥 화학작용이 일어나는 겁니다. 나는 다른 무엇보다 강한 여성 캐릭터들을 갖고 훨씬 더 나은 작업을 했다는 걸 알게 됐습니다.

어쩐 일인지 아시아에서는 여성들이 내 영화의 관객 중 80퍼센트를 차지한다는 걸 알게 됐습니다. 따라서 내 영화를 상영하는 극장에서는 여성들이 옆자리에 웅크린 (대단히 조용하고 왜소하며 얼굴을 수그린) 남자들과 함께 앉아있는 걸 보게 됩니다. 〈결혼 피로연〉을 상영할 때면 남성 커플들도 보게 되겠죠.

억압된 남성 지배적인 사회를 확인하려고 신선한 관점을 취한 것이기도 하다고 생각합니다. 특히 매우 마초적인 이 장르를 위해 이 영화는 상이한 관점을 제공합니다. 우리가 여성 주인공들과 함께 감정적인 여정에 오르고 있기 때문에 이 영화에는 감정적인 깊이가 있습니다. 그게 마음에 듭니다. 이 영화가 내가 여러분에게 제공할 수 있는 최상의 것이라고 생각합니다.

질문자: 영화의 끝에 나오는 대나무 숲 결투 시퀀스에 대해 말해주시겠습니까? 작업하는 데 얼마나 걸렸나요?

이안: 그 신을 촬영하는 데 2주가 걸렸습니다. 작업의 대부분은 편집실 바닥에서 이뤄졌습니다…. 내가 가진 아이디어는 그냥 정신 나간 아이디어였습니다. 모두들 그걸 하지 말라고 몇 달 동안 말렸죠. 대나무 숲에서 칼싸움을 하는 영화는 엄청나게 많습니다. 대나무는 굉장히 낭만적인 환경을 제공하니까요. 중국에서 대나무는 의로움을 상징합니다. 대나무는 검술과 비슷하게 꼿꼿하게 자라고 탄력이 있습니다. 대나무는 흥미로운 전경前景도 제공합니다. 하지만 누구도 대나무 숲에 가서 촬영하지 않는 게 보통입니다. 거기서 촬영하는 것은 불가능하니까요. 그게, 내가 그걸 하고 싶어 한 이유였습니다.

이 영화에서 사막 플래시백의 빨강과 대비되는 녹색이라는 색깔은 내게는 정말로 장롱과 같습니다. 내게 있어 웅크린 사람은, 금지된 사람은 정말로 녹색입니다. 푸른 운명, 푸른 여우. 내게 있어 흰색이 약간 가미된 녹색은 무엇이건 대단히 섹시하고 금기시되는 것입니다. 그래서 나는 대나무로 연출한 시퀀스는 정말로, 추상적인 방식에서 넋을 빼놓는 시퀀스라고 생각했습니다. 그건 사실은 싸움이 아닙니다. 나는 그곳을 작업하기에 좋은 장소라고 생각했습니다. 우리는 중력이 있는 곳에서 삽니다. 나는 그 사실을 과소평가하는 셈입니다.

배우들 입장에서는 대단히 고통스러운 작업이었습니다. 나는 그들의 안전을 염려했습니다. 그들을 중국 남부의 계곡에 있는 대나무숲으로 내려갔습니다. 그곳에서는 건설용 대형 크레인을 구하기가 어려웠습니다. 거기서 그럭저럭 4대인가 5대를 구한 우리는 거기에 배우들을 매달았습니다. 배우들은 계곡이 있고 개울이 있는 그곳의 높은 곳에 올랐고, 우리는 더 타이트한 숏들을 찍기 위해 플랫폼을 지어야 했습니다. 대나무는 일단 자르고 나면 잎들이 시들어 버립니다. 보슬비가 내리는 날에만 30분 정도 촬영할 수 있습니다. 그리고 나면 대나무를 다시 바꿔야 합니다. 정말로 힘들었습니다. 아무튼 정신 나간 아이디어였죠.

질문자: 플래시백 신들에 대해서는 정말로 확신이 서지 않습니다. 영화에 그리 중요해 보이지 않는데도 사막에서 그렇게 오랜 시간을 보낸 이유가 무엇인가요? 그리고 영어와 중국어로 꾸준히 번역해야만 한다는 관점에서 시나리오 작업은 어땠나요?

샤머스: 플래시백에 대한 첫 질문에 대한 대답은 내가 해드릴 수 있습니다. 그건 큰 실수였습니다. 죄송합니다. (웃음) 그건 우리에게

는 대단히 큰 논쟁거리였습니다. 일반적으로 말해, 나는 영화를 볼 때마다 그걸 조금씩 덜어내자고 주장했습니다(그러나 이안은 시종일관 플래시백을 보고 있었습니다!). 나는 "우리가 이걸 하고서도 욕을 먹지 않았다는 게 믿어지지 않아!"라고 생각합니다. 갑자기 그들은 20분간 사막으로 갑니다…. 그건 전적으로 잘못된 게 아닙니다. 그건 컷/백cut/back. 편집 과정에서 두 장소에서 동시에 일어나는 신을 연결시키는 숏과 비슷합니다. 우리는 그걸 묵묵히 받아들일 준비가 돼있습니다. 나는 그렇게 거침없는 사람입니다. 우리가 플래시백을 사랑하는 이유는 매우 많습니다.

시나리오 집필 과정에 대해 조금 말씀드리겠습니다. 내 입장에서는 지극히 교육적인 과정이었고 이안 입장에서는 지극히 고통스러운 과정이었습니다. 우리는 중국어 시나리오로 작업을 시작했습니다. 이안은 그에게 너무도 중요했던 원작 소설 4부의 일부에 대한 요약본을 만들었습니다. 그런 다음 내가 철저하게 재미있는, 액션과 모험이 가득하고 로맨틱한 서사영화를 집필했습니다만 그걸 읽은 중국인들에겐 농담거리에 불과했죠. 나는 중국인이 존 웨인의 웨스턴을 쓰는 것을 비유로 들고는 합니다. 말을 타고 마을에 들어온 존 웨인이 말에서 내려 보안관에게 걸어가서는 "안녕하쇼"라고 인사한 후 아홉 번 머리를 조아리는 식으로… (웃음)

하지만 내가 쓴 시나리오에는 구조가 있었습니다. 내가 중국인이었다면 직접 쓴 시나리오는 내가 속한 전체 문화를 악몽처럼 패러디한 작품이었을 거라고 생각합니다. 그러나 구조적인 측면에서 보면 그 시나리오는 여전히 제대로 작동하고 있었다고 생각합니다. 그런 다음, 그걸 넘겨받은 이안과 왕후이링은 그걸 철저하게 영화로 탈바

꿈시켰습니다. 그러면서 많은 문화적인 참조와 정신들을 집어넣었습니다. 나는 영어로 번역된 중국 문헌을 많이 읽고 많은 영화를 봤음에도, 거의 모든 신호를 오독합니다. 그래서 그 과정이 형편없는 번역을 통해 서로를 고문하는 6개월이 된 것은 대단히 유익한 일이었습니다…. 당신의 시나리오를 집필하려고 애쓰면서, 번역 솜씨가 형편없는 탓에 UN에서 해고됐던 사람을 고용하는 것을 상상할 수 있습니까?… 우리가 서구인들이 이해할 수 있는, 그러면서도 대단히 중국적인 영화를 만들게 될 거라고 나는 늘 생각했습니다. 그리고 지금도 여전히 본질적으로 이 영화는 중국영화라고 생각합니다. 그런데 어떤 면에서, 나는 이 영화가 아시아에서 엄청난 성공을 거둔 것은 이 영화가 아시아적 정체성을 갖고 있었기에 그런 것이 아니라, 서양과 대화하는 데서 도출된 경이로운 모든 새로운 요소 때문이라고 인식합니다. 이 장르에는 대단히 낯선 요소인 여성 캐릭터들과 로맨스의 관점에서 특히 그렇습니다. 여기 서양에서 사람들이 이 영화에 반응하는 요소들 중 하나는 관객이 2시간짜리 도교적 액션영화를 접하고 있다는, 정확히 그 사실이라고 생각합니다. 영화에 담긴 중국적인 성격 때문이죠. 자막 때문에 그걸 항상 철저하게 이해할 수는 없었다고 하더라도 말입니다. 나는 그게 이 영화의 완전히 새로운 요소였다고 생각합니다. 따라서 어떤 면에서 우리는 서양 관객 입장에서는 동양적인 영화를, 여러 면에서 동양 관객 입장에서는 서양적인 영화를 만들게 됐습니다.

이안: 내게, 제임스는 개인적으로 아는 작가 중에 최고의 작가입니다. 이 영화는 아시아 시장을 여름 블록버스터처럼 강타해야 했습니다. 동시에 아트하우스 극장들에 걸리고 뉴욕영화제에 출품될 수 있

어야 했죠. 뉴욕영화제부터 아시아의 블록버스터까지는 커버하기에 굉장히 넓은 범위입니다. 제임스는 중국어를 모르지만 시나리오의 구조와 영화의 논리, 판매 가능성, 마케팅 가능성, 시나리오의 우수성 정도에 대해서는 정통한 사람입니다. 나는 그의 도움이 필요합니다. 그게 우리 관계의 핵심입니다. 그렇다고 말하는 것은 내 입장에서는 고통스러운 일이지만 망할, 그게 진실입니다.

질문자: 질문이 아니라 의견을 말씀드리고자 합니다. 〈와호장룡〉을 대단히 재미있으면서도 무척 감동적으로 봤습니다. 두 분께 고맙다는 인사를 드리고 싶습니다.

노먼: 나는 이 영화를 두 번 봤는데, 오랜만에 보는 대단히 경이로운 영화라고 생각합니다. 제임스 샤머스와 이안 두 분께 감사드립니다.

〈와호장룡〉 (2000)

용의 등장

데이비드 E. 윌리엄스 ── 2001

작가·감독 이안처럼 캐릭터와 이야기의 활용법을 철저히 통달한 현대 영화감독은 드물다. 장편영화를 불과 일곱 편 만드는 동안, 그는 탄탄한 드라마를 창작하기 위해 무척이나 다양한 시대와 사회 구조를 탐구하는 능력을 가진 '영화적 카멜레온'으로 스스로 입지를 다졌다.

대만에서 태어나 자란 이안은 1978년에 일리노이대학을 다니려고 미국으로 이주했고, 그 대학에서 연극 전공으로 학사 학위를 받았다. 그는 이후 뉴욕대학에서 영화 전공으로 석사 학위를 받았다. 1992년에 첫 장편영화 〈쿵후 선생〉을 연출했는데, 이 영화는 오늘날까지도 지속되는 시나리오작가·프로듀서 제임스 샤머스와 맺은 생산적인 협력 관계의 시작이었다.

〈아메리칸 시네마토그래퍼〉 82, no. 1(2001년 1월호)에서. Reprinted by permission.

맨해튼에 거주하는 중국인 가족의 가족적인 유대에 초점을 맞춘 〈쿵후 선생〉은 〈결혼 피로연〉과 〈음식남녀〉와 더불어 이안의 '아버지가 가장 잘 안다' 삼부작의 첫 영화가 됐다. 각각의 영화는 현대 아시아 사회 내부에서 사랑과 가족, 전통이 수행하는 긴장된 역할들을 상세히 그려내면서 감독에게 비평적인 찬사를 안겨줬다.

이안이 극적인 스토리텔링으로 이렇게 성공을 거뒀음에도, 일부 영화 관객은 사회적 풍습에 의해 좌절되다시피 한 사랑을 그린 제인 오스틴의 클래식 소설을 각색한 이안의 1995년 영화 〈센스 앤 센서빌리티〉를 보고는 놀라워했다. 그 영화의 (영국촬영인협회BSC 소속으로 오스카 촬영상 후보에 오른 마이클 콜터가 조성하는 데 작지 않은 역할을 수행한) 신선한 활기는 관객들의 지지를 얻었다. 1996년에 이안은 〈아이스 스톰〉으로 다시금 코스를 바꿨다. 이 영화는 1970년대 미국의 암울한 부르주아적 풍광에서 가족의 가치관(또는 그것의 결여)이라는 수제를 다룬, 전적으로 미국적인 주제를 다룬 그의 첫 장편이었다. 불행히도 많은 이들이 미국촬영인협회ASC 소속 프레더릭 엘머스의 삭막하고 쓸쓸한 카메라워크가 특징인 이 영화의 섬세한 탁월함을 이해하지 못했다.

1999년에 이안은 남북전쟁기를 배경으로 한 웨스턴 〈라이드 위드 데블〉로 돌아왔다. 엘머스가 와이드스크린 아나모픽으로 찍은 이 영화는 설득력 있는 드라마에 복잡한 캐릭터들을 직조해 넣는 감독의 능력을 다시금 제대로 보여줬다.

이제, 영화적 관습을 당혹스럽게 만드는 또 다른 행보를 취한 이안은 〈와호장룡〉을 갖고 돌아왔다. 지난해 칸영화제에서 데뷔했을 때 비평적이고 대중적인 격찬을 받은, 대단히 놀라운 무술 장르영화다.

인터뷰어는 칸에서 〈와호장룡〉의 프리미어가 열리기 전과 후에 이 안과 이야기를 나눴다. 대화의 내용은 중국에서 영화를 만드는 데 따른 세부 내용부터 소년 시절에 뼈를 으스러뜨리는 쿵후 영화들을 사랑했다는 것까지 넓은 범위에 걸쳐있다.

〈와호장룡〉의 원작이 된 책을 어떻게 접하게 된 건가요?

나는 무술 소설을 많이 쓴 작가 왕두루의 팬입니다. 내가 대만에서 자랄 때 무술 소설은 대단히 인기가 좋았습니다. 이 장르의 대부분은 펄프 픽션입니다. 하지만 〈와호장룡〉은 뭔가 달랐습니다. 캐릭터들이 하늘을 날 수 있음에도, (스토리는) 현실에 발을 딛고 있었습니다. 보통, (그런 작품들에서) 여성 캐릭터들은 무척 수동적입니다. 그런데 이 영화의 주인공 여성은 매우 활동적이고 반항적입니다. 그 점이 작품을 무척 흥미롭게 만들었습니다.

이 소설은 2차 세계대전 직전에 집필됐습니다. 5년쯤 전에 친한 친구가 이 소설에 관심을 갖게 해줬습니다. 그 이후로 나는 이걸 영화로 만들고 싶었습니다. 〈아이스 스톰〉 이후, 나는 영어로 영화 세 편을 만든 다음이니까 이제는 중국어 영화를 만들어야겠다고 결심했습니다. 이 이야기는 다년간 내 곁에 머물렀습니다. 그리고 나는 소년기 이래로 무술 영화를 만들고 싶었습니다.

스토리, 그리고 여성 캐릭터에 초점을 맞춘 것이 이 작품을 어떻게 다른 작품들과 상이한 작품으로 만들었는지에 대해 상세히 설명해 주시겠습니까?

무술 장르는 전통적으로 대단히 마초적입니다. 그런데 (이 영화에는) 양자경과 장쯔이가 연기한, 매우 중요한 여성 주인공이 둘 있습니다. 그들은 이 영화를 고정시키는 닻 역할을 합니다. 다른 무술 영화들도 강한 여성 캐릭터들을 갖고 있지만, 그들은 스토리의 초점이 아닌 게 보통입니다. 그게 소재 탓인지, 영화감독 탓인지, 겨냥하는 관객 탓인지는 나도 모릅니다.

이 영화를 중국어 영화로 만든 이유는 무엇인가요?

이게 내 소년기의 판타지를 담은 무술 영화였기 때문입니다. 그래서 중국어 영화로 만들어야 했습니다. 영어로 만들었다면 비주얼과 사운드가 어땠을지 도무지 모르겠습니다. 내 입장에서 그건 웨스턴에 출연한 존 웨인이 중국어로 말하는 것을 보는 거랑 비슷할 겁니다! (영어로 찍었다면) 이 영화를 위한 시장은 중국어 버전일 때 확보 가능한 범위만큼 넓지는 않았을 겁니다. 우리는 영화의 판타지 요소들을 계속 굴러가게 만들고 싶었고, 일부 관객에게는 외국어가 더 잘 먹혀들 거라고 판단했습니다. 하늘을 날아다니고 온갖 곡예를 부리는 사람들이 있는 작품이니까, 관객들은 외국어 영화를 볼 때 그런 것들을 더 잘 받아들일 겁니다.

시나리오를 집필하는 과정이 복잡했다는 것을 압니다. 영화에 담긴 줄거리는 소설의 한 단락에 불과하죠. 더불어, 시나리오작가 중 한 명으로, 영화를 제작하기도 한 제임스 샤머스는 중국어를 하지 못하는데다 이 소설은 영어 번역본도 없습니다.

제임스는 〈결혼 피로연〉부터 내 모든 영화를 작업해왔습니다. 그래서 우리는 친구지간이고 동료 제작자입니다. 나는 그를 결코 그냥 시나리오작가로 대하지 않습니다! 〈와호장룡〉의 경우, 우리가 제작비를 모으는 동안 그는 내가 소설을 바탕으로 쓴 매우 긴 시나리오를 가지고 초고를 탈고했습니다. 〈음식남녀〉 때 우리와 같이 작업했던 왕후이링이 2고를 썼는데, 그녀는 그걸 중국어로 쓰고 있었기 때문에 사실상 백지상태에서 쓰는 거랑 비슷했습니다. 나를 중개인 삼아서 우리 사이에 두어 차례 의견이 오락가락했습니다. 다른 난점도 많았습니다. 본질적으로 B영화 액션 스토리인 것을 고급 드라마로 끌어 올리려고 애쓰는 것도 그렇고, 중국에서 만드는 중국어 영화를 할리우드 제작 기준으로 끌어올리는 것도 그랬습니다.

무술 판타지 영화를 만든 경험이 풍부한 촬영감독 포덕희와 당신 사이의 작업 관계는 어떤 유형이었나요? 당신이 좇던 진정한 무술 영화의 풍미를 포착하는 데 그가 도움을 줬나요?

포덕희는 홍콩을 통틀어 최고의 거장이면서 가장 할리우드와 유사한 촬영감독일 겁니다. 실제로, 그는 스타일 면에서 내 지난 영화 두 편 〈아이스 스톰〉과 〈라이드 위드 데빌〉을 촬영한 프레더릭 엘머스보다 더 할리우드적일 겁니다. 피터포덕희의 영어 이름는 〈백발마녀전〉 같은 대작 무술 영화를 여러 편 만들어왔습니다. 더불어 대단히 예술적인 작품도 여러 편 만들었죠. 그는 액션 작업도 많이 했습니다. 할리우드에서 여러 편을 만들었고요. 그는 최고의 스태프를 거느리고 있습니다. 그는 다섯 달 동안 우리와 함께 작업하면서 카메라를 돌리고 제작비 한도 내에서 우리가 필요로 하는 장비를 마련하는 것을 도와줬습니다. 홍콩의 장비 임대 업체에서 포덕희의 존재는 많은 것을 뜻합니다! 영화를 여러 편 연출한 경험이 있는 그는 우리 현장에서는 조감독 역할을 하기도 했습니다. 그는 그 모든 일을 해낼 수 있는, 세계에서 몇 안 되는 촬영감독에 속할 겁니다. 내가 따로 무슨 말을 할 수 있을까요? 포덕희와 (무술감독) 원화평은 이 장르를 대단히 잘 압니다. 그래서 그들은 서로의 작업 방식을 방해하지 않았습니다. 그들은 홍콩의 드림 팀이었습니다. 액션과 관련된 신이 있다면, 제 아무리 규모가 크고 값비싸 보이는 숏이라고 할지라도 작업은 원화평 위주로 진행돼야 했습니다. 숏들이 서로 맞아들어야 했으니까요. 포덕희는 그런 식으로 작업해야 했는데, 나는 그런 식의 인내심을 보여줄 할리우드 촬영감독은 생각할 수가 없습니다. 각각의 숏들이 제대로 맞물려야 하기 때문에, 우리는 영화학교 학생의 영화 제작 스타일이나 게릴라 제작 스타일로 작업하고 있었습니다. 하지만 그러면서도 걸출하게 만들어야 했습니다! 때때로 스턴트나 와이어 작업을 위한 설치를 해야 할 때면 우리가 활용하기를 원하는 앵글이 기능하지 않을 거라는 것을 깨닫기도 했습니다. 장비를 새로 설치하기로 선택해야 했는데, 그러면 포덕희는 설치가 완료될 때까지 조명 작업을 할 수가 없었습니다.

포덕희는 때때로 액션 신을 위한 촬영 스타일 때문에 혼란스러워했습니다. 그는 숏들을 근사하게 보이도록 만들고 싶었지만, 촬영 스케줄 때문에 그가 원한 정확히 그 방식대로 조명을 설치할 시간을 줄 수가 없었습니다. 하지만 드라마를 그려내는 신들에서 포덕희는 원하는 시간을 확보했고, 그는 그 숏들을 대단히 예술적이고 세련된 화면으로, 스타일 면에서 할리우드와 다를 게 없는, 대단히 풍성하고 고전적인 화면으로 촬영했습니다. 우리를 제대로 도와준 도구 중 하나가 파워 포드 크레인 암the Power Pod crane arm이었습니다. 그 장비 덕에 우리는 융통성을 얻었습니다. 그 장비는 할리우드에서는 대체로 매우 느리고 부드러운 움직임을 찍는 데 활용되지만, 홍콩의 오퍼레이터들은 그것으로 모든 곳을 빠르게 훑고 지나가게 만들었는데, 그게 이 장르의 비주얼 언어의 일부입니다.

대다수 홍콩 액션영화들은 대단히 명암이 심한 조명과 극단적인 색온도를 활용합니다. 하지만 당신은 이 영화에서 상당히 억제된 화면을 선택했습니다.

맞습니다. 우리는 중국의 고전적인 수묵화의 느낌을 재창조하기로 선택했습니다. 그래서 로^{low} 콘트라스트 필름 스톡^{film stock. 촬영용이나 인화용으로 쓰는 원본 필름}을 사용했고 프로덕션디자인과 조명에도 그런 철학을 반영했습니다. 절반은 사실적이고 절반은 추상적인 스타일입니다. 그게 바로 중국적인 미학입니다. 이런 옛말이 있습니다. "비슷한 것과 비슷하지 않은 것의 사이. 리얼리즘과 판타지." 우리가 예술을 창작하려고 애쓸 때 (사람들을 정서적으로 데려가기 위해서는 사실적으로, 그리고 상상력을 자극하기 위해서는 환상적으로) 있고 싶어 하는 곳이 바로 그곳입니다. 거기에 도달하기 위해 영화의 콘트라스트를 줄였고, 중간톤^{mid-tone}을 활용했습니다. 영화의 대부분에서 블루를 뺐습니다. 그리고 종종, 특히 야간에는 모노톤 팔레트^{monotone palette}로 작업했습니다. 영화가 전개되는 동안 화면은 더욱 더 환상적으로 변해갑니다.

내 입장에서, 영화의 전반부는 사회에 있는 "와호장룡"을, 즉 규제와 사회적 규범의 표면 아래에 숨어있는 사람들을 다룹니다. 미스터리가 존재하고 사건들은 예기치 못하게 튀어나옵니다. 그러나 이후에, 그 주제는 더욱 심리적으로 변해가면서 감춰진 욕망과 관련됩니다. 그래서 나는 컬러의 경우에는 더 밋밋하고 단순하게 만드는 것이 옳은 느낌을 줄 거라고 생각했습니다. 판타지 측면은 야간에, 그리고 영화의 뒷부분에 더 잘 드러납니다.

당신이 2.35:1 와이드스크린 프레임을 선택한 것에 깜짝 놀랐습니다. 1.85:1이 상대적으로 액션에 가까운 곳에 머물면서 전신숏을 찍을 수 있게 해준다는 점에서 결투 신에 더 적합할 것처럼 보이기 때문입니다.

원래는 1.66:1을, 심지어는 1.33:1을 쓰고 싶었습니다. 영화에는 도약하는 액션이 많이 나오는데, 그 프레임의 높이가 잘 먹힐 거라고 생각했기 때문입니다. 영화의 끝부분에는 산악 풍경도 많이 나오기 때문에 아카데미 프레임Academy frame. 1.33:1 프레임도 생각하고 있었습니다. 물론 일부 극장에서는, 특히 아시아의 극장에서는 (영사기의 1.85 매트matte를 제거하지 않으려고 들기 때문에) 머리가 많이 잘려나갈 겁니다! 그래서 나는 1.85를 고민했습니다. 고비 사막에 로케이션헌팅을 가기 전까지는요. 사막의 풍경을 와이드스크린으로 찍어야만 한다는 것을 알게 됐습니다. 두 사람이 벌이는 결투의 경우, 특히 그들이 무기를 사용하고 있을 경우에는 와이드스크린이 더 잘 먹힐 거라고 생각했지만 경공輕功을 사용하는 액션에는 그렇지 않았습니다. 물론, 위아래로 날아다니는 액션을 줄이고 대각선 방향의 액션을 더 많이 짜 넣을 수도 있습니다. 우리는 프레임 내에서 작업해야 합니다. 그래서 우리는 일부 신에서는 불리한 상황이었습니다.

또 다른 결정은 슈퍼 35 포맷으로 촬영한다는 거였습니다. 프레더릭 엘머스하고 나는 〈라이드 위드 데블〉 때 아나모픽을 사용했었는데, 그 영화 역시 액션이 많았습니다. 나는 아나모픽은 장대한 화면과 구도를 위해서는 빼어나지만, 심도가 〈와호장룡〉을 하면서 필요한 것보다 지나치게 협소하다고 판단했습니다. (아나모픽은) 배우들에게도 지나치게 제약이 많았을 겁니다. 아나모픽은 와이드스크린 화면과 구도를 위해서는 나은 수단이지만 이 영화를 위한 수단은 아닙니다. 물론, 우리는 슈퍼 35를 쓰면서 블로우업blowup 작업으로 약간의 이미지 퀄리티를 잃었습니다.

사막 신에서 컬러와 구도 면에서 다르게 작업한 것은 무엇인가요?

두 캐릭터 사이의 열정을 상징하려고 빨강을 많이 사용했습니다. 이것은 영화에서 호랑이와 용이 숨어있지 않은 부분입니다. 영화 결말부의 동굴 신에서도 그런 감정이 드러난다는 것을 암시하려고 빨강을 다시 도입했습니다. 사막은 노랑도 많이 제공했습니다. 하지만 그런 신들을 촬영하는 것 자체에 대한 의문이, 그 신들이 대단히 긴 플래시백을 구성한다는 데 대한 의문이 많이 제기됐습니다. 영화 언어에서 플래시백은 40년간 구닥다리 대접을 받아왔습니다. 그러나 이것은 B영화의 본질을 가진 무술 판타지 영화이기 때문에, 나는 그걸 그렇게 직설적으로 작업할 핑계가 있다고 판단했습니다. 우리가 영화의 현재 부분으로 돌아왔을 때, 그 부분은 (푸른 여우와 청명검을 암시하는) 녹색과 뿌연 흰색에 지배당합니다.

어떻게 원화평을 무술감독으로 선택한 건가요?

원화평은 오랫동안 내 우상이었습니다. 그는 내가 고등학교에 다닐 때 이후로 영화들을 연출해왔습니다. 심지어 그는 성룡의 출세작들(1978년의 〈사형도수〉와 1978년의 〈취권〉)도 연출했습니다. 따라서 그는 경험이 풍부합니다. 그는 나보다 더 나은 액션 감독입니다. 나는 그보다 나은 드라마 감독이라고 생각하지만요! 따라서 그건 협력 작업이었습니다. 그가 정통한 이 장르의 풍미와 생생한 에너지를 유지하면서 이 영화로 뭔가 새로운 것을 작업하려는 시도였습니다.

그는 특정한 카메라앵글을 염두에 두고 무술을 설계했나요?

예. 하지만 때로는 해야 할 작업이 대단히 명백했고, 나는 나 스스로 그 숏을 설계할 수 있었습니다. 그러면 포덕희가 문제가 있지 않은지, 그 신이 지나치게 엉망으로 보이지는 않는지 검토했습니다. 그런 후 원화평이 앵글이나 렌즈에 대한 의견을 제시했습니다. 그의 주된 관심은 그가 짠 무술이 가장 근사하게 보이도록 만드는 거였습니다. 포덕희는 그 숏들이 드라마 면에서, 주제 면에서, 영화적으로 가장 잘 작동하도록 만들기를 원했다는 점에서 나와 더 비슷했습니다. 그래서 우리는 상의하면서 타협했습니다. 보통은 포덕희하고 내가 숏들을 결정했습니다.

결투 신들의 속도를 두드러지게 만들려고 언더크랭크undercrank. 카메라를 표준 속도보다 느리게 돌려서 초당 프레임을 적게 촬영하는 것**한 액션이 얼마나 되나요?**

절반 정도일 겁니다. 하지만 초당 20프레임20fps 이하로는 결코 내려가지 않았습니다. 허리 윗부분을 잡은 거의 모든 숏은 언더크랭크하지 않았습니다. 우리는 액션을 강조하려고 많은 카메라 스피드를 활용했습니다. 일부 숏에서는 실제로 벌어지고 있는 일을 정확하게 보여주려고 속도를 50fps까지 올리기도 했습니다. 전신숏에서는 약간의 에너지를 가미하려고 22fps를 썼지만, 홍콩영화들이 많이 그러는 것처럼 20fps나 21fps를 쓰지는 않았습니다. 그렇게 하면 화면이 신경질적이고 우스꽝스럽게 보이니까요.

이 영화에서 결투 신들이 수행하는 과제는 단순히 짜릿함을 유발하는 데서 그치지 않고, 정서도 환기시키는 것입니다. 그 장면들이 리얼하게 보이지 않는다면 그건 재미의 절반을 죽여 버릴 겁니다. 특정 숏들의 경우, 액션이 지나치게 느려 보일 경우에는 후반 작업에서 디지털 크랭크-업digital crank-up을 활용했습니다. 하지만 불행히도, 디지털 작업은 디지털 작업처럼 보입니다! (웃음) 프레임들 사이에 모션블러motion blur. 빠르게 움직이는 물체를 촬영했을 때 생기는 잔상 때문에 생기는 번짐 효과가 없어서 액션이 신경질적으로 보입니다. 그 문제를 바로 잡으려면 대단히 복잡한 과정을 거치면서 무척 많은 돈이 들 텐데, 우리에게는 그 정도의 제작비가 없었습니다. 그래서 우리는 특정 효과를 위해 찍은 숏의 매우 짧은 부분이 아닌 한에는 (디지털 테크닉을) 지나치게 많이 사용하지 않으려고 애썼습니다. 그 외의 모든 것은 카메라로 작업하려고 애썼습니다.

당신은 이 영화의 제작을 "게릴라 스타일"이라고 묘사합니다. 그런데 대형 스턴트 장면의 경우 촬영하기 전에 많은 부분을 설계해야 하지 않았나요?

포덕희는 대형 작업의 경우 스토리보드를 요청했지만 우리에게는 그런 게 전혀 없었습니다. 우리는 가급적 리허설을 많이 하려고 애썼습니다만, 촬영장에 도착할 무렵이면 모든 것을 바꿔야만 했습니다. 영화에서 제대로 작동할 수 있고 화면도 가장 근사하냐의 문제일 뿐 아니라 배우들이 연기해낼 수 있는 것이냐의 문제이기도 했습니다. 어떤 일에 대한 계획을 하는 동안 다른 일에 대한 계획도 짜야 했습니다. 이 숏에서 저 숏으로 작업해나가는 촬영은 대단히 즉

홍적으로 이뤄졌고, 그래서 포덕희는 우리가 계획했던 것처럼 보이게끔 만들려고 대단히 고된 작업을 해야 했습니다!

당신은 〈와호장룡〉을 소년기의 꿈이 실현된 작품으로 묘사합니다. 염두에 뒀었는데 이 영화로 드디어 실현할 수 있게 된 이미지들이 있었나요?

예. 경공과 관련한 특정 시퀀스들과 일부 결투 신이 그렇습니다. 가장 어려운 작업 중 하나가 캐릭터들이 지붕에서 지붕으로 날아다니고 카메라가 그들 위에서 날아다니면서 액션을 내려다보는 추격 신이었습니다. 원화평은 이런 종류의 액션에 필수적인 와이어 작업의 전문가지만, 이전에 홍콩영화들에서 이런 종류의 작업을 하지 않았던 주된 이유 중 하나는 배우들을 '비행시키는 데' 필요한 여러 대의 크레인과 플랫폼을 동원하는 데 따르는 비용, 그리고 와이어를 지우는 데 필요한 컴퓨터 작업에 느는 비용이었습니다.

카메라를 배우들 위에 위치시키면 와이어를 감추는 게 불가능해집니다. 보통은 배우를 아래에서 위로 촬영해서 그들의 몸이 와이어를 가리게끔 하는 식으로 와이어를 감춥니다. 연기smoke를 활용하거나 와이어를 흐릿하게 만들려고 렌즈의 해당 부위에 바셀린을 바르는 것 같이 와이어를 감추려고 쓸 수 있는 싸구려 테크닉들이 많습니다. 그러나 그 많은 아이디어는 내가 보기에는 실용적이지 않았습니다. 사람들이 내가 상상했던 어떤 일들을 하지 않았던 이유들이 있었던 거죠. 그게 고된 작업이라는 것을 배웠습니다.

〈와호장룡〉의 액션을 연출한 것은 〈라이드 위드 데블〉해서 했던 작업에 비해 어땠나요?

〈라이드 위드 데블〉은 본질적으로 웨스턴입니다. 그래서 매우 달랐습니다. 그럼에도, 내가 그 경험을 했던 것은 유익했습니다. 스턴트 작업과 관련된 위험, 시간을 잡아먹는 그 작업의 속성, 얼마나 많은 준비가 필요할 것인지에 대해 인식하도록 가르쳐줬으니까요. 하지만 무술 장르는 또 다른 세계였습니다. 대단히 독특한 장르로 나름의 테크닉을 요구했습니다. 그래서 나는 원화평에게서 많은 것을 배웠습니다.

무술 영화 액션이 웨스턴의 액션과 대단히 상이한 점 두 가지는 육체적으로 내밀한 접촉과 액션의 스피드입니다.

대단히 빠르죠. 하지만 그게 반드시 무술하고만 관련이 있다고는 생각하지 않습니다. 무술 안무와 영화 연출, 비주얼이 중요합니다.

성룡의 영화들을 보면서 항상 즐기는 것 중 하나가 그가 액션 신에 극적인 이야기를 구축해 넣는 방법입니다. 거기에는 도입과 전개, 결말이 있습니다.

시나리오를 집필하는 동안, 무술 안무를 계획하는 동안, 그러고는 카메라워크를 실행하는 동안 그런 작업을 해야 합니다. 서로 치고 받고 싸우는 것만 보여주는 4분을 지켜보는 것은 따분한 일입니다. 어느 누구도 그걸 보는 것을 감당하지 못합니다. 하지만 스턴트맨들은 그런 일을 며칠이고 계속할 수 있죠! 따라서 각각의 결투 신이 관객을 낚아채려면 결투에 주제가 구축돼 들어가야 합니다. 그리고 각각의 결투는 상이한 촬영 스타일을 가져야 합니다. 테마는 특정 유형의 움직임일 수도, 스토리텔링일 수도, 아니면 순수한 맥거핀일 수도 있지만, 훅hook은 필수적입니다. 상황을 타개해나가면서 그것들을 더욱 극적으로 만들려면 안무 단계에서 상이한 무기들과 상이한 리듬들도 활용할 수 있습니다.

당신에게 영감을 준 다른 무술 영화들은 무엇인가요?

(웃음) 모든 무술 영화요! 나는 그 영화들과 함께 자라면서 모두 봤습니다. 심지어 따분한 작품들까지요. 초창기 영화들, 쇼 브러더스the Shaw Brothers 영화들, 원화평의 영화들, 그리고 물론 이소룡의 영화들, 성룡의 영화들을 항상 즐겼습니다. 전체 장르가 나한테 영감을 줬지, 반드시 특정한 작품이나 감독이 영감을 준 것은 아닙니다. 이 장르는 전체적으로 대단히 세련된 장르가 아니기도 합니다. 무술 영화는 일반적으로 팝콘 영화이자 순수한 시네마입니다.

중국 본토에서 촬영하는 것과 미국이나 영국에서 촬영하는 것 사이의 차이점을 묘사해줄 수 있나요?

할리우드 스태프 같은 사람들은 세상 어디에도 없습니다. 우리 스태프의 상당 부분은 홍콩 출신이었습니다. 그래서 이 영화는 중국에서 홍콩영화를 만드는 것과 비슷했습니다. 중국의 제작 지원은 대단히 좋았지만, 모든 인력은 미국식 제작 스타일에 익숙해져야 했습니다. 테크놀로지, 규모, 효율성, 의사소통 레벨, 조직, 스태프의 세련됨까지요. 또한, 이 영화는 드라마이자 액션영화였습니다. 한 작품에 두 영화가 들어있습니다. 그게 이 영화를 중국에서 만드는 것을 어렵게 만들었습니다. 줄거리 자체가 규모가 큰 집단이 움직일 것을 요구했으니까요. 베이징에 거점을 마련하고 거기서 많은 로케이션 촬영과 세트 촬영을 했지만, 베이징에서 차로 4시간 거리에 있는 이

화원the summer palace이나 여행에 열흘이 걸린 신장의 고비사막까지 여행을 가기도 했습니다. 그러고는 대나무 숲 시퀀스를 위해 중국 남부의 저장浙江으로 1주일간 여행을 갔습니다. 보통 정도 규모의 제작비를 들여서 하는 대형 제작이었습니다.

제작비가 1500만 달러인 〈와호장룡〉은 중국에서 촬영된 영화 중에서 가장 많은 제작비가 든 영화에 속한다고 알고 있습니다.

실제 현금이 내 손에 있었다면 조금 덜 들었을 겁니다. 하지만 제작비 면에서, 이 영화는 대다수 홍콩영화들에 비하면 〈타이타닉〉을 촬영하는 거랑 비슷했습니다. 홍콩에서 대규모 제작비는 300만 달러 정도입니다. 그게 그들이 드라마에 많은 시간을 쓰지 않는 이유입니다. 그들은 액션 신들을 촬영하는 데 가진 돈을 모두 쓰니까요!

이안이 헐크와 씨름하다

폴 피셔 —— 2003

오스카 수상자 이안은 할리우드에서 가장 독특한 선지자에 속한다. 이 대만 감독은 어찌어찌 〈헐크〉를 취해서는, 할리우드가 기대하는 바에 부분적으로 순응하는 동시에 그 자신의 개인적인 비전으로 변신시켰다. 그는 이 뛰어난 균형 잡기에 성공했다. 그가 폴 피셔와 얘기를 나눴다.

이 작품은 시장 입장에서는 다루기 까다로운 작품이 될까요?

시장 입장에서 말인가요, 내 입장에서 말인가요? 내 입장에서 까다로웠다는 것은 압니다만.

사람들이 이 영화를 보고 깜짝 놀랄 거라고 생각하나요?

〈필름 먼슬리Film Monthly〉 2003년 6월 14일자에서. Reprinted by permission.

글쎄요. 나는 깜짝 놀라는 것은 좋은 일이라고 생각합니다. 개인적으로는 "여름" 영화를 좋아하지 않습니다만, 이건 대작大作이기 때문에 여름에 개봉해야만 하는 영화입니다. 스튜디오가 이 영화를 공개할 유일한 방법은 여름이나 크리스마스에 개봉하는 거죠. 그게 이 영화의 마케팅 측면입니다. 내가 개인적으로 관심을 갖는 것은 이게 대작을 작업할 수 있는 기회였고, 프랜차이즈 영화라는 겁니다. 이 영화를 개봉시키기 위해 거물급 무비 스타가 필요하지는 않습니다. 이건 만드는 데 많은 돈이 든 영화고, 야심적인 영화입니다. 그래서 우리는 이 영화를 잘 팔아야 합니다. 개인적으로는 이 프로젝트에 들어있는 요소들을 잘 활용했습니다. 나는 이 작품이 여전히 영화감독의 개인적인 작품이 될 수 있다고 보고는 그 기회를 거머쥐었습니다. 이 영화는 내 새로운 '와호장룡'과 비슷합니다. 이 영화에는 작품 속에 숨어있지만 보는 사람은 그걸 인정하고 싶어 하지 않는 길티 플레저에 속하는, 하지만 재밋거리가 많은 통속적인 예술이 있습니다. 그걸 내가 늘 해왔고 앞으로도 해나갈 드라마와, 인간적인 상황과 심리 묘사가 딸린 드라마와 섞을 수 있습니다. 이 작품의 배경 스토리가 정말로 마음에 듭니다. 내게 있어 이건 코믹 북 슈퍼히어로 영화가 아니라 공포영화입니다.

거물급 스타와, 슈퍼스타와 작업하지 않겠다고 스튜디오를 설득하는 게 힘들었나요?

아뇨. 그건 논쟁거리가 아니었습니다. CG 배우인 헐크가 가장 큰 스타니까요. 그의 몸값은 그 어느 스타보다 비쌉니다. 따라서 그를 캐스팅한 후에는 돈이 한 푼도 남지 않았습니다. (웃음) 그리고 스튜디오도, 나처럼 새 얼굴을 선호합니다. 그게 더 짜릿하니까요. 따라서 내가 에릭을 원한 것은 문제가 아니었습니다.

그렇다면 당신은 CGI로 헐크를 만드는 것에 대해 조금의 의문도 품지 않았다는 거군요?

처음 시작할 때는 그 작업을 어떻게 하는지 몰랐습니다. 라인 프로듀서가 래리 프랑코였는데, 그가 〈쥬라기 공원 3〉가 어떻게 완성됐는지를 보여줬습니다. 그는 〈쥬라기 공원 3〉를 막 작업한 참이었죠. 숏 바이 숏shot by shot으로 그가 설명했습니다. "이건 이렇게 완성했습니다. 이건 완성하는 데 얼마가 걸렸습니다. 방법은 이랬고 이런 수단을 썼습니다. 비용은 얼마가 들었습니다." 그의 숏 바이 숏 설명을 들은 후, 우리는 특수 분장 회사와 애니매트로닉스animatronics. 영화 등을 위해 사람이나 동물을 닮은 로봇을 만들고 조작하는 기술 회사들을 방문했습니다. 나는 그런 식으로 교육을 받았습니다. CGI가 그 작업을 할 최선의 방법이라는 사실은 너무도 자명했습니다. 내가 그 신에서 원하는 것을 이해하고 나면 작업 방식은 CGI여야만 했습니다.

CGI로 작업하는 것이 약간 염려되던가요?

나는 겁을 집어먹기에 충분할 정도로 아는 게 많지가 않았습니다. 내가 겁에 질린 것은 프로젝트를 절반쯤 마쳤을 때였습니다. ILMIndustrial Light & Magic. 미국의 특수 효과 및 시각 효과 스튜디오은 나한테 "아니오"라는 말을 한 번도 하지 않았습니다. 그들은 할 수 있다는 말만 했죠. (웃음) 우리 쪽에서 나를 가르친 것은 프로듀서들하고 슈퍼바이저들이었습니다. 나는 일부 작업 결과가 만족스럽지 않다는 것을 알게 됐습니다. 그게 내가 헐크를 직접 연기하겠다고 뛰어든 이유입니다(감독이 자신이 원하는 헐크의 행동 방식을 연기하는 모습을 담은 프리프로덕션 비디오를 언급한 것이다). 나는 그들이 작업해오던 방식을 몰랐었습니다. 그들이 연출 지시를 받지 않았었고, 애니메이터들은 거울이나 카메라에 비친 그들 자신의 얼굴 표정을 활용했었다는 것을 몰랐던 거죠. 그런데 그들은 연기자가 아닙니다. CGI 캐릭터들에 리얼리티가 없을 때가 종종 있었습니다. 그때마다 그 캐릭터들은 다른 사람의 얼굴처럼 보였기 때문에 약간의 일관성을 불어넣어야 했습니다. 그래서 내가 직접 연기를 시작했습니다. 그런 과정을 개발하는 데 몇 달이 걸렸습니다. 고통스럽고, 많은 손길이 필요했죠. 화려한 작업하고는 거리가 먼 작업이었습니다. 지금 생각하면 끔찍하지만, 프로젝트에 참여할 무렵에는 그게 어떤 작업일지를 몰랐었습니다.

헐크 얘기를 언제 처음 들었나요?

〈와호장룡〉을 홍보하던 중이었습니다. 미국에서 막 개봉한 〈와호장룡〉이 대단히 긍정적인 리뷰들을 받았고, 그러면서 대작 제의들이 들어왔습니다. 스튜디오들은 내가 뭔가 특별한 것을 만들 수 있을 거라고 느꼈고, 나는 내가 이런 정도의 흥행 성적을 올린 중국어 무술 영화를 만들 수 있다면 장르영화도 만들 수 있을 거라고 짐작했습니다. 홍콩 스타일의 영화 제작이 특히 유행이라고 생각합니다. 이 특별한 프로젝트는 내가 오랫동안 같이 해온 제임스 샤머스가 찾아냈습니다.

당신이 처음 보인 반응은 어땠나요?

무엇보다도 나는 이 작품이 어떤 작품인지를 몰랐습니다. 그러다 녹색 분장을 하고는 슬로모션으로 분노하는 루 퍼리그노가 나온 TV 시리즈를 기억해냈습니다. 그래서 마블 코믹스를 조사해봤는데, 그걸 좋아하는 데는 시간이 오래 걸리지 않았습니다. 따라서 이 작품은 내 새로운 '장룡'입니다. 미국에서 '와호'를 더 큰 방식으로 작업하는 거랑 비슷합니다. 나는 사이코드라마를 좋아합니다. 감춰진 공격성을 좋아합니다. 이건 미국적이면서도 보편적인 작품입니다. 나는 육체적으로 표출되는 잠재의식을 좋아합니다. 그리고 이 작품의 배경 사연은 사이코드라마의 그것과 무척 흡사합니다.

만화책을 전부 읽었나요?

많이 읽었죠. '테시스the Thesis'와 '이센셜the Essential' 시리즈부터 시작했습니다. 그리고 내가 좋아하는 작품들은 모두 내 근처에 놔뒀습니다.

하지만 이 영화는 전형적인 여름 블록버스터하고는 반대되는 상당히 이안적인 작품입니다.

맞습니다. 거기에는 의심의 여지가 없었습니다. 나는 내가 이 작품을 성공시킬 수 있다는 것을 입증해야 했습니다.

당신은 이 영화의 마케팅 측면에 관여하나요?

아뇨, 그건 내 분야가 아닙니다. 그건 완전히 새로운 경험입니다. 나는 거기에 참여하고 싶지 않습니다. 마케팅 회의에 두 번 정도 갔었는데, 규모가 어마어마하더군요. 하지만 그 사람들한테 내가 하는 활동에는 선을 긋고 싶다고 말했습니다. 나는 영화를 만듭니다. 그게 내가 관심을 갖는 전부입니다. 나는 내가 익숙한 방식으로 영화를 팝니다. 저널리스트들과 얘기를 하는 식으로요. 그게 내가 할 수 있는 전부입니다. 나는 비디오게임에 대해 말하고 싶지 않습니다. 상품merchandise과 관련된 일은 하고 싶지 않습니다. 그들이 여름 대작 영화를 판매해야 한다는 것은 대단한 일입니다. 하지만 나는 그와 관련해서는 아는 게 하나도 없고 어떻게 시작하는지도 모릅니다.

이런 종류의 스토리들을 현대의 신화라고 보나요?

현대의 신화로 봅니다. 프랑켄슈타인, 킹콩, 그런 것들과 지킬과 하이드 같은 공포영화들을 많이 취했습니다. 그리스신화와 의사과학pseudo-science을 비롯한 온갖 것에서도 많은 것을 취했고요. 이 작품은 저속한 예술에 속합니다. 하지만 굉장히 재미있습니다. 섬세하지는 않지만 확실히 재미있습니다. 모든 것은 보는 사람이 그걸 어떻게 생각하느냐에 달려있습니다.

당신은 특정 지점들에서 화면분할 같은 대단히 확연한 코믹 북 스타일의 비주얼을 사용합니다. 그중에 스토리보드 작업을 한 게 얼마나 되나요?

그건 모두 편집실에서 작업된 겁니다. 나는 그런 작업을 하고 싶다고 생각하기 시작했습니다. 이게 내가 늘 하고 싶었던 무엇인가를 실행할 핑곗거리를 찾아낸 이유 중 하나입니다. 우리는 어째서 줄거리를 직선형으로만 늘어놓는 걸까요? 무술 안무를 하듯 작업할 수 없는 이유는 뭘까요? 이미지 안무는 이런 겁니다. 우리가 코믹 북을 펼쳤을 때처럼 이미지들을 배열하는 거죠. 독자는 가장 눈에 잘 띄는 디자인 구조로 향합니다. 거기에는 이유가 있습니다. 우리의 눈은 다른 곳으로 향하고, 이리저리 이미지를 찍어서 선택한 다음, 여기저기를 옮겨다닙니다. "어떻게 하면 저걸 영화에서 할 수 있을까?"라는 생각이 어느 정도 작용했습니다. 나는 늘 그런 작업을 상상하고 있었습니다. 우리는 그런 가능성들을 탐구해봤지만 촬영하고 있을 때는 우리가 무슨 일을 하고 있는지 몰랐습니다. (웃음) 그리고 촬영감독은 그런 작업을 하자는 요구를 받아들이는 것을 주저했습니다. 그들은 최상의 품질을 얻을 수 있도록 가급적 많은 촬영을 하고 싶어 하니까요. 화면분할을 할지도 모른다는 여지를 조금이라도 남겨두면 감독은 그렇게 찍은 화면을 사용하지 않을지도 모르고, 그러면 그 신의 화면은 좋지 않을지도 모릅니다. 그걸 잘라내야 할지도 모르고 그렇게 되면 전체 화면이 정말로 형편없어 보입니다. 그래서 결국, 나는 많은 카메라를 동원해서 그 많은 것을 그냥 촬영했습니다. 모든 가능성을 열어두고요. 이런 식의 작업은 사운드 스태프에게는 골칫거리입니다. 감독이 클로즈업을 활용하기로 결정하려는데 화면 바로 위에 그의 마이크가 있을지도 모르니까요. 그러면 굉장히 큰 좌절감을 느끼죠. 그러면서 사람들이 처음에 그런 식으로 작업하지 않으려던 이유를 알게 됐습니다. 하지만 화면분할의 가능성이 편집실에서 조금씩, 조금씩 생겨나기 시작했습니다.

이 역할에 당신이 무척이나 마음에 들어 한 에릭 바나의 특징은 무엇이었나요?

나는 코믹 북 독자 중에 브루스 배너를 보고 싶어 하는 사람은 아무도 없다고 판단했습니다. 사람들은 모두 헐크가 튀어나오는 걸 보고 싶어 합니다. 브루스 배너는 패배자이자 약골입니다. 단순하게 얘기하면, 독자들은 자신들의 고유한 우울감을 그에게 투사할 수 있습니다. 하지만 영화는 다릅니다. 나는 뭔가 다른 것을 얻고 싶었고 그런 우울한 분위기를 담고 싶었습니다. 물론 나는 항상 좋은 배우를 선택하는데, 에릭이 그런 배우입니다. 사람들의 공감을 얻을 수 있는 배우죠. 호주영화 〈차퍼Chopper〉에서 그를 봤는데, 내게 영화의 그는 헐크였습니다. 그리고 리들리 스콧이 나한테 〈블랙 호크 다운〉의 초기 편집본을 보여줬는데, 거기에 그가 나오는 신들이 있었습니다. 〈블랙 호크 다운〉을 본 사람들은 누가 누구인지를 분간하지 못하겠다고 투덜대지만, 나는 사람들이 에릭은 기억할 거라고 생각합니다. 나는 그를 선택했고 스튜디오는 그를 정말로 마음에 들어 했습니다.

〈헐크 2〉를 할 건가요?

전혀 모르겠습니다. 그 작품은 개발 단계에 있지만 나는 1편을 하면서 완전히 진이 빠진 상태입니다. 2편에 대해서는 아무 생각도 없습니다.

당신은 코스튬 드라마costume drama. 과거 시대를 배경으로 의상이나 소품, 독특한 풍속과 함께 당대의 시대적 특성을 시각적으로 재현하는 시대극**와 미국의 남북전쟁을 배경으로 한 영화, 무술 영화를 만들었습니다. 다음 작품으로 어떤 영화를 하고 싶은가요?**

모르겠습니다. 뭔가 다른 작품을 했으면 합니다. 나는 아내와 두 아들과 함께 뉴욕에 삽니다. 나는 집에 갈 겁니다. 현재는 헐크에서 벗어나는 과정에 있습니다. (웃음) 고통스러운데다, 아드레날린 분비가 줄어들고 있습니다. 하지만 미래에 대한 생각은 하고 있지 않습니다.

나무들이 녹색이라 당신이 나무들을 보면 넌더리를 친다는 말이 사실인가요?

녹색을 보면 약간 신물이 나기는 했습니다. (웃음) 헐크는 CG 캐릭터입니다. 그는 그래야 한다고 생각합니다. 어쨌든 맞습니다. 오랫동안 나는 녹색만 보면 정말로 넌더리를 쳤습니다.

미래에는 CGI 배우들이 더 많이 등장할까요?

장담하는데 실제 배우들을 쓰는 게 훨씬 싸게 먹힙니다. 설령 빅스타들을 비교 대상으로 하더라도요. 작업이 훨씬 쉽고 비용도 더 싸게 듭니다. CGI 배우들이 대사를 말하게끔 만들 경우, 실제 배우들로 하는 작업이 훨씬 더 수월합니다.

대만에서 보낸 어린 시절은 어땠나요?

억압된 채로 자란 것 같습니다. 재미를 그리 많이 느끼지 못했습니다. 그게 내가 중년의 위기midlife crisis를 겪는 이유입니다. 나는 재미를 갈구하고 있었습니다. 우리 아버지는 대만 최고 명문인 고등학교의 교장이었습니다. 내가 다닌 학교의 교장이었죠. 나는 굉장히 숫기 없고 유순한 아이였습니다. 외출도 않고 무슨 일을 하지도 않았습니다. 싱숭히 말이 없었죠… 개인 교사, 등교, 공부, 항상 앉아있기. 하지만 내 마음은 책에 있지 않았습니다. 다른 어딘가에 있었죠.

이 영화의 주제 중 하나가 유전공학입니다. 그에 대해 어떻게 생각하나요?

우리는 우리 자신이 누구인지에 대한 근본적인 질문에 다수 직면해 있는 지점에 있다고 생각합니다. 우리가 중요한 시점에 있다고 생각합니다. 산업혁명 이후로 과학에 대한 공포는 늘 존재했습니다. 프랑켄슈타인이 그런 공포의 초기 사례라고 생각합니다. 우리는 우리에게 달려들 무엇인가를, 우리의 통제를 벗어난 무엇인가를 만들까봐 두려워합니다. 극적인 면에서, 그건 나한테 흥미로웠습니다. 인공적인 것이 순수와 공격성을, 진정한 자신을 끌어내니까요. 그런 요소들이 육체적으로 표출되는 것은 흥미롭습니다. 나는 과학자가 아니지만 우리는 현재 우리 자신을 개선하기 위해, 또 확장하기 위해 유전공학에 몰두하고 있습니다. 우리가 누구냐는 질문은 의미가 큰 질문입니다. 그건 당신인가요, 아니면 작은 기계인가요? 나는 우리 자신이 가진 유일한 의미는 기억이라고 봅니다. 그게 이 영화가 기억을 많이 다루는 이유입니다. 인류의 집단적인 기억을 다루죠. 우리는 우리가 누구냐에 대한 형이상학적이고 근본적인 질문을 많이 대면하고 있다고 생각합니다.

신을 믿나요?

나는 중국철학을 깊이 공부하는 학생입니다. 우리 중국인들은 신에 대한 얘기는 하지 않습니다. 우리는 우리 머리보다 1미터 높은 곳에 있는 것은 그게 무엇이건 존경심을 표해야만 합니다. 그러고는 그걸 창조한, 우리랑 비슷한 존재를 알거나 상상하는 척 하지 않습니다. 우리는 그냥 신에 대한 얘기를 하지 않습니다. 실제로 나는 그에 대한 얘기를 영화에 많이 집어넣었습니다. 큰 것들, 작은 것들, 무엇인가 때문에 균형을 잃는 일이 벌어집니다. 커다란 버섯구름은 다량의 원자들에 의해 초래됩니다.

닉 놀테의 과학에 대한 열정과 지식에 놀랐나요?

예. 무척 놀랐습니다. 나는 그가 그런 작업을 하는 것을 상상만 하고 있었습니다. 그는 10년인가 12년 동안 할리우드에 등을 돌리고 지내온 훌륭한 배우입니다. 그는 소품 영화small film들만 하고 싶어 했고 그런 영화를 충분히 많이 했었죠. 그의 거처로 찾아가 존경을 표하고는 피치를 해야 했습니다. 할리우드에 있는 그의 집에 갔는데, 그건 내가 해본 중에 제일가는 고딕풍의 경험이었습니다. 세계 전역에서 가져온 물건들로 구성된 괴상한 컬렉션이 있었습니다. 나는 벽난로 앞에 앉아있었는데, 5분쯤 후에 그가 나한테 "이리 와서 내 피를 봐야 해요"라고 말하더군요. 2층에 올라갔더니 뭔가가 든 병 수백 개가 있는 실험실이 있었습니다. 커다란 전자 모니터도 있었고요. 그는 자기 손가락을 찌르고는 자신의 혈액세포를 관찰했습니다. 그가 그런 일을 하는 동안, 나는 그걸 컬러로 보여줄 수 있느냐는 따위의 말을 했습니다. 그는 내 얘기에 인상 깊어했고 우리는 아래층으로 내려와 과학에 대한 얘기를 더 나눴습니다. 따라서 그는 배역에 적역이었습니다. 그는 "와우, 나는 영화를 찍고 나서 휴식하는 중입니다. 배역에 맞게 몸을 만들 수 있어요"라고 했습니다. 나는 "아니, 아닙니다. 그냥 지금 모습 그대로 오면 됩니다…"라는 말이 목에서 나오는 것을 꾹 참아야 했습니다. 그는 헐크는 알고 있었지만 자신이 무슨 역할을 맡을지는 몰랐습니다. 나는 그리스비극에 대해 얘기했고 그는 거기에 빠져들었습니다.

당신은 헐크가 어때야 마땅한가를 정확히 묘사하려고 많은 시간을 보냈습니다. 그런 일은 어떻게 발생했나요?

필요와 절박감에서 비롯됐습니다. 그들에게 그걸 보여주고 싶었습니다. 거기에는 내 어린 시절이, 내가 결코 실현하지 못한 것들이 약간 있었을 겁니다. 나는 당신이 만날 수 있는 가장 멍한 아이였을 겁니다. 사람들은 나한테 늘 나는 그들이 살면서 만난 가장 멍한 사람이라고 말했습니다. 나는 주의가 산만한 아이였습니다. 나한테는 주의지속시간 문제가 있었기 때문에 나로서도 어쩔 도리가 없었습니다. 말하고 읽는 중에도 내 마음은 어딘가 다른 곳에 있고는 했습니다.

당신은 배우로 경력을 시작했습니다. 왜 감독으로 방향을 바꾼 건가요?

영어를 못해서요. 그게 이유입니다. 미국에 왔지만 연기 프로그램에는 들어가지 못했습니다. 나로서는 무척 실망스러운 일이었습니다. 3년짜리 프로그램이었는데, 그 프로그램에 들어간 사람들은 엘리트들이었습니다. 그러고 나니까 무대에 오르고 싶다는 생각이 정말로 들지 않았습니다. 내가 배우로 성공하지는 못할 거였기 때문입니다. 나는 내가 연출을 해야 한다면 영화감독이 되고 싶다고, 그게 내 재능이라고 생각했습니다. 영화는 내가 재주를 펼치는 방식이라고 늘 생각했었습니다. 오랜 시간이 흐른 후에야 관찰 당하는being watched 것보다는 관찰자a watcher로 카메라 뒤에 있는 게 편해지기 시작했습니다. 오랜 시간이 흐르는 동안, 나는 서서히 위치를 바꿨습니다. 〈헐크〉가 모습을 드러내기 시작한 최근까지는요.

에릭 바나는 당신을 철학적인 감독이라고 말했습니다. 그에 대한 당신의 의견은 어떤가요?

모르겠습니다. 아마 그게 나에 대한 그들의 의견이겠죠. 내 특징은 그들을 독려하는 방식일 거라고 봅니다. 뭔가 추상적인 얘기를 한 후에 현실적인 방향으로 구체적으로 얘기하면 그들은 자신들이 뭔가 흥미로운 것을 만들고 있다고 느끼니까요. 내가 철학적인 사고를 하는 것을 좋아한다고 봅니다만, 영화를 만들 때는 대단히 많은 생각을 한 다음 그걸 내다버리고는 그게 어떻게 작동하는지 볼 수 있습니다. 감독은 촬영장에 있는 모두에게 모든 걸 다 털어놔야 합니다. 그러지 않으면 개념이 생명을 잃고 철학은 가식적인 게 될 수 있습니다. 때때로 나는 영화를 필름film이라고 부르는 게 싫습니다. 옛날 이름인 무비movie가 좋습니다. 여기 있는 관객들을 저기 스크린 안으로 이동move시키는 것과 비슷하니까요. 그게 영화입니다.

소품 영화도 만들고 싶은가요?

예. 하지만 내가 지금 그걸 만들면 그 작품은 상당히 비싸질 겁니다. 사람들은 나한테 예전보다 많은 일을 맡깁니다. 그걸 인식하는 사람이 더 많아질 겁니다. 하지만 맞습니다. 나는 지금까지 하고는 다른 도전들을 하고 싶습니다. 나는 예산의 많고 적음에 구애받지 않는 자유가 좋습니다. 가끔은 소품 영화도 만들고 싶습니다.

히치콕의 영향을 받았나요?

예. 그를 무척 좋아합니다. 그는 대중적인 영화로 가장한 온갖 기이한 일을 했던 내 히어로 중 한 명입니다. 그는 그걸 너무나 잘 했고, 나는 그를 존경합니다. 내가 그와 똑같은 일을 할 때는 그걸 업데이트해야 하지만요. 프로이트에 대한 의견도 비슷합니다. 요즘에 그와 관련된 사상은 지나치게 단순화된 것 같습니다. 나는 상이한 관점을 갖는 것을 좋아합니다. 어쨌든 맞습니다. 그는 내 히어로입니다.

고지대로 말을 달려라

피터 보엔 —— 2005

이안의 새 영화 〈브로크백 마운틴〉이 게이 카우보이들에 대한 영화라는 뉴스가 나오자, 일부 음탕한 익살꾼들은 영화에 "복장의 호모"와 "벗은 등 마운틴Bareback Mountain"이라는 별명을 붙이면서 낄낄거렸다. 하지만 영화가 그해 베니스영화제에서 상영되고 황금사자상을 수상한 후, 웃음소리는 뚝 그쳤다. 그리고 대다수 관객의 경우 눈물이 웃음을 대체했다. 올 겨울에 포커스 피처스에서 배급할 예정인 이 영화는 현대 미국의 서부를 배경으로 사랑에 빠진 두 남자를 그린 가슴 아픈 대하소설saga이다. 이 작품은 전통에 깊이 뿌리를 내린 동시에 문화적으로는 급진적인 복잡한 휴먼 드라마를 만드는 이안의 재능을 다시금 보여준다.

애니 프루가 쓴 오리지널 스토리는 1997년에 〈뉴요커〉에 실렸다.

〈필름메이커〉 14, no. 1(2005년 10월호)에서. Reprinted by permission.

그걸 읽고 영감을 얻은 래리 맥머트리와 다이아나 오사나는 그 작품을 시나리오로 각색했다. 이후 7년간, 이 프로젝트는 할리우드를 떠돌았다. 한때는 조엘 슈마허의 것이었고 다른 때는 거스 밴 샌트의 것이었던 이 프로젝트는 할리우드에서 먼지를 뒤집어쓰는 한편, 영화로 제작되지 않은 가장 위대한 시나리오 중 하나라는 찬사를 받았다. 결국, 복잡한 액션영화 두 편을 완성하는 데 따른 피로를 떨쳐낸 이안은 이 작품을 떠올리고는 프로듀서 제임스 샤머스와, 샤머스가 공동대표로 있는 포커스 피처스를 끌어들였다.

내밀한 동시에 장대한 스토리는 1963년 여름 동안 브로크백 마운틴에서 양떼를 몰다 만난 두 카우보이 에니스 델 마(히스 레저)와 잭 트위스트(제이크 질렌홀)의 뒤를 따른다. 산의 아름다움과 산이 제공하는 프라이버시에서 안락감을 느끼며 들뜬 두 남자는 그들 사이에 말로 설명할 수도 없고 놓아버릴 수도 없는 무엇인가가 생겨났다는 것을 알게 된다. 산에서 내려온 그들은 각자의 길을 간다. 트위스트는 2급 로데오 카우보이로 텍사스를 돌아다니다 부유한 농기계 소매업자의 딸 루린(앤 해서웨이)과 결혼한다. 델 마는 와이오밍에 머물면서 연인 알마(미셸 윌리엄스)와 결혼하고는 목장 일꾼이자 아버지로 정착하려 애쓴다. 트위스트가 그에게 엽서를 보내기 전까지는. 엽서는 브로크백 마운틴에서 보낸 여름 이후로 쌓여온 감정의 댐을 완전히 허물어버린다.

뒤이은 로맨스가 20년 세월 동안 펼쳐진다. 그러는 동안 미국에서 일어난 거대한 변화의 물결은 서부 오지에는 거의 닿지 않는다. 그러나 캐릭터들이 나이를 먹으면서 스토리 자체가 변한다. 미국 서부의 남성미 넘치는, 부츠를 저벅거리는 찬가로 시작한, 그리 미묘하지 않은 동성애 이야기는 사랑과 갈망, 후회에 대한 명상으로 서서히 발전한다. 프로덕션디자이너 주디 베커와 촬영감독 로드리고 프리에토의 도움을 받은 이안은 둘로 분할된 서부를 상상했다. 브로크백의 고지대는 아메리칸드림이고, 그 아래의 녹슨 시골 마을은 미국의 깨어있는 현실이다. 이건 지난 대통령 선거가 고통스러우리만치 명확하게 보여준 분열이다.

이 영화는 게이 남성에 초점을 맞춘 두 번째 영화(첫 영화는 〈결혼 피로연〉)입니다. 동성애에서 당신의 흥미를 끄는 것은 무엇인가요?

나는 대만에서 중국적인 관념을 믿으면서 자랐습니다. 내가 받는 교육을 믿고, 국민당을 믿고, 부모님과 온갖 것을 믿었죠. 그중 다수가 허위라는 것을 발견했을 때, 세상이 완전히 거꾸로 뒤집히는 것 같았습니다. 23세 때 미국에 처음 온 경험이, (내가 떠나온 곳에 대해서는 더 이상 믿지 않지만) 미국에서 미국인이 아닌 존재가 된 경험이, 내가 이전에 그랬듯 앞으로도 평생 외부인이자 아웃사이더가 될 거라는 사실을 깨닫게 만들었다고 생각합니다. 그 덕에 나는 다른 관점에서 세상을 보는 게, 솔직한 straight. '이성애자의'라는 뜻도 있다 세상을 보는 게 대단히 쉬워졌습니다. 내 영화들에서 나는 늘 〈라이드 위드 데블〉의 토비 매과이어와 제프리 라이트 캐릭터 같은 아웃사이더들에게 동질감을 느낍니다. 더불어, 나는 사건의 실상은 사람들이 말하는 것하고는 다르다는 것을 이해합니다. 미국과 남북전쟁, 70년대는 우리가 들은 얘기 그대로가 아닙니다. 따라서 소재가 내 눈에 대단히 생생히 보이고, 다른 관점을 갖고 있으며, 우리가 공공장소나 미디어에서 보는 것이 아니면 나는 그것을 대단히 흥미로운 시선으로 봅니다.

스토리텔링의 관점에서, 선천적으로 비밀을 가진 캐릭터들을 가지는 게 흥미로운가요?

예. 그리고 일부 정신적인 혼란을 가진 캐릭터들도요. 요즘에 도시에 사는 게이 남성들은 아마 정신적인 혼란을 겪지 않을 겁니다. 하지만 이 이야기의 배경에서 두 남자는, 특히 에니스는 자신들이 경험하고 있는 것을 표현할 용어도 없고 그걸 이해하지도 못합니다. 에니스가 결국 그걸 이해했을 때는, 이미 늦었습니다. 그는 그걸 놓쳤습니다. 그게 이 스토리를 정말로 가슴 아프게 만듭니다. 내게 있어 그것은 (우리가 무엇인가를 놓쳤다는 것은) 보편적인 감정이기도 합니다.

흘러간 순간, 사랑에 빠졌던 순간에 대한 노스탤지어는 클래식한 러브 스토리의 플롯이기도 합니다.

내게 있어서는 그것이 진정한 웨스턴의 본질입니다. 총잡이가 등장하는 웨스턴 무비 장르가 아니라요. 많은 웨스턴 영화와 웨스턴 문학작품은 사실은 사라져버린 서부the West를 다룹니다. 그러면서 작품들에 비애의 감정이 부여됩니다.

많은 평론가가 장르로서 웨스턴은 실제 서부가, 또는 우리가 와일드 웨스트the Wild West라고 생각하는 것이 사라진 바로 그 순간에 등장했다고 주장해 왔습니다. 그런데 이 영화는 현대의 서부를 다룬 영화입니다. 이 프로젝트는 어떻게 시작됐나요?

제임스 샤머스가 영화 프로젝트로 떠돌아다니던 스토리를 나한테 보냈습니다. 굿 머신 (제작사) 시절의 일입니다. 뭔가 특별한 작품이라고 생각했지만 영화로 만들 수 있을지 여부는 확신하지 못했습니다. 단편소설을 읽었는데 결말에서 목이 메었습니다. 대단히 특별한 감정이라 무슨 말로 표현해야 할지 모를 지경이었습니다. 내가 봐온 웨스턴들보다 더 순수하고 특별했습니다. 당연한 말이지만, 이 소재의 장점 중 다수는 애니 프루의 글솜씨에서 비롯합니다. 심리 묘사의 대부분은 스크린에 옮기기가 힘듭니다. 그런 후에 래리 맥머트리와 다이아나 오사나의 시나리오를 읽었는데 원작을 잘 각색한 시나리오였습니다. 시나리오는 단편소설에 극도로 충실합니다.

하지만 당신은 곧바로 영화를 만들지는 않았죠. 무슨 일이 있었던 건가요?

〈헐크〉요. 나는 이미 그 영화를 하기로 서명을 한 상태였습니다. 게다가 다른 감독들이 〈브로크백 마운틴〉을 만들기로 서명했다는 얘기도 들었습니다. 〈헐크〉 이후, 정말로 긴 영화 두 편을 만든 후 나는 만신창이 신세였습니다. 휴식기를 가지려고 했는데, 휴식기를 갖는다는 사실 때문에 우울해졌습니다. 그래서 제임스에게 물었죠. "〈브로크백 마운틴〉 프로젝트 기억해요? 그 이야기가 아직도 머리에서 떠나지를 않아요. 그 프로젝트 어떻게 됐어요? 좋은 영화로 만들어졌나요?" 그는 아직 만들어지지 않았다고 했습니다. 그러면서 그 작품 생각이 내 머리 속으로 서서히 파고들기 시작했습니다. 내가 그 영화를 해야만 한다는 것을, 그걸 하지 않으면 정말로 후회할 거라는 것을 알았습니다. 영화를 작업할 때는 늘 그런 느낌을 느낍니다. 이 시나리오는 내 것이라는 느낌, 아니면 내가 이 시나리오에 속한다는 느낌을요. 그 작품은 나를 이용해먹을 것이고 나를 소진시킬 것입니다.

당신은 그 스토리에 유대감을 느끼는 게 분명합니다. 스토리의 배경이 되는 풍광에도 어떤 유대감을 느꼈나요?

순전히 관광객으로서 감정만 느꼈죠. 〈라이드 위드 데블〉은 일종의 프리 웨스턴pre-western입니다. 마지막 숏만 광활한 풍광의 변두리에서 찍었죠. 그리고 나는 사막이 로맨틱하다는 것을 알게 됐습니다. 〈와호장룡〉과 〈헐크〉를 하고 난 이후에는 특히 더 그렇습니다. 하지만 고산지대 같은 웨스턴의 풍광에는 유대감을 느끼지 못했습니다. 단편소설을 읽었을 때, 심지어 시나리오를 읽었을 때, 내 머릿속에는 풍광의 이미지가 하나도 떠오르지 않았습니다. 내가 느낀 것은 모두 게이 목장 일꾼들에 대한 감정이었습니다. 그들이 자신들의 감정을 어떻게 감당하고 그게 얼마나 가슴 아픈지에 대한 감정이요.

당신의 영화는 풍광을 상당히 중요하게 다룹니다. 그 비전은 언제 시작됐나요?

내가 화면 스타일과 영화의 페이스pace를 머릿속에서 떠올리기 시작하는 건 보통은 로케이션헌팅을 할 때입니다. 나는 두 지역에서 로케이션 헌팅을 했습니다. 와이오밍에 두 번 갔는데 한 번은 애니 프루가 직접 안내해줬고, 다른 지역은 래리 맥머트리가 제안한 곳으로 와이오밍 서쪽에 더 가까웠습니다. 브로크백이 어디냐에 대한 두 사람의 아이디어는 달랐습니다. 그녀의 아이디어는 빅 혼 마운틴Big Horn Mountain으로, 그게 내가 처음 간 곳입니다. 맥머트리는 그보다 더 서쪽으로 생각했습니다. 결국 나는 캐나다에서 영화를 만들어야 했습니다. 그래서 나는 와이오밍에 대한 기억을 바탕으로 본질적으로 유사한 곳을 찾아야 했습니다.

캐나다로 간 이유는 뭔가요?

몇 가지 있습니다. 세금 감면 조치와 노조 같은 금전적인 이유가 있었습니다. 그리고 와이오밍에서 제작되는 영화는 한 편도 없었기 때문에, 거기서 촬영하면 전체 인력을 다 거기로 데려가야 했습니다.

캐스팅에 대해 얘기해보죠. 히스 레저와 제이크 질렌홀은 처음부터 선택한 배우들이었나요?

사실, 스토리를 읽을 때는 다른 배우들을 염두에 뒀었습니다. 그런데 이 영화에서는 시간의 흐름이 중요하다는 것을 깨달은 후, 더 젊은 배우들로 가기로 결정했습니다.

누군가를 늙어 보이게 만드는 게 젊어 보이게 만드는 것보다 쉬워서요?

예. 히스를 먼저 캐스팅했습니다. 그는 정말로 타고난 에니스였습니다. 그런 후에 제이크를 캐스팅했죠. 그가 정말로 마음에 들었거든요. 하지만 그가 '충분히 카우보이답지' 않을까봐, 지나치게 촌스러워 보이지 않을까 봐 걱정을 약간 했습니다.

질렌홀을 보면서 하워드 호크스의 〈붉은 강Red River〉에 나오는 몽고메리 클리프트를 떠올렸습니다. 곱상한 카우보이 이미지를요.

그는 무엇인가를 잘 안다는 식의 인상도 갖고 있습니다. 무엇인가를 동경하는 듯한 눈빛도요. 클리프트는 〈기인들The Misfits〉에서 똑같은 느낌을 풍깁니다.

그 영화도 서부에서 들려주는 또 다른 현대의 이야기죠….

…서부를 상실하는 것에 대한 영화이기도 하죠.

이 영화의 특징은 당신 입장에서는 완전히 새로운 스태프(촬영감독, 프로덕션 디자이너, 편집감독)와 작업했다는 것입니다.

〈헐크〉를 만들고 기진맥진했을 때, 혼잣말을 했습니다. 내가 이 영화를 만들고 싶다면 과거를 잊는 것을 도와줄 새로운 사람들과 시작할 필요가 있다고. 예전 스태프에 대해서는 안타깝게 생각합니다. 그들은 나를 이해했지만, 내가 왜 그런 과정을 거쳐야 하는지를 철저하게 이해했다고는 생각하지 않습니다. 우리는 손발이 잘 맞는 사람들과 작업해야 합니다. 한동안 그렇게 작업하고 나면, 생기를 되찾기 위해 뭔가 새로운 것이 필요합니다. 아티스트로서 그렇게 하는 것은 건강한 일입니다. 하지만 친구로서 그렇게 하는 것은 때때로 상처가 됩니다.

같이 일해 본 사람들과 하던, 척하면 알아듣는 식의 의사소통을 더 이상 하지 못한다는 게 힘들었겠군요. 이 영화의 비주얼을 창조하기 위해 촬영감독 로드리고 프리에토하고 작업은 어떻게 했나요?

그는 전에는 이와 비슷한 작업을 해본 적이 한 번도 없었습니다. 그의 강점은 멕시코영화 스타일(핸드헬드 스타일로 현실을 고스란히 담아내는 식의 작업)이었습니다. 나는 우리에게는 고요한 특징이 필요하다고 설명했는데, 그건 그가 고용돼서 관례적으로 촬영하던 것하고는 정반대의 스타일입니다.

비주얼에 영감을 준 작품 중에는 앤서니 만의 서사적인 웨스턴들도 있었나요?

웨스턴 영화보다는 사진과 회화를 더 많이 활용했습니다. 사람들은 미국의 서부라고 하면 흔히 앤설 애덤스Ansel Adams. 풍경 사진으로 유명한 미국의 사진작가를 떠올리지만, 나는 그렇게 작업하는 것은 정말로 원치 않았습니다. 리처드 애버던Richard Avedon의 〈미국 서부에서In the American West〉 같은 다른 사진들을 봤습니다. 소도시small town들을 담은 현대의 사진들도 많이 봤고요. 그 사진들은 괴상한 프레임으로 로 섀도low shadows를 많이 쓰면서 하이 콘트라스트high contrast를 사용했습니다. 그런 사진들에서 영감을 많이 받았습니다. 그리고 그들이 하늘을 많이 강조한다는 것을 깨달았습니다. 그들은 약간씩 틸트업tilt up. 카메라를 아래에서 위를 향해 움직이며 촬영하는 기법해서 촬영했습니다.

회화는요?

대체로 허드슨 리버 화파the Hudson River School의 작품들 같은 웨스턴 회화의 고전들을 봤습니다. 구름과 콘트라스트와 관련해서는 (19세기 풍경 화가) 마틴 히드Martin Heade를 봤습니다. 그의 작품은 강하지 않은, 대단히 부드러운 콘트라스트를 보여줍니다. 식당 신을 위해서는 에드워드 호퍼를 활용했고, 히스가 제이크의 부모님을 만나는 신을 위해서는 앤드루 와이어스를 자세히 살폈습니다.

당신은 산과 그들이 사는 소도시를 스타일 면에서 대비시킵니다. 당신이 만들어내기를 원한 극적이거나 상징적인 구분은 무엇이었나요?

산악지대는 마술이었지만, 일상생활은 엿 같습니다! 스토리의 변화들의 경우, 주디 베커에게 우리는 세월이 흘러도 변하는 게 없는 공간에서 시대극을 만들고 있다고 말했습니다. 와이오밍의 로데오

신을 연기할 엑스트라 1000명을 캐나다에서 소집했을 때, 우리는 무엇을 크게 바꿀 필요가 없었습니다. 거기에는 변하는 게 그리 많지 않으니까요.

의상과 메이크업은 어떻습니까? 캐릭터가 나이 드는 것을 어떻게 작업했나요?

여성들의 경우, 주름을 그려 넣거나 할 수가 없었습니다. 그래서 우리가 할 수 있는 일은 헤어스타일에 손을 대는 거였습니다. 그녀들은 등장할 때마다 헤어스타일과 머리색이 달라져 있습니다.

이 영화는 기이할 정도로 관습적이면서 급진적입니다. 관객들은 이 영화를 어떻게 대하고 있나요?

까다로운 일이죠. 지금까지는 관객들이 꽤나 수준 높게 반응하는 편입니다. 이 작품을 시작할 때 나는 이게 소재 때문에, 그리고 머릿속에 맴도는 방식 때문에 아트하우스에만 머물 작품이라고 생각했습니다. 초기에 연 몇 차례 시사회를 통해 나는 무엇을 수정해야 할지 알았습니다. 제임스가 나한테 한 얘기를 기억합니다. "지금 현재는 손수건 3장하고 오줌주머니 2개입니다. 목표는 손수건은 4장으로 늘리고 오줌주머니는 하나로 줄이는 겁니다."

모두 체액에 대한 얘기군요.

베니스에 가진 첫 대중 시사에서 깜짝 놀랐습니다. 예상했던 것보다 더 따스한 반응이 나왔거든요. 극장에 들어갈 때는 이걸 게이 카우보이 이야기로 부르던 사람들이 그러는 걸 중단하고 러브 스토리라고 부르기 시작했습니다. 꽤나 보수적인 어떤 사람은 심란해

했습니다. 텐트 신을 보면서 거기에 잘못된 게 무엇인지를 느끼지 못했기 때문입니다. 이 작품이 아트하우스보다 더 넓은 유통망을 타게 될 거라는 생각을 했을 때는 약간 신경이 곤두서기도 했습니다. 마케팅 회의에서 제임스에게 이 영화를 블루 스테이트^{blue state. 동성애에 우호적인 민주당을 지지하는 주}들에서 개봉할 수 있느냐고 물었더니 모두들 배꼽을 잡더군요.

〈브로크백 마운틴〉(1997)

파이어스톰

리베카 데이비스 —— 2008

이안의 작품은 차갑다고 자주 묘사돼왔다. 〈브로크백 마운틴〉의 고요하고 외로운 대초원, 〈아이스 스톰〉의 얼어붙은 삼림지대와 혼란에 빠진 인간관계들, 〈와호장룡〉의 캐릭터들을 서로에게서 떼어놓는 스타일, 심지어 〈센스 앤 센서빌리티〉의 숨 막힐 듯한 사회적 관습들은 모두 이안의 이런 싸늘한 명성을 영속시키는 데 봉사해왔다. 그런데 내 맞은편 소파에 앉은, 편한 회색 점퍼 차림의 왜소한 남자는 차가움하고는 거리가 한참 멀다. 그는 따스하고 겸손하며 매력적이다. 무엇보다도, 영화를 만드는 데 있어서는 대단히 열정적이다.

그 열정(육체적인 의미와 감정적인 의미 둘 다)은 그가 최신 장편인 〈색, 계〉를 위해 심하게 의지해야 했던 대상이다. 〈와호장룡〉 이후 그가 처음으로 찍는 중국어 영화인 이 작품은 저명한 소설가 장애

〈뉴 스테이츠먼New Statesman〉 137, no. 4878(2008)에서. Reprinted by permission.

령이 쓴 단편소설이 원작으로, 배경은 2차 세계대전기의 홍콩, 그리고 일본군이 점령한 상하이다. 영화는 일본군에게 협력하는 첩보기관의 수장을 유혹하려고 여배우로서 자신이 가진 재능을 활용하는 젊은 여성의 이야기를 들려준다. 그녀의 목적은 그를 유혹해서 레지스탕스의 손에 의해 죽음을 맞게 만드는 것이다. 그러는 동안 그녀는 쥐와 고양이의 역할이 끊임없이 뒤바뀌는 사도마조히즘적인 추격 게임을 개시하고, 모든 것은 불확실하기 그지없다. 심지어 그녀 자신의 정체성조차 불확실하다.

모든 가식이 벗겨지는 유일한 곳은 침실이다. 거기에서 세 차례의 길고 노골적이며 종종은 폭력적인 섹스 신이 펼쳐진다. 사람의 진을 빼놓는 심란한 이 에피소드들을 촬영하는 데 12일이 걸렸다. 그런데 영화는 그 신들 때문에 미국에서 NC-17 ^{17세 미만은 관람하지 못하는 미국의 영상물 등급 표시} 등급을 받았다. 〈색, 계〉의 배급에는 엄청난 충격이다. NC-17 등급에 여전히 따라다니는 포르노라는 낙인을 감안하면, 많은 극장이 이 영화를 상영하지 않을 것이기 때문이다. 하지만 이안은 그 신들은 작품을 철저히 이해하는 데 절대적으로 필수적이라고 주장하면서 미국 관객들을 위해 섹스 신을 편집하는 것을 거절했다.

"영화의 후반부 전체가 그 3개의 섹스 신에 의해 전개됩니다. 그 신들이 내가 이후에 등장하는 모든 것을 가다듬는 것을 도울 수 있도록 나는 그 신들을 스케줄 초기에 찍었습니다. 배우들의 몸을 찍은 정확한 앵글들은 캐릭터들의 감정과 그들이 영화 전체적으로 서로와 어떤 관계를 맺는지를 시각화하는 데 도움을 줍니다. 뿐만 아니라 관객에게 길 안내를 하기도 합니다. 그런데 등급 덕에 문화적으로 포르노와 동등한 작품으로 간주되는 영화에 사람들을 불러

모으기가 어려워질 겁니다."

영화에서 (탕웨이가 연기한) 여자 주인공이 공격적이고 모욕적인 대우를 받는 방식은 〈색, 계〉와 베르나르도 베르톨루치의 〈파리에서의 마지막 탱고〉 사이의 비교를 촉발시켰다. 베르톨루치의 영화에서 마리아 슈나이더는 훨씬 나이 많은 말런 브랜도에 의해 성적으로 지배당한다. 하지만 이안은 그의 영화가 여성혐오적이라는 것을 부인한다. "이 이야기는 여성의 관점에서 여성에 의해 집필됐습니다. 그리고 왕치아츠(탕웨이)는 강한 캐릭터입니다. 나는 이 영화가, 특히 대단히 가부장적인 게 보통인 정치적인 측면과 대비했을 때 여성의 섹슈얼리티에 대한 신선한 관점을 제공한다고 생각합니다. 여성의 관점은 달의 어두운 면과 비슷합니다. 항상 존재하지만, 최소한 내가 속한 문화에서는 절대로 드러나지 않는다는 점에서요."

영화가 전개되는 동안, 탕웨이가 연기하는 캐릭터는 순진한 고아 여학생에서 막 부인Mrs. Mak이라는 가명 아래 애증이 엇갈리는 팜파탈femme fatale로 발전한다. 미스 유니버스 결선에 진출했던 탕웨이는 중국의 연극 무대와 텔레비전에서 한 작업으로 꽤나 유명하지만 이 영화 이전에는 영화 경험이 전무했다. 그렇다면 이안은 그녀로부터 어떻게 이토록 설득력 있는, 그러면서 힘든 연기를 끌어낼 수 있었을까? "그녀를 캐스팅할 때, 그녀가 이걸 감당하기에 충분할 정도로 강한지 아닌지 여부에 대해서는 생각할 수 없었습니다. 그냥 그녀를 믿어야 했습니다. 그러면서 그 믿음이 강점이 되기만을 바랐습니다. 그녀가 영화 작업에 압도되지 않는 한, 우리는 그녀의 캐릭터를 날마다 계속 구축해 나갔습니다. 그녀가 그런 루틴에, 그리고 내 연출의 폭력적인 본질에 지나치게 편안해하기 시작하면 주말에 별도의 추가 압박을 가해야 했습니다. 그녀가 변화하고 발전하도록 자극을 가해야 했으니까요."

이토록 상냥한 사람이 "폭력적"인 모습을 보이는 것은 상상하기 어렵다. 이안은 웃었다. "겉으로만 폭력적이었을 뿐입니다. 어쨌든, 억센 모습은 상호적인 것이죠. 배우들도 그걸 내가 원하는 만큼 원했습니다. 중요한 건 나를 즐겁게 만드는 게 아니었습니다. 그들이 내가 세운 기준에 도달했느냐 그러지 못했느냐 여부가 중요했죠. 탕웨이의 경우, 나는 그녀가 나랑 상당히 비슷하다고 느꼈기 때문에 다른 여배우 1만 명 중에서 그녀를 선택했습니다."

이안에 따르면 그가 그토록 고된 상황에 그들을 놓는 일을 가능하게 한 것은, 그가 여성들에게 느끼는 동질감, 그리고 존경심이다. "우리 문화에는 우리를 압도하는 상황에 처했을 때, 그리고 어찌 할 바를 모를 때 여성의 입장에 서보는 전통이 있습니다. 내 입장에서는 바로 이 점이 내가 극적인 상황에서 남성들보다는 여성들에게 더 동질감을 느끼기 쉽게 해준다고 봅니다. 나는 마초가 아닙니다. 멜 깁슨 유형의 사람이 아닙니다." 사실, 이안은 전통적으로 여성이 수행하는 역할을 실행하는 것이 어떤 것인지를 몸소 경험했었다. 고국 대만에서 대학 입시에 실패하며 교사인 아버지를 심하게 실망시킨 후, 그는 대만의 드라마 스쿨에 진학했고 그런 후에는 뉴욕대학에서 영화 연출로 석사 학위를 받았다. 하지만 그 다음에는 6년간 백수 신세였다. 그의 아내인 미생물학자 제인 린이 그들 부부와 두 아들을 위한 생계비를 홀로 버는 동안, 그는 전업 가정주부로 일했다.

1990년에 대만 정부가 주최한 시나리오 공모전에서 1등상과 2등상을 받았을 때, 그의 영화는 드디어 돌파구를 찾았다. 하지만 그의 가장 큰 출세는 에마 톰슨이 영화로 각색한 제인 오스틴의 〈센스 앤 센서빌리티〉를 연출해달라는 요청을 받았을 때였다. 이 영화는 그에게 두 번째 황금곰상을 안겨줬을 뿐 아니라 순전히 영화 자체의 힘으로만 아카데미 7개 부문 후보에 오르기도 했다. 다음 영화두 편(《아이스 스톰》과 〈라이드 위드 데블〉)으로 상업적 성공의 하락기를 거친 후, 그는 무술 서사 영화를 장르로서 부활시킨 〈와호장룡〉으로 다시금 세계의 시선을 거머쥐었다. 이 영화는 오스카 작품상과감독상 후보에 올랐고, 외국어영화상을 수상했다. 그러다 2003년에부분적으로 CGI를 쓴 코믹 북 각색 영화 〈헐크〉가 나왔다. 박스오피스에서 실패한 이 영화에 대한 평단의 의견은 양극화됐고, 대다수 관객은 영화를 도저히 이해하지 못하면서 소외감을 느꼈다.

육체적으로, 정신적으로 지친데다 자신감마저 잃은 이안은 당시조기 은퇴를 고려했었다고 인정한다. 격려하는 목소리가 의외의 곳에서 찾아왔다. 그때까지도 아들이 선택한 직업에 실망감만 표하던그의 아버지였다. "영화를 만드는 것과 아무 일도 하지 않는 것 사이에서 선택해야 한다면, 아버지는 내가 여전히 영화를 만드는 쪽을바라실 겁니다." 이안이 웃으며 말했다. "따라서 아버지가 나를 계속일하게 만드셨습니다."

이안이 그렇게 선택한 것은 행운이었다. 이안의 다음 영화는 전세계 관객들의 마음을 얻었을 뿐 아니라 이안에게 오스카 감독상을 안겨준 "게이 웨스턴" 〈브로크백 마운틴〉이었다. "나는 〈헐크〉 이후 지친데다 몸이 안 좋다고 느꼈지만, 〈브로크백 마운틴〉은 내게활력과 영화 연출에 대한 애정을 제대로 돌려줬습니다. 그 영화가그렇게 큰 성공을 거둘 거라는 건 몰랐습니다. 사람들이 그 영화에 그리 많은 관심을 기울이지는 않을 거라고 생각했습니다. 나는 그냥 그 소재가 대단히 마음에 들었기 때문에 그 영화를 만들면서 즐거움을 느끼고 싶었던 것뿐입니다."

그렇다면 시대극부터 만화와 카우보이 영화들에 이르는 모든 장르를 섭렵한 남자의 차기작은 무엇일까? 그가 오랜 협력자인 제임스 샤머스의 최신 프로젝트인, 장 델Jean Dell이 쓴 희곡을 각색한 〈리틀 게임A Little Game〉을 연출할 거라는 소문이 인터넷에 돌았음에도 이안은 아무 계획도 갖고 있지 않다고 주장한다.

"나는 어떤 프로젝트에 대한 열정을 충분히 느껴야만 거기에 참여하겠다고 동의합니다. 내 차기작은 다른 각색 작품이 될 가능성이 더 큽니다." 시나리오 집필 재능을 널리 입증했던 어떤 사람이, 다른 사람이 내놓은 소재를 활용하려고 이토록 열심인 상황은 기이해 보인다. "나는 꽤 게으릅니다." 감독의 설명이다. "나는 이미 집필된 위대한 문학작품을 찾아내고는 그 아이디어를 낚아채는 것을 선호합니다. 나는 집필 과정은 대단히 외롭고 고통스러운 과정이라고 봅니다. 내가 집필을 시작했던 것은 단지 젊었을 때 아무도 나에게 작업할 거리를 주려 하지 않았기 때문입니다. 시나리오를 쓴 것은 순전히 연출할 권리를 따내기 위해서였습니다." 〈색, 계〉는 중국의 역사에서 가장 불편한 시대 중 하나를 솜씨 좋게 환기시키면서, 그 시대를 한 커플 사이의 권력 투쟁으로 증류해낸다.

영화의 신중한 전개 속도는, 일상적인 것을 묘사하건 멜로드라마를 묘사하건, 모든 신에 공포와 서스펜스를 확실하게 불어넣는다. 그러면서 미묘하지만 통찰력 있는 연기를 배우들에게서 끌어낸다. 그런데 이안은 영화가 제한 배급 신세가 됐기 때문에, 그리고 대만

이 〈색, 계〉의 외국어영화상 출품을 철회했기 때문에 올해 오스카에서 그의 노고가 인정받지 못할까 두려워한다. 영화예술과학아카데미the Academy of Motion Picture Arts and Sciences. 아카데미상을 수여하는 미국의 영화 관련 단체에 따르면, 〈색, 계〉는 외국어영화상 출품 자격을 갖추기에는 "제작에 참여한 대만인 인력의 숫자가 충분치 않았다."

하지만 이안은 개인적으로 받는 칭찬보다는 사람들이 이 영화의 메시지를 이해하고 반응하는 것에 더 관심이 있다고 말한다. "〈색, 계〉가 우리 자신을, 우리의 성적인 욕망이나 행동 동기뿐 아니라 우리가 세상을 보는 방식을 더 자세히 검토하게끔 만들기를 원합니다. 그게 중국어의 '색色'이 뜻하는 바입니다. '색'은 단순히 사랑이나 섹스만을 뜻하지는 않습니다. 색상을 가진 모든 것, 우리가 실제라고 생각하는 감정을 포함하는, 우리가 실체로서 보는 현상, 진실의 반영을 뜻합니다.

"내가 무슨 대답을 제공하는 게 아닙니다. 이것은 우리 자신을, 우리의 합리성을 살펴보라는 초대입니다. 그렇게 하면 우리는 그것들을 벗겨내 그 밑에 있는 잠재의식을 볼 수 있습니다. 세상 사람 모두는 각자의 특유한 욕정을 갖고 있습니다. 우리, 그걸 살펴보면서 그게 무엇인지 확인하도록 합시다." 〈색, 계〉는 현재 극장에서 일반 개봉 중이다.

잔인한 의도들

닉 제임스 ─── 2 0 0 8

이안의 최신작 〈색, 계〉는 사회적 이야기를 (그 어느 것도 겉으로 드러난 모습과는 같지 않은) 육체적인 에로티시즘의 현란한 겉껍질과 30년대 후반의 홍콩과 상하이의 화려한 풍광으로 감싸 담아낸다. 이 영화가 감독이 겪은 중년의 위기에 어떻게 화답했는지에 대해 닉 제임스가 감독과 얘기를 나눴다.

사교적인 인사말을 건넨 이안은 오른손 바닥을 턱에 갖다 댔다. 그가 아파서 그러는 건지 신경 쓰였다(치통일까? 숙취일까?). 하지만 인터뷰 시간이 흐르고 있어서 나는 아무 말도 하지 않았다. 지금은 런던의 소호 호텔에서 맞은 희부연 월요일 아침이다. 그의 영화는 51회 런던영화제의 첫 주말을 강타했다. 이안의 대단히 훌륭한 신작 〈색, 계〉는 갈라 프리미어gala premiere를 통해 많은 찬사를 받았고, 주연배우 양

〈사이트 앤 사운드〉 18, no. 1(2008년 1월호)에서. Reprinted by permission.

조위와 탕웨이가 벌이는 사실적인 에로틱 신들은 상당한 놀라움을 이끌어냈다. 약간 피곤한 이런 인터뷰 환경도 〈색, 계〉의 분위기에서 멀어질 수는 없었다. 〈색, 계〉는 1938년부터 1942년까지 홍콩과 상하이라는 겉으로는 화려하지만 고도로 위험한 도시들에서, 허위 속에 살아가는 인생의 화사하면서 에너지 넘치는 표면들을 포착한다. 신인 탕웨이가 상하이에서 태어난 여학생에서 홍콩에서 여배우로 변신한 왕치아츠를 연기한다. 그녀는 본토를 침공한 일본군에 맞서 중국인의 애국심을 각성시키려는 프로파간다 연극들에 주인공으로 출연해왔다. 왕징웨이가 이끄는, 일본군에 동조하며 기생하는 부역 정당의 무리들이 도시에 도착하자 극단 리더 쾅유민(왕리홍)은 왕치아츠를 그가 이끄는 신생 게릴라 그룹에 선발한다. 쾅유민은 이 그룹이 왕징웨이의 장관 중 한 명인 이 선생(양조위)을 암살하기를 원한다. 왕치아츠는 그녀의 연기력을 활용해, 결혼에 환멸을 느끼는 유부녀로 변신해서 이 선생의 연인이 되는 척 가장하는 것으로 그를 죽음으로 유혹해야 한다. 이런 계략이 먹혀들게 만들기 위해, 그녀는 창녀들을 찾아다닌 덕에 조직원 중에서는 유일하게 성 경험이 있는 한 천박한 사내에게 먼저 순결을 잃어야만 한다.

우리는 이 모든 것을, 그리고 플래시백으로 더 많은 것을 1942년의 상하이가 배경인 영화의 오프닝에서 알게 된다. 오프닝에서, 막 부인으로 변신한 세련되고 세상 물정을 잘 아는 왕치아츠는 마침내 이 선생을 배신하려는 참이다. 오프닝으로 되돌아간 영화의 피날레 전에 우리는 막 부인이 이 부인의 마작 테이블에 앉아, 사회적 지위의 불평등에서 생겨난, 사악한 진의에서 비롯된 공손함을 거의 가리지 못하는 사교적 환담에 끼어드는 모습을 보게 될 것이다. 그리고 우리는 이 선생을 함정에 빠뜨리려는 최초의 시도가 유혈이 낭자한 카오스로 끝나는 걸 보게 될 것이다. 왕치아츠가 겉보기에는 잔인한 연인과 함께 성적 회합이라는 열정적이고 해부학적으로 사실적인 다양한 행위에 참여하는 걸 보게 될 것이다.

장애령의 단편소설이 원작인 이 영화의 섬세하면서도 가슴 아픈 즐거움은, 전작인 〈브로크백 마운틴〉과 비슷하게, 원작 소설을 축약하는 흔한 패턴보다는 영화가 문학작품을 확장하는 방법 면에서 찾아볼 수 있다. 두 영화 모두 우리 자신의 내면에 감춰진 것들을, 그리고 우리의 인생이 어떻게 뒤틀려있는지를 다룬다. 그런데 새 영화는 열정이 가하는 압박에 맞서 냉정함을 유지하는 데 더 관심을 갖는 듯 보이는 반면, 〈브로크백 마운틴〉은 무정해지는 데 필요한 요건들로부터 위안을 찾아내는 데 초점을 맞췄다. 〈색, 계〉가 감정적인 면에서 〈브로크백 마운틴〉보다 약간 더 냉정한 듯 보인다면 그건 스파이espionage 장르 특유의 측면 때문이다. 그리고 이 경우 스파이 장르는 멜로드라마의 무척이나 강렬한 효과를 배가시키기만 한다.

이어진 인터뷰가 끝났을 때, 이안에게 턱에 대해 물었다. 그는 턱에는 아무 문제도 없다고 말했다. 그건 〈색, 계〉를 만드는 동안 그가 익힌 제스처에 불과했다. 그가 거짓을 말한 게 아니기를 바란다.

〈브로크백 마운틴〉을 둘러싸고 나온 오스카의 요란한 환호성이, 당신이 중국어로 된 소재를 다음 프로젝트로 선택해서 제작한 이유 중 하나였나요?

그게 내가 〈색, 계〉를 만들고 싶었던 이유의 전부는 아닙니다. 사실, 나는 〈브로크백 마운틴〉 홍보 활동이 진행되는 동안 시나리오를 작업 중이었습니다. 돌이켜 생각해보면, 두 영화는 자매작sister works이나 다름없습니다. 나는 45세 때부터 중년의 위기를 겪기 시작했습니다. 어린 시절에 꿨던 판타지를 실행에 옮기던 방식 때문에요. 그래서 나는 예전에는 눈길을 준 적이 한 번도 없던 소재에, 즉 로맨스에 흥미를 갖게 됐습니다. 두 영화 모두 30페이지를 넘지 않는 소설이 원작이고, 배짱 좋은 여성들이 쓴 불가능한 로맨스 이야기입니다. 따라서 내가 〈브로크백 마운틴〉 이후로 또 다른 미국영화를 만들고 싶은 기분이 들지 않았다는 것은 맞는 말이기는 하지만, 그게 가장 주요한 이유는 아니었습니다.

당신 영화의 중국인 관객들에게 장애령의 작품은 어떤 의미인가요?

그녀는 현대 중국 문학에서 가장 사랑 받는 작가일 겁니다. 다수의 사람들이 그녀의 작품을 많이 읽었습니다. 유명 소설들은 그녀의 나이가 25세가 되기 전인 40년대 초에 집필됐습니다. 그녀는 중국 본토에서는 오랜 동안 금지된 작가였지만, 지난 10여년 간 그녀의 작품 중 다수가 출판됐습니다.

〈색, 계〉는 과거의 나 자신을 포함해서 읽은 사람이 거의 없는 작품입니다. 3년쯤 전에 이 작품을 발견하고는 의아해졌습니다. 이게 정말 장애령이야? 그녀는 신탁神託을 옮긴 듯한 존경 받는 대작들을 쓰는 게 보통입니다만, 이 단편은 그런 느낌이 전혀 없습니다. 옛날의 필름느와르 비슷하게 간결하고 성기게 집필됐고, 대단히 기이한데다 너무 잔혹해서 읽는 것을 감내하기가 힘들 지경입니다.

그녀가 자신을 소재로 쓴 소설은, 그녀의 사랑을 죽여 버린 것에 대해 쓴 소설은 이것 한 편뿐입니다. 그녀는 일본군 침략자에 부역한, 왕징웨이가 이끈 괴뢰정부의 고위 관리와 사랑에 빠져 결혼했지만 그 남자는 2년 후에 그녀를 버렸습니다. 그게 그녀가 쓴 내용입니다. 그녀는 여성의 섹슈얼리티를 일본에 맞서 벌이는 전쟁과 비교하고 있습니다. 그녀는 그걸 은폐하느라 몇 년을 보내면서 작품을 고치고 또 고쳤습니다. 소설은 그녀가 초고를 쓰고 25년이 지나서야 출판됐습니다. 내가 이 작품에 매력을 느낀 것은 장애령을 각색하고 싶어서가 아니라 〈색, 계〉가 그녀의 다른 작품과 너무도 달랐기 때문입니다. 그녀의 전형적인 작품들은 여러 차례 영화로 만들어졌습니다. 내 생각에, 그 영화들 중 어느 것도 성공적이지 않았습니다. 그 작품들은 모두 원작을 지나치게 존중하고 있으니까요.

그래서 당신은 많은 것을 바꿨나요?

작품의 취지는 바꾸지 않았습니다. 그걸 확장시키면서 간극들을 가늠해내려고 애썼습니다. 명백한 변화 두 가지는 내 공동 작가이자 프로듀서인 제임스 샤머스가 제안한 겁니다. 중국인이라면 어느 누구도 그런 작업을 하려 들지 않았을 겁니다. 하나는 이 선생이 왕치아츠 그룹의 손아귀를 벗어난 직후에 그들이 홍콩에서 발각된 순간입니다. 청년들은 반역자를 죽여야만 합니다. 이 순간은 영화의 중간 지점에 액션을 도입하면서 영화를 반분半分합니다. 나는 이 영화의 전반과 후반은 각각 상이한 영화들이라고 봅니다. 뿐만 아니라, 청년들 입장에서 이 순간은 왕치아츠가 비즈니스맨의 바람 난 아내를 연기하기 위해 순결을 잃어야하는 것과 동등한 통과의례 비슷한 역할을 합니다. 제임스의 다른 아이디어는 영화의 클라이맥스에서 보석상을 두 번 가게 만들자는 거였습니다. 그리고 당연한 얘기지만, 섹스 신들도 확장됐습니다. 장애령은 섹스 신을 암시하기는 했지만 상세하게 묘사하지는 않았습니다.

당신의 전작에서 이처럼 노골적인 묘사는 한 번도 보지 못했습니다. 이런 점도 역시 당신이 겪은 중년의 위기에서 비롯한 건가요?

이건 중년 이후의 위기post-midlife crisis에 더 가깝습니다. 나는 진정한 위기를 〈와호장룡〉과 〈헐크〉를 만든 5년 동안 겪었습니다. 〈헐크〉를 만드는 내내, 나는 거의 붕괴 상태였습니다. 내가 더 이상은 젊지 않다는 사실을 결국 인정해야 했고, 욕정은 그걸 지나치게 억압하거나 그걸 다루는 걸 두려워하지 않는 것을 통해 직면해야 하는 문제 중 하나였습니다.

중년의 위기 이후, 우리는 가장 중요한 것을 선택해야 합니다. 그런데 그걸 직면하는 것은 지옥 같았습니다. 잠재의식 깊은 곳에 자리한 욕망들을 다루는 것은 내 얄팍한 본성에 반하는 거였습니다. 나는 그걸 어떤 면에서는 대단히 가치 있고 동양적인 일이라고 생각했지만요. 섹스의 심리학은 서양의 접근 방식에서 비롯했습니다. 그런데 중국어에서 '색lust'은 섹스를 위한 욕정만 뜻하는 게 아니라 삶을 위한 욕정과 색깔을 뜻하기도 합니다. 우리 자신의 욕망을, 우리 나름의 관점과 행동 동기를 투사한 겁니다. 하지만 조심해야 합니다. 열정(섹스, 또는 애국심을 품는 것처럼 좋은 사람이 되려는 욕심)은 뭐가 됐건 우리를 바보로 만들 것이기 때문입니다. 하지만 계戒caution는 합리적입니다. 따라서 제목 〈색, 계〉는 '이성센스과 감성센서빌리티'과 동일한 영역에 있습니다. 〈색, 계〉는 반지의 상징, 다이아몬드 반지의 상징, 사랑의 경계선의 상징이기도 합니다.

도널드 리치 Donald Richie**가 쓴, 일본의 미학을 설명한 근사한 작은 책이 있습니다. 그런 식으로 중국의 미학을 설명한 책이 있었으면 합니다.**

표음문자를 쓰는 사람들과 중국에서처럼 표의문자를 쓰는 사람들 사이에는 커다란 차이가 있습니다. 중국식 표기 시스템은 영화와, 몽타주와, 시각과 청각을 그리는 것과 상당히 비슷합니다. 글자 형태 자체가 무엇인가를 뜻합니다. 따라서 중국인이 어떤 단어를 보면 그 단어의 내용이 머릿속에 울려 퍼집니다. 중국인이 쉼표를 사이에 둔 '색, 계'라는 단어를 볼 때, 그 단어는 충격적인 느낌을 전달합니다.

영화는 실제로 일어나고 있는 일을 간신히 감추고 있는 거죽을 묘사하는 듯 보입니다. 그래서 영화의 질감은 피상적인 동시에 심오해야 합니다.

영화는 특정한 형태들을 갖고 있고, 감독은 그 형태들을 차용해야 합니다. 그런 형태 중 하나가 장르입니다. 필름느와르를 검토한 나는 많은 그림자 대신, 새로운 작업 방식을 찾으려는 노력의 일환으로 초점심도와 컬러를 활용했습니다. 내가 의지한 다른 장르는 자랄 때 접했던 애국적인 멜로드라마들이었습니다. 우리를 미스터리에 빠뜨리는 구식의 로맨틱한 필름느와르(〈로라Laura〉나 〈오명Notorious〉 같은 영화)들은 두 요소를 모두 갖고 있습니다. 〈색, 계〉의 캐릭터들은 그걸 모방합니다. 국민들을 제대로 각성시키는 애국적인 연극을 공연할 때도 그렇고, 왕치아츠가 케리 그랜트와 잉그리드 버그먼의 태도를 연구해서 모방하려고 그들이 출연한 영화를 보러 갔을 때가 그렇습니다. 나는 낭만적이고 과장된 느와르들을 히치콕 이후인 40년대 후반에 나온 영화들보다 선호합니다. 후자의 영화들은 더욱 천박해지면서 풍성한 감성을 상실했습니다.

이 영화에는 스파이 영화의 측면들도 있습니다.

그런 요소들이 뒤섞여 있습니다. 각자 활동하는 층위들이 있습니다. 섹스를 포함한 욕정이 있고, 그 밑에 깔린 심리가 있습니다. 마작 신은 마작 테이블에서 펼치는 전쟁영화와 비슷합니다. 그런데 사람들이 이걸 스파이 스릴러라고 말하면 나는 초조해집니다. 이 영화의 플롯은 순수한 스파이 영화라고 불러도 무방할 정도로 타이트하지는 않습니다. 영화에서 묘사하는 모든 심리는 모든 것이 오래 지속된다는 것을 뜻합니다. 따라서 당신이 영국 관객에게 〈색, 계〉는 스파이 장르에 속한다고 말한다면, 당신은 이 영화가 충족시키지 못하는 기대를 관객들에게서 불러일으킬지도 모릅니다.

중국인에게 이 시기는 잔혹하고 파괴적인 시기였습니다. 하지만 서양인에게 이 시기는 이국적인 매력으로 가득한 시기입니다. 영화가 묘사하는 시대는 근사하고 매혹적으로 보이고, 당신은 그 두 관념이 서로 맞서게끔 연출하는 듯 보입니다.

서양인들이 보기에 상하이는 죄악의 도시sin city, 동양의 카사블랑카였습니다. 그래서 그런 의미를 담아냈습니다. 그리고 영화에 치파오를, (길이와 소매가 짧은) 현대적인 스타일의 치파오를 집어넣고 그녀에게 서양식 모자를 씌우고 트렌치코트를 입혔을 때, 그런 복장은 심지어 중국인이 보기에도 불가피하게 이국적으로 보입니다. 치파오를 입으면 아장아장 걸어야 하고 트렌치코트를 입으면 과장된 몸놀림을 보이고 싶습니다. 그렇다면 둘의 결합을 어떻게 작업해야 할까요? 하지만 나는 스타일이 영화를 장악하는 것을 원치 않았기에 그걸 한껏 강조하지는 않았습니다.

영화의 연출이 표류할까 초조해하는 당신의 심경이 의사결정에 영향을 줬다는 느낌을 받습니다.

나한테는 그런 일이 자주 일어납니다. 내가 표준적인 장르영화를 작업하는 중이라면, 나는 늘 세상에는 그 형식을 더 잘 아는 사람들이 있다고, 특히 내 프로듀서와 일부 관객이 그렇다고 생각합니다. 그러다 영화가 내가 관객에게 전달해야만 하는 작업처럼 보이기 시작할 때, 나는 장인匠人 같다는 느낌을 받습니다. 거기에 잘못된 것은 하나도 없습니다. 우리는 장인 정신을 통해 위대한 예술 작품을 만들어낼 수 있습니다. 그리고 나는 영화를 열심히 공부하는 학생입니다. 나는 영원토록 영화학도였으면 좋겠다고 느끼고, 사람들이 영화 만드는 법을 배우라면서 나한테 돈을 건네고 있다고 느낍니다. 그런데 특정 장르를 건들 경우, 나는 그 장르를 한껏 발전시켜야 합니다. 그러지 않으면 기분이 편치 않습니다. 그럴 경우에 나는 최선을 다하고 있지 않을 뿐더러 어떤 식으로건 장르의 법칙에 순응하고 있습니다.

당신은 오랜 프로듀서·작가 파트너 제임스 샤머스와 중국적인 소재를 다시 작업하고 있습니다. 이 작품은 그에게는 커다란 도약인가요?

우리가 중국어 프로젝트를 할 때마다, 내가 그에게서 벗어날 수 있었으면 좋겠다고 생각하는 단계가 있습니다. (웃음) 어떤 시점에 그는 시나리오를 읽고 싶어 할 겁니다. 그가 내 영화의 프로듀서로

일할 거고, 그는 내 영화의 가장 좋은 배급업자니까요. 그러다가 번역을 거친 후, 또는 번역 과정에서 의미가 상실된 후, 그는 시나리오를 탐독하고는 이런저런 비판을 할 겁니다. 일부는 내가 극복할 수 있는 비판이고 일부는 그러지 못하는 비판입니다. 아무튼 그는 그 나름의 견해를 내놓을 겁니다. 의견을 내놓는 최상의 방법은 60페이지짜리 노트를 작성하는 대신 시나리오를 직접 쓰는 것입니다.

중국영화 문화에는 내가 하고 싶은 것을 수용하는 무엇인가가 있습니다. 그런 후에 제임스가 나를 도우러 옵니다. 영화는 결국 서양인들이, 대체로 미국인들이 구축한 문화입니다. 그래서 그들은 여러 작업에서 더 뛰어납니다. 내가 충분히 잘 알지 못하기 때문에 장르들로부터 차용하는 구조와 특정한 매너리즘들. 그것들은 영화언어 film language뿐 아니라 문화로부터, 단어들의 뉘앙스와 태도로부터 비롯합니다. 중국어에서는 철저히 정상적인 대사 일부를 번역하면 멍청하게 들릴 겁니다. 그녀는 왜 이런 질문을 하는 걸까? 그녀는 바보인가?

따라서 작품에 관심을 기울일 때, 제임스는 대체로 옳습니다. 내가 그 전쟁을 이기지 못한다는 것을 압니다. 그래서 나는 행복합니다. 때로는 마지못해 굴복하지만 말입니다. 그리고 나는 그를 통해 우리 문화를 약간 더 잘 이해하게 됐습니다. 제임스와 같이 작업하면서 고통스럽게, 때로는 대여섯 번이나 여러모로 검토하면서 나는 동양과 서양의 가장 우수한 점을 배웠습니다. 우리는 1994년의 〈음식남녀〉 이후로 많은 영화를 함께 작업했는데, 우리의 관계는 영화를 만들 때마다 더 잘 작동했습니다. 이런 말을 하는 건 내가 그의 아이디어를 취해서 그걸 더욱 더 중국적인 색채가 짙은 작품으로

이안

경계를 넘는 스토리텔러

카를라 레이 풀러 엮음
윤철희 옮김

독자님, 안녕하세요. 마음산책입니다.

대만 가족드라마 삼부작, 제인 오스틴, 중국 무협, 미국 서부 카우보이들의 로맨스, 1930년대 상하이의 스파이 멜로, 망망대해에서 표류하는 소년의 이야기 〈라이프 오브 파이〉까지. 과연 한 사람이 맞나 싶을 만큼 장르와 시공간의 경계를 종횡무진 넘나드는 감독, 바로 이번 책의 주인공 이안입니다. 1993년부터 2019년까지 진행된 총 스무 번의 인터뷰에는 작품들에 일관되게 드러나는 그의 화두와 '인간 이안'의 면모가 잘 담겨 있습니다. 권위적인 아버지의 반대를 무릅쓰고 미국으로 영화 유학을 왔던 그는 문화적 아웃사이더로 정체성에 혼란을 겪고, 다른 관점에서 세상을 바라보는 법을 알게 되었다고 말합니다. 그래서일까요. 자신과 비슷한 아웃사이더 캐릭터들을 영화 속에 자주 그려내지요. 동시에 부모 세대로 대표되는 전통을 배척하기보다는 그것과 공존하는 사려 깊은 방식을 영화 속에서 찾아 나갑니다. 신중하게, 그리고 대범하게 영화적 도전을 멈추지 않는 이안의 진면목을 만나시길 바랍니다.

마음산책 드림

만들었기 때문입니다.

당신 영화의 특징 중 하나는 여전히 영화가 얼마나 배경을 잘 이동해 다니는가 하는 겁니다.

작업 관계가 향상되는 동안 문화적 차이들을 더 잘 보게 됩니다. 그건 내가 영어로 영화들을 만들 때는 문제가 아닙니다. 제임스와 스태프들이 올바르게 들리는 게 무엇인지를 알고, 아시아 관객들은 자막을 읽는 데, 영화에 뭔가 흥미로운 게 있는지 확인하는 데 익숙하니까요. 하지만 다른 방식에서는 더 어렵습니다. 미국에서뿐 아니라 영국에서도 사람들은 영화가 즉시 이해되지 않으면 그 영화를 그냥 내동댕이칩니다.

이 선생 역할에 늘 양조위를 염두에 뒀었나요?

프리프로덕션을 시작하기 1년쯤 전에 〈2046〉을 홍보하려고 뉴욕에 온 그를 저녁 식사에 초대했습니다. 나는 그와 얘기하던 중에 그를 이 선생으로 보기 시작했습니다. 실제의 그는 이 선생하고는 정반대의 사람으로, 그가 이전에 연기했던 나이 많은 캐릭터와 더 비슷한 사람이지만요.

영화는 그의 페르소나를 근사하게 그려냅니다.

나는 왕치아츠가 그를 보내주기 전에 그의 평범한 자아를 보여주라고 그를 부추겼습니다. 나는 그의 내면 깊숙한 곳에는, 다른 사람들과 사뭇 비슷하게, 반역자나 악당의 면모가 있을 거라고 생각하고 싶습니다. 따라서 그가 하는 모든 일은 그가 갈망하고 있는 것을 은폐하는 겁니다. 그를 위협적인 존재나 포커페이스로 그려냈다면, 평범한 악당의 모습으로 그려냈다면, 영화에는 그다지 좋지 않았을 겁니다.

영화에는 그를 동정하는 분위기가 있습니다. 뭐랄까, 악마를 동정하는 분위기가요.

장애령은 「색, 계」가 포함된 단편집의 머리말에서 우리는 악당들을 이해하지 않는 편이 나을 것 같다고 썼습니다. 이해라는 것은 용서의 출발점이니까요. 그런데 우리는 중국 작가인 그녀가 진정으로 말하고 싶은 내용하고는 반대되는 글을 써야 하는 경우가 잦았다는 것을 명심해야 합니다. "오호라, 그녀는 그런 식으로 섹스 신을 쓰지 않았으니까 우리는 섹스 신을 찍을 수 없어"라고 말할 수는 없습니다. 중국 문학예술의 절반은 은폐된 곳에, 우리가 진정으로 뜻하는 바를 말하지 않는 데에 놓여있으니까요. 나는 그녀가 이 사내를 사랑했다고 생각합니다. 그래서 그녀는 대단히 잔인한 소설을 써야했고, 그런 다음에는 우리가 그를 이해해서는 안 된다고 말해야 했습니다. 최소한, 그게 내 해석입니다.

왕치아츠를 연기한 여배우 탕웨이를 어디서 찾아냈나요?

이 작품은 그녀의 첫 영화입니다. 우리는 여배우 1만 명을 인터뷰해서 그녀를 찾아냈습니다. 내가 직접 본 배우는 그중 100명 정도로, 탕웨이라는 이름을 들어본 사람은 아무도 없었습니다. 그녀의 성격은 소설에서 왕치아츠를 묘사한 방식과 대단히 가까웠습니다. 그녀는 우리 부모님 세대와 비슷했는데, 그런 사람은 요즘에는 꽤나

드뭅니다. 그녀는 강렬할 정도로 아름다워 보이지는 않았지만, 시나리오 리딩을 가장 잘 했고 뭔가 유별난 점이 있었습니다. 무엇보다도, 그녀는 나 자신의 여성 버전과 비슷했습니다. 나는 그녀에게 대단히 큰 동질감을 느꼈기 때문에 내 진정한 자아를 찾은 것 같았습니다. 따라서 이 이야기의 테마는 내 입장에서는 개인적인 동질감을 갖는 것입니다. 나는 나 자신과 대단히 가까운 그녀만의 느낌을 찾아냈습니다.

〈색, 계〉 (2007)

진정으로 명랑한* 이야기를 기초로

데이비드 콜먼 —— 2 0 0 9

40년 전 여름, 두 가지 중요한 사건이 불과 160킬로미터쯤 떨어진 곳에서 발생했지만, 두 사건은 각기 다른 별에서 일어난 사건이라고 해도 무방했다. 지금, 〈브로크백 마운틴〉의 영화감독은 엘리엇 타이버의 회고록 『테이킹 우드스탁』을 영화로 각색하고는 논란 많은 새 영화에 우드스탁과 더불어 스톤월Stonewall의 정신을 가득 채웠다. 그리고 이 영화는 코미디다.

1969년에 '게이 신 가이드Gay Scene Guide'라는 팸플릿은 맨해튼의 그리니치빌리지에서 사랑을 찾아나서는 데 따르는 잠재적인 위험에

*원문에는 "gay"라고 표기됨. '명랑한' 또는 '동성애자의'라는 뜻이 있다 — 옮긴이 주

대해 방문객들에게 직설적으로 경고했다.

"'히피 세트hippy set'와 '게이 세트gay set'를 혼동하지 마십시오." 경고의 내용이다. "이 지역에는 히피들이 많습니다. 그들의 복장은 '게이' 패션일지도 모르지만, 그들은 사실은 게이의 모든 측면과 거의 정반대인 사람들입니다."

그해 봄, 엘리엇 타이버는 그런 경고가 전혀 필요치 않았다. 당시 34세의 영화 세트디자이너였던 그는 그리니치빌리지의 단골이었음에도, 히피들하고는 교류가 전혀 없었고 (그들의 가치관과 복장과 음악에) 관심도 없었다. 두 무리가 문화적으로 공유한 유일한 부분은 "게이 바의 주크박스에서 나오는 재니스 조플린의 음악 정도"였다고 그는 회상한다.

그러다 여름이 흘러왔다. 최초의 진정한 주말은 크리스토퍼 스트리트Christopher Street 에 있는 그의 단골 바 스톤월 인the Stonewall Inn. 1969년에 동성애자들이 경찰의 단속에 반발해서 일으킨 봉기의 발단이 된 게이 바에서 마시는 몇 잔의 술로 상당히 순수하게 시작됐다. 그런데 일상적인 단속에 나선 경찰이 모습을 보이자, 타이버에 따르면 그와 다른 손님들이 저항하기 시작하면서 젊은 게이 남성 수백 명이 셰리든 스퀘어Sheridan Square 로 몰려드는 폭동의 불을 댕겼다. 그들은 병을 던지고 경찰차를 뒤집었다. 그 밤은 그의 인생을 영원히 바꿔놓았다.

이와는 반대로, 그해 여름에 일어난, 타이버가 생명을 불어넣는 데 노움을 준 다른 사건(우드스탁으로 알려진 히피들의 사흘짜리 모임)은 사건이 시작되기 전부터 세상을 바꿔놓은 듯 보였다. 공황 상태에 빠진 몇 주의 기간과 점증하는 광기는 콘서트로 이어졌고, 그 동안 타이버는 (일련의 허구보다 더 기이한 상황들을 거치면서) 막판에 행사장과 공연 허가증을 제공하며 페스티벌의 구세주로 등장했다. 이 사건이 그가 2007년에 내놓은 매혹적이면서도 산만한 회고록『테이킹 우드스탁』의 주제다.

지금, 포커스 피처스의 CEO 제임스 샤머스에 의해 시나리오로 각색된 이 이야기는 이안이 연출한 동명의 흥미로운 신작 영화로 재탄생했다. 스톤월과 게이 타버의 도시 생활은 잘라냈지만, 게이를 포함한 히피의 자유연애free-love 신조를 재구성한 이 영화는 두 가지 이질적인 사건의 취지를 하나의 감동적인 이야기로 녹여낸다. 새로이 떠오른 코미디언이자 작가 디미트리 마틴이 타버로 출연한 이 영화가 8월 28일에 개봉한다.

영화는 우연히도 여성과 행복한 결혼 생활을 하는 두 사람 이안과 샤머스가 만든 일종의 게이 삼부작을 완성시켰다. 이안은 〈결혼 피로연〉과 〈브로크백 마운틴〉을 연출했고, 샤머스의 포커스 피처스는 〈브로크백 마운틴〉과 〈밀크〉를 제작했다. 하지만 이안을 이 프로젝트에 잡아끈 것은 회고록의 명랑한 주인공 캐릭터가 아니라, 타버 본인이었다. 이안은 그를 새벽 뉴스쇼에서 처음 만났다.

"비극을 연달아 여섯 편 작업한 후였습니다." 이안의 설명이다. "나를 무너뜨린 마지막 지푸라기는 〈색, 계〉였죠. 나는 그 영화를 하느라 많은 것을 쏟아냈습니다. 지난 몇 년간 나는 뭔가 더 마음 따스한 것을, 코미디를 하고 싶었습니다. 그러다 샌프란시스코에서 〈색, 계〉를 홍보하던 중에 일이 생겼습니다. 엘리엇 타버가 내 다음 게스트였는데, 그가 나한테 2분짜리 피치를 하고는 책을 건넨 겁니다."

하지만 감독은 곧바로 미끼를 물지는 않았다. 그는 그 책을 잃어

버렸다. 이안에게서 아무 소식도 듣지 못한 타이버는 이안 대신 샤머스를 추적해서는 그의 마음을 낚아챘다.

타이버가 끈질긴 사람이라는 것은 상상하기 쉽다. 그는 1999년에 사망한 벨기에 극작가 겸 감독 앙드레 에르노트^{André Ernotte}와 함께 지난 40년의 상당 기간을 뉴욕과 벨기에를 오가며 거주했지만, 이제 74세가 된 타이버는 여전히 벤슨허스트^{Bensonhurst. 뉴욕의 브루클린에 있는 지역} 출신 뉴요커이자 메이 웨스트^{Mae West}와 멜 브룩스가 기이하게 뒤섞인 인물이라는 인상을 모두 풍긴다. 그의 특대형 인생과 개성은 그가 쓴 책의 페이지에서뿐 아니라, 한스 호프만^{Han Hofmann. 독일 출신의 미국 화가}에게서 회화를 공부한 이야기, 로버트 메이플소프^{Robert Mapplethorpe. 미국의 사진작가}와 가진 SM 섹스 이야기, 말런 브랜도와 가진 모호하면서도 성적인 저녁 이야기에서 곧장 튀어나온다. 이 모든 것은 그의 이야기가 뉴욕주의 북부에 도달하기 전에 이미 발생한 것들이다. 회고록에 담긴 내용은 샤머스가 무뚝뚝하게 말하듯 "족히 영화 스무 편에 해당한다."

하지만 샤머스와 이안은 이야기의 중심 가닥에만 집중하기로 결정하면서, 타이버 이야기의 대단히 노골적인 유대인 관련 일화와 게이 관련 일화 중 다수를 생략했다. (유대인인 엘리엇이 게이 바에서 만난 메이플소프와 함께 집으로 갔다가 사진작가의 로프트^{loft}에 초대형 나치 깃발이 걸려있는 것을 발견하고서도 여전히 그날 밤에 거기 머무는 신을 미국영화협회^{MPAA}가 어떻게 했을지 상상해보라)

모습을 갖춘 줄거리는 노먼 베이츠^{영화 〈사이코〉의 주인공 캐릭터}의 이야기가 해피엔딩을 맞는 것과 비슷하다. 성적^{性的}인 자기혐오에 시달리는 비참한 처지에 놓인 괴짜 게이 남성이 억세기 그지없는 어머니(그리고 어머니의 망해 가는 호텔)라는 부담까지 지고 있지만, 그럼에도 그는 결국 곤경을 모면한다. 실제 인생과 유사한 점은 거기서 끝난다. 1969년에 타이버는 뉴욕에서 데코레이터 겸 화가로 일하면서, 주말에는 뉴욕주 화이트 레이크에 있는 부모님의 기울어가는 모텔이 도산하는 것을 막으려고 갖가지 방안(풀장! 아마추어 극단! 연례 뮤직 페스티벌!)을 실행하고 있었다. 그가 세운 계획은 모조리 실패했다. 모텔은 7월에 압류 당할 처지였다. 그런데 그때 타이버는 실제 뮤직 페스티벌이 뉴욕주 월킬에서 받은 공연 허가를 막 잃은 참이라는 기사를 우연히 읽었다. 그가 계획하고 있던 페스티벌을 위한 허가를 이미 받아놓았던 타이버는 전화기를 들고는 도와주겠다고 제안했다. 첫 통화는 일련의 연쇄 작용을 일으켰다. 이웃 농장은 공연장이 됐고, 부모님의 모텔은 그곳을 사령부로 삼은 이벤트 기획자들이 장악했다(그러면서 모기지 걱정이 사라졌다). 페스티벌이 시작되기 몇 주 전에 화이트 레이크에 도착하기 시작한, 폭스바겐 버스에 탄 자유로운 영혼들도 마찬가지였다. 영화는 본질적으로 익사 직전에 도움을 요청하는 (그러다 등장한 우드스탁을 만난) 남자를 다룬 30년대 스타일의 스크루볼코미디다.

"디미트리가 연기한, 영화 속 엘리엇 타이버는 내가 샤머스와 함께 창작한 캐릭터였다고 생각합니다." 타이버의 동성애자 페르소나가 코미디언들이 "이성애자 남성"이라고 부르는 영화 버전으로 어떻게 변모했는지를 설명하면서 이안이 한 얘기다. 그러니까 이성애자가 아니라, 우드스탁의 광기가 점증하는 동안 관객이 동질감을 느낄 수 있는 평범한 남자란 얘기다. "우리는 우리 히어로가 평범한 사람이라는 아이디어를 사랑합니다." 샤머스의 설명이다. "게이 남성은 평범한 사람이 될 수 없습니까?" 이안은 원작에서 친숙한 캐릭터를, 그가 잘 알고 있는 캐릭터를 찾아냈다. 〈헐크〉에서 방사선에 의해 촉발된 분노에 가득한 브루스 배너나 〈브로크백 마운틴〉의 갈등하는 카우보이 연인들처럼, 상황의 강요를 받으면서 원치 않는 행보나 입장을 취하거나 선택을 해야 하는 열정적이지만 양면적인 인물.

"미국인들은 히어로를 좋아합니다." 그의 설명이다. "미국인들은 입장이 선명한 사람을 좋아합니다. 그건 나한테는 맞는 말이 아닙니다. 나는 절대적인 균형을 유지하려고 애쓰는 캐릭터들에, 상황을 안전하고 올바르게 유지하려고 많은 것을 감내하는 캐릭터들에 동질감을 느낍니다. 이 캐릭터들은 결정을 내릴 수가 없습니다. 누군가를 공격하지 못합니다. 그게 그들의 매력이자 약점입니다."

코미디를 위한 요소이자 기적적인 데우스엑스마키나^{deus ex machina}로서 뮤직 페스티벌이라는 아이디어가 이안에게 어필했다. 1973년에 코네티컷 교외에 거주하는 피곤에 찌든 자유주의자들을 배경으로 한 1997년 영화 〈아이스 스톰〉을 만들 때 우드스탁과 그게 촉발한 문화를 처음으로 진지하게 연구하기 시작한 이안은 〈아이스 스톰〉의 배경을 "1969년이 남긴 일종의 숙취"로 생각하게 됐다.

하지만 그는 타이버의 경험담을 읽으면서 그 이벤트가 대표하는 이상주의를 탐구하고 싶어졌다. 1969년 여름에 14세이던 이안은 대만의 고도로 억압된 문화에서 살고 있었다. 그는 장발의 청년들이 길거리에서 강제로 머리를 깎여야 했던 것을 기억한다. 이런 세계에서 이안은 히피와 우드스탁에 대해서는 희미하게만 알고 있었다. 하지만 그는 전통의 내부와 외부에 갇혀있다는 느낌을 키워가고 있었다. 그가 영화감독이 되기로 결정했을 때 이런 감정들은 강해지기만 했는데, 그의 결정은 학자 가문에서는 전혀 용인 받지 못했다. "내 결정은 수치스러운 일이었습니다." 그의 설명이다. 시스템의 부당함과 위선은 그가 초기 코미디 〈결혼 피로연〉에서 정면으로 겨냥한 대상이었다.

페스티벌을 (제한된 제작비 내에서 엑스트라 6000명을 5만 명으로 둔갑시킨 컴퓨터 애니메이션의 도움을 받아) 재창조한 지금, 이안은 그가 여전히 전염성 있는 히피의 낙천주의를 느낀다고, 영화를 시작하기 전에 느꼈던 것보다 훨씬 더 잘 느낀다고 말한다.

"그들은 많은 유익한 일의 씨앗을 심었고, 우리가 오늘날 더 진지하게 받아들이는 많은 이슈를 지적했습니다." 그가 한 말이다. "거기에 50만 명이 있었지만 폭력은 한 건도 발생하지 않았다는 것은 놀랍습니다. 그와 비슷한 일은 아마 결코 다시 일어나지 않을 겁니다. 세계가 하루밤 새 바뀔 수 있을 거라는 아이디어에는 순진한 부분이 있습니다. 그러나 그걸 한데 지탱한 취지와 의도는 믿기 어려울 정도로 훌륭합니다."

그렇기는 하지만, 페스티벌의 유익한 점이 그렇게 많았음에도, 그리고 스톤월 저항과 타이밍이 일치했음에도 이안은 우드스탁 참가자들의 인구 통계적 특징과 가치관이 게이 인권 운동의 그것들과 겹치는 부분이 대단히 작다는 걸 알고 있다고 말한다. 1967년에 자유연애를 주창한 브로드웨이 히트작 〈헤어Hair〉는 올해 리바이벌에서야 우프 캐릭터를 명백한 게이로 수정 집필했다. 그리고 그 뮤지컬의 공동 창안자 제임스 라도James Rado는 최근에야 이 뮤지컬의 집필 파트너 제롬 라그니Gerome Ragni와 그가 60년대에 연인 사이였노라고 밝혔다.

타이버는 게이 프라이드Gay Pride. 게이들이 모여 퍼레이드를 하는 행사 행사가 열린 다음날 아침 웨스트 빌리지West Village의 우아한 카페에서 아침을 먹으면서 영화가 완성됐을 때를 회상했다. 이안과 샤머스는 그를 위한 시사회를 기획했다. 샤머스와 이안은 타이버를 위해 마련한 시사실 밖에서 기다렸고, 상영이 끝난 후 그가 눈물에 젖은 얼굴로 흥분했을 때 물었다. "마음에 안 드나요?" 타이버는 기억한다.

"내가 말했죠. '농담하는 거요? 영화는 너무 아름답고 감동적이었어요.' 그제야 그들은 그 시대를 살아남았을 뿐 아니라 역경을 이겨내고 세계를 바꿔놓은, 온갖 문제를 가진 이 게이 남자의 이야기를 들려줄 수 있어서 고마웠다고 말하더군요."

영화의 결말에서, 마틴이 놀라울 정도로 절제되고 차분한 괴상함으로 연기해 낸 엘리엇은 부모님께 작별을 고하고는 하비 밀크Harvey Milk의 고장이자 게이 인권운동의 미래인 샌프란시스코로 출발한다. 실제 인생에서 타이버는 캐딜락을 구입한 후 영화계에 일자리를 얻으려고 로스앤젤레스로 이주했다. 영화가 그를 묘사한 것은 분명 실제 인생을 산 남자의 그것보다 덜 화려하다. 진실이 더욱 리얼하다는 것은 분명한 사실이다. 그건 늘 그렇다. 스톤월의 분노와 벽돌과 병은 영화에 등장하지 않지만 그 해방 정신은 대단히 잘 느껴진다. 그런 부름에 화답하듯, 우드스탁의 무정부주의적인 즐거움은 외로운 게이 개구리 왕자에게 키스를 하사하러 덤벼들고, 그 키스는 그를 해방시킨다. 당신이 그걸 어떻게 칼질해서 잘라내든, 그건 정말로 근사한 동화다.

〈테이킹 우드스탁〉을 위한 이안 인터뷰

존 히스콕 —— 2 0 0 9

TV 뉴스에서 우드스탁 페스티벌의 클립들을 봤을 때, 이안은 보수적인 대만에서 대입 시험을 준비 중인 14세 학생이었다.

"머리를 길게 기르고는 기타를 연주하는 사내들과 사람의 바다가 있었습니다." 그는 회상했다. "나는 꽤나 우둔한데다 공부에 집중하고 있었고 딱히 쿨한 놈은 아니었지만, 뭔가 굉장히 큰 일이 일어나고 있다는 건 알 수 있었습니다." 그 이미지는 24세에 미국으로 이주한 이후에도 이안의 뇌리에 머물렀다.

"미국과 세계가 어떻게 달라졌나에 대한 내 의견은 나한테는 많은 의미가 있었습니다. 우드스탁은 오랫동안 미화되고 낭만화됐고, 유토피아를 상징하는 사건이 됐습니다." 그는 말했다. "우드스탁은

〈텔레그래프Telegraph〉 2009년 10월 22일자에서. ⓒTelegraph Media Group Limited 2009. Reprinted by permission.

순수한 시대에 대해 우리가 가진 집단적인 기억의 마지막 페이지입니다. 그러다 세상은 추악해지면서 이전과 동일한 상태로는 결코 다시 돌아가지 못했습니다." 우드스탁이 열리고 세 달 후, 캘리포니아 앨터몬트에서 열린 롤링 스톤스가 출연한 뮤직 페스티벌에서 폭력이 발생했다. 헬스 에인절스Hells Angels. 오토바이 폭주족 단체가 경비를 맡은 이 행사에서 네 명이 사망했다.

이안이 평화와 진창, 사랑, 음악으로 점철된 우드스탁의 사흘에 대한 영화를 만들기로 결정한 것은 (우드스탁이 아니라) 베설Bethel. 뉴욕주 설리번 카운티에 있는 마을에 있는 맥스 야스거의 농장에 페스티벌을 유치한 남성이자 TV 토크쇼에서 자신의 정서를 담은 자서전 〈테이킹 우드스탁〉을 홍보하고 있던 엘리엇 타이버를 만났을 때였다.

이안과 그의 오랜 작가·프로듀서 파트너 제임스 샤머스는 책을 각색하면서 뉴욕에서 게이 생활을 탐구한 것에 대한 타이버의 상세한 묘사를 건너뛰고, 그 대신 페스티벌로 이어진 사건들에 집중했다. 뉴욕주 북부의 캐츠킬Catskills에 다 쓰러져가는 모텔을 소유한 부모님을 둔 타이버는 어느 뮤직 페스티벌이 이웃 소도시에서 공연 허가를 잃었다는 소식을 듣고 프로모터 마이클 랭과 접촉해 모텔을 프로모터들에게 제공했다. 조만간 랭의 스태프는 모텔로 이사 왔고 50만 명이 여행길에 올랐으며, 그들 대다수는 캠핑장에 공급된 것보다 더 많은 약물을 갖고 있었다. 무명의 스탠드업 코미디언 디미트리 마틴이 연기한 타이버는 자신이 부지불식중에 자기 인생과 미국의 문화를 영원히 바꿔놓을, 한 세대를 정의하는 경험에 휘말렸다는 것을 알게 된다.

"이건 콘서트 영화가 아닙니다. 우드스탁에 가고 싶어 한 현상을 다룬 영화입니다." 이안의 설명이다. "해방과 솔직함, 인내의 이야기이기도 합니다. 우리가 잃을 수도 없고 잃어서도 안 되는 순진한 영혼의 이야기이기도 하고요."

"비극적인 영화를 연달아 여러 편 만든 후 코미디를, 냉소를 풍기지 않는 작품을 하고 싶었습니다. 우드스탁에 대한 코미디를 만든다는 것이 이상한 아이디어처럼 보일지도 모르지만, 내게 이 소재는 특이한 코미디 소재처럼 보였습니다." 사운드트랙은 그레이트풀 데드와 도어스, 제퍼슨 에어플레인, 컨트리 조 앤 더 피시 같은 60년대 음악계 아이콘들의 노래와 리치 헤이븐스가 새로 녹음한 〈자유 Freedom〉를 담고 있다.

이안이 제인 오스틴을 각색한 〈센스 앤 센서빌리티〉를 1995년에 그의 첫 영어 영화로 만든 이후, 배우들과 평론가들은 하나같이 이 감독이 어떻게 그토록 철저한 영국적인 영화를 만든 후에 〈아이스 스톰〉과 〈헐크〉〈브로크백 마운틴〉 같은 철저하게 미국적인 영화들을 연달아 만들어내는지 의아해했다.

〈테이킹 우드스탁〉에 출연한 배우 중 한 명인 조너선 그로프는 고생스러운 방법을 알아냈다. "조사와 숙제"라고 젊은 배우는 간결하게 말한다. "처음 만났을 때 그는 이렇게 두툼한 10센티미터 두께의 3공 바인더를 책상에 내려놨습니다. 쿵! 그러고는 말하더군요. '숙제 할 준비 됐죠? 이건 시작일 뿐이에요.'"

느긋하게 페스티벌을 선동한 인물인 랭을 연기한 그로프트는 책도 10여 권 읽어야 했고, 이안이 처방한 CD 더미도 들어야 했으며, 영화도 열다섯 편 감상해야 했다.

54세인 이안은 엑스트라들에게도 동등하게 힘든 일을 요구했다.

그들 전원을 '히피 캠프'에 보낸 것이다. 거기서 그들은 신문 기사와 연대표, 에세이, '뿅가기freak out'부터 '로치 클립roach clip. 대마초를 피우는 데 쓰는 파이프'까지 '히피 용어' 단어집 같은 읽을거리를 담은 '히피 핸드북'을 받았다. 그들은 1969년에 사용된 언어와 태도, 그 시절의 정치에 대해 배우고는 그 시대를 다룬 다큐멘터리들을 감상했다. 이안은 그들의 동작과 외모에 특별한 관심을 기울였다.

"그들의 자세와 그들이 서로를 바라보는 방식에는 쿨함과 유대감에 대한 암묵적인 이해가 들어있습니다." 이안이 이따금 앞뒤가 잘 연결되지 않는 영어로 말했다. "그들이 그걸 갖고 있는지 확인해야 했습니다. 히피들의 근육은 일반인보다 얇았습니다. 그리고 영화에 등장하는 여자들은 머리를 기를 수 있도록 두 달 전에 캐스팅을 마쳐야 했습니다.

"그 시절의 젊은이와 오늘날의 젊은이 사이의 가장 큰 차이점은 요즘 젊은이들의 눈을 보면 목적의식이 더 잘 보인다는 것 같습니다. 그들은 쿨한 일들을 하지만, 자신들이 향하는 곳이 어디인지를 압니다. 그런데 그 시절의 젊은이들은 이렇게 초점이 흐릿한 눈으로 반항적인 일들을 했습니다. 나는 그들이 지나치게 활동적이지 않고 부드러운 눈빛을 띄는지 확실히 하고 싶었습니다."

1993년에 이안이 부모님을 기쁘게 해드리려고 결혼하는 게이 대만 남성을 다룬 두 번째 영화 〈결혼 피로연〉으로 국제적인 주목을 받은 이후로, 이안의 영화들은 분류되기를 거부해왔다.

"나는 분류 불가능한 놈이라고 생각하는 것을 좋아합니다." 이안은 껄껄 웃었다. "나는 내가 평생토록 일종의 아웃사이더였다고, 외부인이었다고 봅니다." 중국에서 문화혁명 때 그의 조부모가 지주라는 이유로 처형당한 후, 학자이자 학교 교장인 아버지는 대만으로 도망 와서는 거기에서 이안을 낳았다. 원서에는 이안의 조부모가 지주라서 처형당한 시기가 문화혁명기라고 적혀 있지만, 이안의 출생년도를 가늠해볼 때 그의 조부모가 처형당하고 아버지가 대만으로 이주한 시기는 2차 대전이 종전된 1945년 이후의 국공 내전기와 1949년의 공산당의 중화인민공화국 수립 시기가 맞을 듯하다. 그는 타이베이에서 연기를 공부한 후 미국으로 이주해 일리노이대학을 다닌 후 뉴욕대학 필름 스쿨에서 영화 연출 경력을 시작했다.

"당연한 말이지만, 문화혁명은 나한테는 전혀 영향을 주지 않았지만 아버지에게는 커다란 영향을 줬습니다." 그의 설명이다. "아버지는 근본적으로 뿌리가 뽑힌 신세였습니다. 아버지에게 그건 압도적인, 인생을 바꿔놓은 경험이었죠. 나는 중국의 공산당이 우리나라를 도둑질한 악당들이라는 것을 제외하면, 그들에 대해 무엇이라도 아는 것을 꽤나 철저히 금지당한 채 자랐습니다. 미국에 와서 받은 가장 큰 충격은 공산주의 서적들을 실제로 읽는 기회를 얻었을 때 받은 겁니다." 그는 그가 만든 단편들 덕에 에이전트를 얻었지만, 프로젝트들을 진행시키려고 분투하면서 5년을 보냈다. 그 5년간 미생물학자인 아내 제인 린이 가족의 생계를 책임지고 그는 두 아들을 보살폈다.

〈결혼 피로연〉 이후 그는 〈음식남녀〉를 만들었고, 그 영화는 오스카 외국어영화상 후보에 올랐다. 그러다 〈센스 앤 센서빌리티〉가 찾아왔고 그 영화는 오스카 7개 부문 후보로 지명됐다. 당시 프로듀서 린지 도런은 그의 연출 스타일에 대해 이렇게 코멘트했다. "영국 배우들은 상스럽고 무례한 감독이나 점잖고 상냥한 감독에게 익숙해요. 그런데 점잖고 상냥하면서도 무례한 감독을 모시는 것은 그들에게는 새로운 경험이었어요."

〈와호장룡〉은 오스카 10개 부문 후보에 올라 외국어영화상을 수상했지만 후속작인 〈헐크〉는 흥행에 성공하지도 못했고 너무 비현실적이고 만화처럼 보인다며 매도됐다.

이안은 수십 년에 걸친 동성애 러브 스토리인 〈브로크백 마운틴〉으로 드디어 오스카 감독상을 수상했다.

그는 차기 프로젝트를 위한 확실한 계획이 하나도 없다. 하지만 무슨 작품이 됐건 그는 의심의 여지없이 그 작품에 철저히 몰입할 것이다.

"나는 내 인생보다는 내가 만들고 있는 영화에 뿌리를 더 잘 내리고 동질감을 더 잘 느끼는 것 같습니다." 그의 설명이다. "그 허구화된 세계는 실제 세계보다 더 사리에 맞는 듯 보입니다. 그 세계에는 발단과 전개와 결말이 있으니까요. 그 세계는 의미와 지혜를 줍니다. 따라서 내 입장에서는 실제 세계보다 거기에서 사는 게 더 쉽습니다."

"그곳은 추상적인 세계라고 짐작하는데, 그게 그 세계의 존재 방식입니다."

경계선 넘나들기

글렌 케니 —— 2010

"인터뷰하기에 좋은 날이군요." 맨해튼 미드타운의 조용한 아침에 이안이 말했다. 감독은 그가 영화로 떠나는 최신 모험에 착수하기 전에 사무실을 옮기는 동안 짧은 휴식기를 갖고 있다. 따라서 우리가 만난 공간은 상대적으로 비어 있었고, 이안이 절제되고 조용한 모습을 보였음에도 그의 어마어마한 존재감은 방 안을 가득 채웠다.

여기에는 패러독스가 있다. 그는 태도는 유순하지만, 예술적으로는 무모한 사람이었다. 그는 이 장르에서 저 장르로 날아다니며 꾸준히 위험을 감수해왔다. 지금도 여전히 논란의 대상인 〈헐크〉를 작업할 때, 그는 코믹 북 슈퍼히어로에게 진정한 인간적 감정을 불어넣으려 애썼다. 에로틱 스릴러의 외형을 띤 〈색, 계〉에는 더 깊고 심오한

〈DGA 쿼털리DGA Quarterly〉 4, no. 1(2010년 봄호)에서. Permission to reprint courtesy of the Directors Guild of America, Inc.

무엇인가를 적용했다. 그의 최신작 〈테이킹 우드스탁〉은 60년대의 반체제 문화 격변을 배경으로 한 성장담인데, 이 영화를 커밍아웃 이야기만큼이나 성장담coming-of-age story으로 간주할 때를 제외하면 딱히 체제 전복적으로 들리지 않는다.

대만에서 태어난 이안은 〈결혼 피로연〉과 〈음식남녀〉 〈아이스 스톰〉 〈라이드 위드 데블〉을 포함한, 인상적이리만치 다양한 휴머니즘 영화들을 연출해왔다. 그는 제인 오스틴을 각색한 〈센스 앤 센서빌리티〉로 DGADirectors Guild of America. 미국감독조합상 후보에 올랐고 〈와호장룡〉과 〈브로크백 마운틴〉으로 DGA상을 수상했으며, 〈브로크백 마운틴〉으로는 아카데미 감독상을 받기도 했다.

이안이 자신의 작업 방식을 묘사하는 것을 귀담아 들으며 그의 비전을 이해하다 보면 강한 인상을 받게 된다. 그는 DGA 인터뷰를 하게 돼서 영광이라고 말했다. 그는 이 자리를 그의 예술적인 원칙들을 (회원 감독들을 위해서가 아니라 그 자신을 위해) 상술할 기회로 여기는 듯 했다. 그는 말했다. "내 동료들과 조언과 경험을 공유할 수 있는 자리를 이렇게 얻게 된 것은 대단히 좋은 일입니다."

어떤 면에서 당신은 대만 감독인 동시에 미국 감독입니다. 그러니 당신 경력의 시작, 그리고 어떻게 이 자리에 오게 됐는지에 대해 얘기하는 걸로 인터뷰를 시작합시다.

대만에서 나는 예술하고는 무척 거리가 멀게 자랐습니다. 우리 가족, 나아가 우리 문화권의 사고방식은 뭔가 실용적인 것을 공부해서 좋은 대학에 진학한 다음 미국으로 유학해서 학위를 받는 거였습니다. 하지만 나는 대입 시험에 떨어졌습니다. 지나치게 긴장하는 바람에요. 대만의 예술대학에 진학해서 연극과 영화를 전공했습니다. 70년대 초인 그 시절에 대만에서 영화 쪽으로 할 수 있는 일은 그리 많지 않았습니다. 그런데 배우로서 무대에 일단 선 이후로 나는 연기에 푹 빠졌습니다. 학교에서 대단히 행복했지만 대만에는 서양식 극단이 그리 많지 않았습니다. 나는 영화를 많이 보기 시작했습니다. 베리만, 르누아르 같은 거장들이 만든 영화를 많이 봤죠. 23세 때 일리노이대학에 진학해서 연극을 전공했습니다. 거기에 2년 있었죠. 그게 내 인생을 바꿔놨습니다. 나는 서구문화를 미친 듯 집어삼켰습니다. 문학이나 과학, 사회과학 보다는 연극에 미쳐버렸죠.

자신이 연기보다는 연출에 더 관심이 많다는 것을 어느 시점에 깨달았나요?

미국에서 공부하기 시작했을 때 일입니다. 나는 영어를 그리 잘 구사하지 못했습니다. 중국식 엉터리 영어를 썼죠. 그런 까닭에 제대로 연기를 할 수가 없었습니다. 그래서 연기에서 연출로 방향을 바꿨습니다. 그렇기는 하지만, 나를 바꿔놓은 많은 것을 흡수했다고 생각합니다. 나는 농경문화에서 자랐는데 그 문화는 사회와 자연과 평온하게 조화를 이루는 것을 강조해서 되도록이면 많은 갈등을 없애려고 시도합니다. 그런데 서구 문화에서는, 특히 연극 문화에서는 모든 것이 갈등에서 비롯합니다. 개인적인 자유의지를 주장하고 그것이 가족이나 더 큰 사회 안에서 어떻게 갈등을 빚어낼 수 있는지를 나투죠. 그런 종류의 상황들을 소통하는 재능이 나한테 있다는 것을 알게 됐습니다. 결국 매주 다섯 편에서 일곱 편씩 영화를 본 끝에, 영화 작업이 하고 싶어졌습니다. 뉴욕대학의 3년짜리 필름 프로그램에서 대학원 작품을 만들었습니다. 교실 밖으로 나가 영화를 만드는 매우 실용적인 프로그램입니다.

그렇다면 학생 신분에서 전문 직업인 신분으로는 어떻게 이행하게 됐나요?

으음, 필름 스쿨을 마친 후 6년간 개발의 지옥을 거쳤습니다. 뉴욕 대학에서는 단편영화들을 만들었습니다. 그러고는 그 작품들을 바탕으로 윌리엄 모리스의 에이전트와 계약을 했죠. 문제는 학교를 졸업한 후, 내가 단편과 장편 사이의 차이점을 제대로 이해하는 데 3년이 걸렸다는 겁니다. 장편영화 길이의 구조를 다루는 법과 그게 작동하는 방법을, 캐릭터들을 개발하는 방법을 제대로 가르쳐준 사람이 아무도 없었습니다. 그래서 나는 다시 미아 신세가 됐습니다. 할리우드에서 피치를 꽤 하고 다녔지만 프로젝트는 연달아 무산되기만 했습니다. 그런데 그 몇 년간 나 스스로 두어 가지 교훈을 배울 수 있었습니다. 장편영화 길이의 시나리오는 어떻게 작동하고 시장이 원하는 것은 무엇이냐 같은 것을 배웠습니다.

결국 어떻게 돌파구를 찾았나요?

90년에 대만 정부가 주최하는 시나리오 공모전에 작품을 출품했습니다. 상금이 쏠쏠했습니다. 1등상은 1만 6000달러였고 2등상은 그 절반이었죠. 나는 1등상과 2등상을 모두 받았습니다! 1등상을 받은 작품이 〈쿵후 선생〉이었습니다. 그 시나리오는 순전히 그 공모전을 위해 썼습니다. 그보다 5년 전에 집필한 〈결혼 피로연〉은 2등상을 받았고 내 두 번째 영화가 됐습니다. 〈결혼 피로연〉을 썼을 때, 그 작품은 미국에서 만들기에는 지나치게 중국적이었고 대만에서 만들기에는 동성애 요소가 너무 많았습니다. 그래서 그 시나리오는 그냥 내 책상에만 머물러야 했습니다. 아무튼 나는 시나리오 두 편을 보냈고, 둘 다 상을 받았습니다. 그런 후, 어느 대만 스튜디오가 〈쿵후 선생〉에 투자하고 싶어 했습니다. 뉴욕을 배경으로 한 어느 대만인 가족의 작은 이야기였죠. 스튜디오는 나한테 뉴욕에서 영화를 만들라며 40만 달러 정도를 줬습니다. 테드 호프와 제임스 샤머스가 새로 세운 제작사 굿 머신을 추천 받았습니다. 그들에게 스토리를 피치했더니, 제임스가 이러더군요. "당신이 6년간 아무 영화도 만들지 못했던 건 놀랄 일도 아니군요. 세상에 당신보다 피치를 못하는 사람은 없을 겁니다." 그들은 무예산 영화제작의 제왕으로서 나한테 직접 피치를 했습니다. 저예산이 아니라, 무예산입니다. 그렇게 우리는 의기투합해서 첫 영화를 만들었고 영화는 대만에서 히트했습니다. 하지만 그 외의 다른 지역에는 배급되지 못했죠. 그 영화가 히트한 덕에 대만 스튜디오는 나한테 〈결혼 피로연〉을 만들라면서 더 많은 돈을, 75만 달러를 줬습니다. 제임스는 "내가 시나리오 수정 작업을 도울 수 있게 해줘요"라고 말했습니다. 그는 그렇게 했고, 이후에 일어난 일들은 세상이 다 아는 얘기라고 말하고 싶습니다.

1993년 이후로 당신이 만든 열 편의 영화 거의 전부를 공동 집필하고 공동 제작했으며, 포커스 피처스의 수장으로서 그중 대여섯 편을 배급한 샤머스와 당신의 파트너십이 그렇게 시작됐죠. 그 관계는 당신이 꾸준히 영화를 만드는 것을 어떻게 가능하게 해줬나요?

우리 관계는 마스터플랜 같은 것이 아닌, 우정에서 비롯한 대단히 유기적인 관계였습니다. 나중에 〈센스 앤 센서빌리티〉를 제작한 프로듀서가 〈결혼 피로연〉을 감상했습니다. 그리고 그 영화 덕에, 그들은 내가 제인 오스틴을 각색할 좋은 후보라고 생각하게 됐습니다. 제임스에게 가서 물었습니다. "어떻게 해야 할까요?" 그 기간 동안 우리는 각자 영어 영화를 만드는 문제를 고민하고 있었습니다. 그런데 이 프로듀서들이 〈센스 앤 센서빌리티〉를 갖고 나한테 접근했지만 나는 그걸 해야 할지 말아야 할지 결정할 수가 없었습니다. 한 가지 문제는 예산이 1600만 달러였다는 겁니다. 나는 그토록 큰 액수를 다뤄본 적이 한 번도 없었습니다. 게다가 시대극을 작업해본 적도 없었습니다. 하지만 에마 톰슨과 같이 작업한다는 유혹은 거절할 도리가 없었습니다. (톰슨이 쓴) 시나리오를 읽어봤습니다. 당시 내 영어 실력은 지금보다도 떨어졌지만 그 작품을 마음으로 느낄 수 있었습니다. 그리고 작품의 본질이 내가 하는 작업하고 대단히 가까웠습니다. 그래서 그 도전을 받아들이고는 영국으로 갔습니다. 겁이 굉장히 많이 났습니다. 나는 엉터리 영어를 구사했는데, 거기에는 제인 오스틴이 있었습니다. 옥스퍼드를 졸업하고 로열 셰익스피어 극단에 소속된 최고 수준의 영국 출연진과 스태프와, 대단히 뛰어난 그들과 함께 일해야 했습니다. 겁먹는 게 당연한 일이었죠. 그래서 제임스를 데려갔습니다. 촬영 기간 내내, 제임스는 나를 대신하는 일종의 대변인이 돼서는 내가 내 작업을 하는 동안 이 사람들 모두와 사회적인 상호작용을 했습니다.

〈센스 앤 센서빌리티〉 이후, 당신은 70년대 초의 미국이라는 완전히 다른 사회의 세태를 다룬 〈아이스 스톰〉으로 건너뛰었습니다. 그 프로젝트는 어떻게 비롯한 건가요?

제임스가 추천하기에 그 책을 읽었습니다. 애초에 그걸 영화로 만들려는 의도는 없었습니다. 그런데 마이키 카버 캐릭터가 빙판을 미끄러져 내려가는 부분에서, 그 이미지가 내 머릿속에서 딸깍 소리를 냈습니다. 그래서 제임스에게 말했죠. "내가 이걸 영화로 만들고 싶어 하는 것 같아요." 그는 그걸 타당한 아이디어라고 생각했고, 그래서 우리는 (소설의 작가인) 릭 무디를 만났습니다. 우리는 사실상 공짜나 다름없는 돈으로 권리를 입수했습니다. 〈센스 앤 센서빌리티〉가 그 과정에 끼어들었지만 우리는 나중에 다시 그 작품을 집어 들었습니다. 그게 제임스가 혼자 힘으로 나를 위한 시나리오를 집필한 최초의 작품이었습니다.

당신은 〈아이스 스톰〉으로 이 나라에서 입지를 굳힌 후로 〈와호장룡〉을 만들러 중국으로 돌아갔습니다. 어떻게 그렇게 된 건가요?

나는 영어와 중국어를 모두 연출하고 있었고, 둘 사이를 오가고 있었습니다. 그런 작업은 내 입장에서는 균형을 잡는 활동이 됐습니다. 미국영화를 할 때, 미국 문화는 내게는 제2의 문화였기 때문에 스킬과 예술적인 노력이 더 명확해졌습니다. 실제로 여러 면에서, 그런 작업이 심리적으로 더 수월했습니다. 서브텍스트가 더 잘 보였습니다. 외국인으로서 가장 먼저 보게 될 것은 정확성이지만, 문화적 습관을 들이는 것은 더 어렵습니다. 따라서 내가 일단 영어 영화를 연출한 후 〈와호장룡〉을 시작했을 때 나는 내 사고방식이 상당히 서구화 됐고 글로벌화 됐다는 것을 알게 됐습니다. 그래서 내 최초의 문화인 중국 문화로 돌아갈 나름의 방법을 찾아내야 했습니다.

당신의 커리어를 보면 당신은 남북전쟁 이야기와 슈퍼히어로 각색 영화, 현대

의 웨스턴을 작업했습니다. 당신을 장르에서 장르로 건너뛰게 만드는 게 뭐라고 생각하나요?

한 곳에 머물 경우 내가 모든 영화에 불어넣는 것을 좋아하는 신선함을 잃게 될 거라는 두려움이 있습니다. 한 장르에만 머물 경우 나는 덜 솔직해지게 될까 두렵습니다. 특정한 장르에 어느 정도 능숙해지면 내가 나 자신이 속임수를 쓰는 것을 허용할지도 모르니까요. 최상의 작업을 하려면, 나 자신을 내가 하는 작업에 대해 그다지 많이 알지 못하는 곳에 세워야만 한다고 느낍니다. 내가 첫 영화를 만들고 있다는 식으로 느낄 수 있는 곳에요. 내가 무엇인가를 반복하는 중이라는, 또는 나 자신을 반복하는 중이라는 느낌을 받는다면 나는 무엇인가 새로운 것을 하는 데 따르는 리스크를 감수했을 때보다 더 큰 두려움을 느낍니다.

그게 촬영감독을 주기적으로 교체하는 이유인가요?

누군가와 영화 두어 편을 연달아 작업하면서 예술적으로 계속 발전하고 예술적인 깊이를 더해가며, 더 생산적인 관계를 맺는 것은 흥미로운 일이라고 생각합니다. 촬영감독과 관련해서 내가 고수한다고 생각하는 원칙이 두어 가지 있습니다. 내가 그들과 같이 작업할 때, 그건 작품마다 구체적인 이유가 있어서입니다. 〈아이스 스톰〉을 위해 프레더릭 엘머스에게 접근한 것은 그 스토리의 가장 중요한 부분인 마지막 부분이 전기가 나가서 불빛이 모두 사라진 폭풍 치는 밤이기 때문입니다. 촬영감독은 우리가 어둠 속에서 활동하는 사람들을 보고 있다는 환상을 창출해야 했습니다. 그게 드라마의 핵심이었습니다. 나는 프레드가 데이비드 린치와 같이 한 작업을, 특히 〈블루 벨벳〉을 무척 높이 평가했습니다. 프레드는 낮은 노출로 얻을 수 있는 최대치까지 촬영을 밀어붙였고, 실험적이면서도 놀라운 화면들을 작업해냈습니다.

〈브로크백 마운틴〉을 위한 비주얼 접근 방식은 어땠나요?

〈브로크백 마운틴〉을 위해 로드리고 프리에토(〈아모레스 페로스〉〈바벨〉)를 택한 것은 다재다능한 사람이라고 생각하기 때문입니다. 그리고 나는 신속하게 촬영할 수 있는 사람을 원했습니다. 하지만 나는 그에게 그를 유명하게 만든 숨 가쁜 스타일하고는 정반대의 촬영을 해달라고 부탁했습니다. 그는 내가 〈브로크백 마운틴〉을 위해 했던 고요한, 거의 소극적인 비주얼을 제공할 수 있었습니다. 나는 "천재가 천재인 것은 다 이유가 있어서"라고 믿습니다.

촬영감독하고 어떻게 협력해서 작업하나요?

나는 연령이나 경험하고는 무관하게, 두 가지 뚜렷한 태도를 가진 촬영감독과 작업하는 것을 좋아합니다. 첫째, 나는 그들이 나에게 비주얼이 아니라 드라마에 대해 얘기하기를 원합니다. 나는 영화를 촬영하는 법에 대해서는 걱정하지 않습니다. 우리가 배우들이 캐릭터를 그려내는 것을 돕는 법에, 그리고 그들이 편안하게 연기할 수 있도록 해주는 방식으로 움직이는 법에 초점을 맞추면 촬영 방법은 자연스레 모습을 드러낼 겁니다. 나는 촬영감독이 콘텐츠에, 스토리를 들려주는 데 관심을 갖기를 원합니다. 나한테는 그게 최우선 사항입니다. 그리고 둘째, 나는 자신이 거장이라는 식으로 행동하는 사람을, 자신이 하는 일에 대해 모든 것을 알고 있다고 생각하는 사람을 원치 않습니다. 자신이 여전히 배우는 중이라고 느끼는 사람하고, 모든 의문에 대한 대답을 자동적으로 내놓지 않는 사람하고 일하고 싶습니다. 누군가를 만나서 무엇인가에 대해 어떻게 생각하느냐고 물었는데 그들이 선뜻 확신하지 못할 때, 그건 대체로 내게 유익한 징조입니다.

당신의 영화 두 편에는 시각 효과의 요소들이 강합니다. 와이어 작업을 해서 캐릭터들에게 날아다니는 모습을 부여한 〈와호장룡〉과 코믹 북 캐릭터를 CGI 애니메이션으로 그려낸 〈헐크〉까지. 이런 효과들을 갖고 작업할 때 캐릭터들의 인간적인 면모^{humanity}를 어떻게 유지하나요?

당신도 알겠지만, 와이어 작업은 상대적으로 저급^{low-tech}한 특수 효과입니다. 거기에서 인간적인 요소를 제거할 방법은 전혀 없죠. 〈와호장룡〉의 대나무 숲 결투를 위해 우리는 지상에서 다양한 요소를 물리적으로 조작하는 사람을 수십 명 배치했습니다. 캐릭터들이 하늘을 나는 방법은 집필 과정에서는 구체적으로 묘사되지 않았습니다. 촬영 단계에서야 고안하고 실행에 옮긴 겁니다. 예를 들어, 장쯔이의 캐릭터는 마음대로 하늘을 날 수 있는 듯 보입니다. 반면 양자경이 연기하는 연상^{年上}의 캐릭터는 대단히 빨리 달리는 인물입니다. 그녀는 달리기를 통해 얻은 추진력 덕에 하늘로 펄쩍 뛰어오를 수 있습니다. 이런 특별한 테크닉에 드는 비용은 캐릭터들의 특징을 매우 잘 표현합니다.

〈헐크〉에서 그건 어떻게 달랐나요?

〈헐크〉를 할 때, 나는 나 자신이 화가가 돼서 새롭고 대단히 값비싼 도구를 사용하고 있는 양 그 작품을 봤습니다. 그 작품은 상업적으로 문제가 있었습니다. 코믹 북 영화보다는 공포영화에 더 가까운 영화를 만들었으니까요. 그런데도 우리는 영화를 〈스파이더맨〉처럼 팔아야 했습니다. 내 입장에서 〈헐크〉의 주제는 〈와호장룡〉의 주제와 연계돼있습니다. 그 영화에서 "숨은 용"은 문화에 내재하지만 억압된 것입니다. 동양에서 그것은 섹스이고 〈헐크〉의 미국에서 "숨은 용"은 분노와 폭력입니다. 내가 애니메이터들에게 원하는 것을 묘사하는 데서 그치는 대신, 내가 직접 모션캡처 수트 motioncapture suit를 입거나 그들이 특정한 표정을 연기하는 내 얼굴을 촬영하게 할 경우 작업 시간을 몇 주 절약할 수 있다는 걸 알게 됐습니다. 그래서 나는 〈헐크〉의 액션들을, 그의 분노의 표출을 연기하기에 이르렀습니다. 내 입장에서는 매우 깊이 있는 경험이었습니다. 나는 관객들이 CGI로 그려낸 것이라는 사실을 알지 못할 방식으로 작업하는 것을 좋아합니다. 실제로 〈브로크백 마운틴〉에서도 일부 풍광 장면에서 CGI를 활용했습니다. 어떤 이미지의 특정한 장소에 구름을 넣고 싶으면, 그냥 거기에 구름을 집어넣을 수 있습니다. 경이로운 일입니다.

구체적인 특정 이미지들을 필요로 하는 〈아이스 스톰〉을 만들 때는 오늘날의 특수효과 도구들에 접근할 수 없었다는 점을 애석하게 생각하나요?

아뇨, 우리는 그 영화에서 우리에게 필요했던 것을 얻을 수 있었습니다. 중요한 게 있습니다. 사람들은 영화를 보는데, 영화의 평균 길이는 1시간 40분에서 2시간 사이입니다. 나는 사람들이 이미지로서 영화에 제대로 초점을 맞추는 시간은 10분에서 15분가량일 거라고 믿습니다. 내가 만드는 종류의 영화에서 정말로 중요한 것은 드라마입니다. 내 영화들은 인간적인 존재에 대한 영화여야 합니다. 인간의 얼굴보다 관객의 관심을 더 오래 붙들어두는 것은 없고, 관객이 동질감을 느낄 수 있는 대상도 없습니다. 스토리텔링과 드라마, 인간의 얼굴 이 모든 게 내가 하고 싶은 작업의 핵심을 이룹니다. 나는 앞서 만든 영화들에서 벗어나려고 애쓰면서, 비주얼에 더 신경 쓰면서 영화를 만들고 또 만듭니다. 앞선 작품들하고 차이나는 것을 만드는 걸 좋아하기 때문입니다. 하지만 상당한 노력을 해야만 그런 결과를 얻을 수 있습니다. 그 모든 것은 캐릭터들과 관련돼야 합니다.

당신의 모든 작품에서 가장 극적인 순간에 속하는 것이 〈브로크백 마운틴〉의 결말에서 에니스 델 마가 잭 트위스트의 부모를 방문하는 신입니다. 그 신의 무드를 설정하는 작업에 어떻게 착수했나요?

그 작업은 우리가 촬영장에 걸음을 내딛은 시점에서 한참 전으로 거슬러 올라갑니다. 그 신은 마침 내가 그 영화에서 가장 좋아하는 신입니다. 무척 금욕적인 신으로, 거기에는 더 이상 존재하지 않는, 하지만 제이크 질렌홀이 너무도 생생하게 활력을 불어넣은 인물에 대한 신이고 거기 등장한 모든 캐릭터들이 잃어버린 인물에 대한 신입니다. 시각적인 영감을 준 인물로는 앤드루 와이어스를 들 수 있고, 그 삭막한 흰색 문들을 위해서는 덴마크 화가 빌헬름 함메르쇼이Vilhelm Hammershoi도 참조했습니다. 따라서 가장 처음에 한 일은 알맞은 집과 공간을 찾아내는 거였습니다. 당연한 말이지만, 그게 내가 프로덕션디자이너 주디 베커에게 맡긴 과제였습니다. 그리고 그 신의 촬영을 위해 〈헐크〉에서 썼던 스타일을 활용했습니다. 카메라

두 대로 촬영을 했죠. 양쪽에서 배우들을 포착하고는, 그런 후에 렌즈들을 교체해서 다시 촬영했습니다. 매우 변칙적인 촬영 방식입니다. 그걸 함께 편집하면 특정한 반응과 감정을 확실하게 강조할 수 있습니다. 그런 식으로 촬영하면 일부 배우들이 혼란스러워할 수도 있습니다. 하지만 내가 너무도 좋아하는 배우들인 히스 레저와 피터 맥로비, 로버타 맥스웰은, 당연한 말이지만, 혼란스러워하지 않았습니다. 이상한 날이었습니다. 그 신을 위해 햇빛이 환히 빛났으면 했는데 실제 날씨가 그랬습니다. 세트에 걸어 들어가면서 끝내주는 날이 될 거라는 느낌을 막연하게 받았던 것을 기억합니다. 그럼에도, 그런 신에서 가장 중요한 것은 배우들과 그들의 얼굴입니다. 그들이 그 신 전부를 만들어냈습니다.

당신은 캐스팅을 할 때 경험 많은 배우들과 신참들을 섞는 경우가 빈번합니다. 배우들이 각각의 영화에 필요한 감정을 쏟아 붓게끔 어떻게 가이드하나요?

이 문제에 대해서는 몇날 며칠을 얘기할 수도 있을 겁니다. 배우마다 천차만별이니까요. 배우들 각자는 우리가 등정해야 하는 산과 비슷합니다. 당연히, 쉬운 일은 하나도 없습니다. 영화를 만드는 데 엄청난 에너지를 쏟아 부을 때, 감독에게 가장 중요한 부분은 주연 배우들이라고 생각합니다. 따라서 감독은 배우들에게 전념해야 합니다.

배우들도 그 점을 압니다. 감독이 그들을 지켜볼 때, 그들도 감독을 지켜보고 있습니다. 그리고 나는 어떻게 하면 그들을 내가 마음에 뒀던 존재로 탈바꿈시킬 수 있을까 궁금해 하고 있습니다. 그들은 나를 지켜보면서, 내 마음의 한 부분을 가늠해내려고 애쓰고 있습니다. 그들은 그런 과정을 거치기 때문에 그걸 연기할 수 있는 겁니다. 전체적으로 대단히 추상적인 작업으로, 감독과 배우 사이를 많은 것이 오고갑니다. 나는 촬영감독과 프로덕션디자이너, 작가, 프로듀서들에게 나 자신의 모든 부분을 준다고 말해왔습니다. 하지만 내 가장 우수한 부분은 배우들에게 준다는 점에는 의심의 여지가 없습니다. 이게 내가 그들의 친구라는 의미는 아닙니다. 나는 그들과 친해지는 일이 거의 없습니다. 간혹 그런 경우가 있지만요. 사실, 그들 중 일부는 나를 냉랭한 사람으로 봅니다. 하지만 나는 그들이 예술적인 순간들을 펼치도록 해서 셀룰로이드에 영원토록 고정되게 만들기 위해 내가 해야 할 일이라고 생각하는 일을 합니다. 거기에는 분명 전투를 벌이는 듯한 측면이 있습니다. 영화 만들기는 나한테는 무척 신성한 일이고, 배우들도 그 점을 인지한다고 생각합니다.

신인과 베테랑을 같은 신에 등장시키는 게 문제였던 적이 있나요?

모든 것을 같은 장면에 등장시키는 것은 어려운 일일 수 있습니다. 〈센스 앤 센서빌리티〉를 할 때 케이트 윈슬릿은 불과 19세였고, 그건 그녀의 두 번째 영화였습니다. 그녀가 무슨 일을 하게끔 만드는 것은, 카메라를 상대하면서 지나치게 카메라를 의식해서 반응하지 말도록 만드는 것은 어려운 일일 수 있었습니다. 지금의 그녀는 당연히 그런 일을 모두 알고 있지만 그 시절에는 그다지 잘하지 못했습니다. 그런데 그건 에마 톰슨에게는 무척 쉬운 일이었습니다. 무엇보다도 에마는 4, 5개 층위를 가진 의미를 단번에 수월하게 전달할 수 있었습니다. 반면, 상대적으로 다듬어지지 않은 단계에 있던 케이트에게는 사람들을 감동시키는 힘이, 관객이 그녀를 걱정하게 만드는 힘이 있었습니다. 그건 케이트에게는 쉬운 일처럼 보인 반면 에마에게는 어려운 일처럼 보였습니다. 게다가 그들은 자매를 연기하고 있었습니다.

배우들과 작업을 막 시작할 때 어떤 과정을 거치나요?

우선, 그들의 호흡과 분위기를 감지해야 합니다. 리허설은 그런 지역에 들어가는 데 도움이 됩니다. 하지만 가장 중요한 것은 촬영일입니다. 보통, 나는 리허설을 2, 3주간 합니다. 리허설은 실제 제작하는 것처럼 영화를 관통하는 작업이 아닙니다. 나는 영화에 출연한 배우들은 리허설 동안 많은 것을 내놓지 않는 경향이 있다고, 그럴만한 좋은 이유가 있다고 생각합니다. 그들이 그걸 모두 내놓았을 경우, 촬영 기간에는 그 정노 수준의 연기를 하지 못하게 되니까요. 그들이 그런 식으로 리허설을 거친다면, 감독이 정말로 갈망하는 연기의 특징들이 촬영을 위해 고스란히 보존되게 됩니다. 우리는 그러기를 희망합니다. 내가 보기에 리허설은 배우들이 캐릭터가 모습을 갖추기 시작하는 것을 보고 듣는 것을, 그리고 그들이 캐릭터의 맛을 보는 것을, 그 캐릭터가 다른 캐릭터들과 빚어내는 화학작용의 맛을 보는 것을 도와주는 작업이라고 생각합니다. 촬영장에서 우리는 모두 카메라와 작업해야 하고 그 순간들을 위해 일합니다. 감독은 생각하고 느껴야 합니다. 따라서 리허설에서 모습을 드러내는 것은 연기가 아니라 함께 사유하는 방식입니다.

이런 모든 활동이 당신 주위에서 진행되는데, 당신은 감독으로서 자신의 역

할을 어떻게 보나요?

영화는 인위적인 매체라고 생각합니다. 영화는 생명체가 아닙니다. 실체가 아닙니다. 그런데 영화에는 그 나름의 신神이 있습니다. 세상에는 우리가 숭배해야 하는 영화의 신이 있습니다. 모든 사람의 아이디어를 묵살하고는 그 신의 목소리에 귀 기울여야 하는 특정한 시점들이 있습니다. 나는 많은 일이 시작되게끔 만들지만, 그런 후에는 관찰자가 돼서 영화의 신神의 의도에 부응할 진행 방향을 결정하는 신세가 됩니다. 각각의 영화에는 그 나름의 길이 있다고 생각합니다. 나는 스태프와 출연진에게 이 영화에서 중요한 것은 우리가 아니라고, 내가 아니라고 말합니다. 우리 모두는 영화라는 위대한 주인의 노예들입니다. 따라서 그게 내 목표입니다. 나는 모두를 그에 맞춰 조율해서는 통일체로 묶어내려고 애씁니다.

촬영장에 도착했을 때 처음 하는 일은 무엇인가요?

촬영 중일 때는 아침에 동선을 결정하고, 그런 다음 배우들은 각자의 분장을 하러 갑니다. 나는 촬영 리스트를 배포합니다. 조감독과 카메라 스태프, 미술부서와 다가올 신scene을 작업합니다. 촬영 준비가 되면, 세부 사항들을 놓고는 그것들을 개선합니다. 그러고는 그 테이크를 거듭하는 동안 테이크를 제대로 뽑아내고, 뽑아내고, 또 뽑아내려고 애씁니다.

테이크를 얼마나 많이 가나요?

여섯 번이나 일곱 번이라고 말하고 싶습니다. 열두 번 이상 가기는 힘듭니다. 세 번 이하로 끝나지는 않을 겁니다. 〈색, 계〉 때, 그녀로서는 첫 영화였던 탕웨이는 테이크가 다섯 번이 넘어가면 집중력을 잃고는 했습니다. 그녀는 감수성이 대단히 예민하고 기분 변화가 심했습니다. 그녀는 그 장면에 알맞은 분위기에 빠르게 젖어들었다가 표류하고는 했습니다. 경험이 적다는 면에서는 그녀와 비슷했던 다른 배우들은 달랐습니다. (《색, 계》의) 왕리홍이나 (《테이킹 우드스탁》의) 디미트리 마틴은 둘 다 영화에 처음 출연한 신인이었는데, 테이크를 거듭할수록 꾸준히 연기가 나아졌습니다. 여섯 번째 테이크를 가고 나면 일곱 번째 테이크는 더 나아질 거라고 기대할 수 있었습니다. 그런데 같은 이유로 다섯 번째 테이크를 가기 전까지는 아무 데도 도달하지 못하기도 했습니다. 양조위(《색, 계》)나 조앤 앨런(《아이스 스톰》) 같은 꿈의 배우들도 있습니다. 그들은 테이크가 거듭돼도 완벽하기만 합니다. 따라서 온갖 배우가 있습니다. 그래서 섞고 싹짓고 균형 잡을 일이 많습니다.

당신은 〈색, 계〉에서 대단히 노골적인 섹스 신과 강렬한 감정을 결합시켰습니다. 올바른 균형점을 찾아내는 게 어려웠어요?

예. 두 캐릭터는 서로를 죽이려고 애쓰고 있습니다. 그는 심문자이고 그녀는 유혹자입니다. 나는 그보다 더 강렬한 것을 하나도 찾아내지 못했습니다. 나는 내 아내나 가족하고는 함께 처해본 적도 없는 주제에 배우들과 함께 몰입했습니다. 배우들과 가장 사적인 공간을 공유하면서 그들을 매우 직설적으로 대했습니다. 우리는 그 소재에서 우리만의 예술을 만들어냈고, 그런 수준에서 서로를 향한 유대감을 빚어냈습니다. 그리고 나는 그 캐릭터들로 나 자신을 노출시키고 있었습니다. 따라서 그건 내 입장에서는 무척 고통스러운 경험이었습니다. 나는 섹스 신들을 통해 우리가 특정한 종류의 연기에 쳐진 경계선을 깨뜨리고 있었다고 생각합니다. 그걸 감독하는 것, 눈앞에서 진행되고 있는 게 리얼한 것인지 여부를 의아해해야 하는 상황을 창조하는 것, 그것이 감독이 배우들과 가질 수 있는 궁극적인 경험이었습니다. 그런데 그건 끔찍한 작업이기도 했습니다. 촬영이 끝난 후 우리 모두는 한 달을 앓았습니다. 그 정도로 강렬한 작업이었습니다. 그리고 그 영화 이후, 나는 배우들을 영화에서 현실로 데려오는 것이 내가 할 일이라는 것을 처음으로 느꼈습니다. 나는 여전히 탕웨이와 연락하며 그런 작업을 하고 있습니다. 그녀가 그 캐릭터에서 벗어나는 것을 여전히 돕고 있습니다. 과거에는 그걸 내가 할 일이라고 보지 않았었습니다.

당신이 배우들과 맺는 관계는 보통 어떤 종류의 관계인가요?

나는 배우들이 나를 어떻게 느끼는지 모릅니다. 나는 영어 영화를 처음 연출할 때 특정한 점들에 대해서는 비난을 모면할 수 있었습니다. 내가 영어를 썩 잘하지는 못했기 때문에, 나는 대단히 직접적이고 직설적인 연출 지시를 하고는 했습니다. 배우들은 그런 지시에 충격을 받았지만, 내 영어가 형편없는 탓에 그런 거라고, 그보다 나은 표현을 몰라서 그런 거라고 가늠했고 그래서 그걸 감내했습니다. 하지만 내 영어가 나아지면서 그런 비난을 모면할 가능성은 줄었습니다. 나는 다른 사람들 모두처럼 더 교양 있는 사람이 돼야 했습니다. 나는 〈테이킹 우드스탁〉을 하면서 약간 더 느긋해지기 시작했습니다. 부분적인 이유는 〈색, 계〉를 만드는 과정이 너무 강렬했기 때문입니다. 소재가 더 명랑한 것이라는 점과는 별개로, 나는 개인적으로 약간 더 상냥하고 칭찬을 잘하는 사람이 되기로, 그리고 모두가 행복해야 한다는 점에 더 관심을 갖는 사람이 되기로 결심했습니다.

당신의 일부 영화들은 국제적인 관객을 위해 기획된 것처럼 보입니다. 그 영화들은 해외에서도, 특히 아시아 시장에서도 좋은 평가를 받았나요?

우리가 아시아 시장에서 한 경험은 흥미로웠습니다. 〈와호장룡〉을 만들었을 때, 그 영화를 만든 것은 내가 무술 영화를 만드는 걸 오랫동안 원했기 때문이었지만, 동시에 나는 무술 영화를 업그레이드해야만 한다고 생각했습니다. 내가 자랄 때 본, 홍콩 스타일의 B장르영화를 만들고 싶지는 않았습니다. 우리는 영화에 A영화의 요소와 B영화의 요소들을 섞어냈습니다. 우리가 그 영화로 서양에서는 엄청난 성공을 거뒀음에도, 동양 시장은 그런 점을 썩 잘 받아들이지는 않았습니다. 여기 미국에서는 신선한 접근 방식이 높은 평가를 받았죠. 그런데 〈색, 계〉에서는 정반대의 일이 일어났습니다. 그 영화는 동양에서는 엄청난 문화적 현상이었지만, 서양에서는 아무 반향도 일으키지 못했습니다. 아마도 그 영화가 그곳의 역사와 직접적으로 관련돼있기 때문일 것이고, 그 영화의 비극적인 의미가 여기에서보다는 동양에서 더 보편적으로 수용됐기 때문일 겁니다.

중국 관객들은 어떤가요?

중국 본토의 영화는 정말로 도약하기 시작하고 있습니다. 중국은 신흥 시장인데다 흥미로운 시장입니다. 중국의 영화 산업은 나름의 중도적인 영화들을 만들기 시작하고 있습니다. 해적판은 중국 어디에나 있지만 관객들은 여전히 영화관을 갑니다. 거기서 히트하는 영화들이 무엇인지 살펴보면 심지어 내 입장에서도, 그들이 특정한 작품들을 좋아하는 이유를, 그리고 특정한 작품들을 좋아하지 않는 이유를 이해하기가 무척 어렵습니다. 그런데 그들의 규모는 미국 관객 규모의 네 배입니다. 따라서 도시 한 곳에서만 상영하더라도 영화 한 편이 1억 달러를 벌어들이면서 히트할 수도 있습니다. 중요한 시장입니다.

영화 시장의 복잡성을 감안할 때, 당신은 당신이 만드는 종류의 영화들을 위한 공간이 계속 존재할 거라고 생각하나요?

나는 상대적으로 안전한 지대에 있습니다. 내가 사람들이 대작소품big-small movie이라고 부를지도 모르는 영화를 만들 때, 나한테 딱히 큰 문젯거리는 없습니다. 그리고 나는 만들고 싶은 영화에 착수합니다. 국제적으로 통하는 영화의 관점에서, 나는 미국 외부에서 나오는 흥미로운 영화가 많다고 생각합니다. 미국에서는 아트하우스 영화를 저예산 영화 사업으로 정의하는 듯 보입니다. 따라서 세상에는 그런 종류의 영화가 있고 할리우드 영화가 있습니다. 하지만 나는 사람들이 '중간 영화tweeners'라고 부를지도 모르는 영화가 더 많이 필요하다고 생각합니다. 영화는 양극화되고 있습니다. 세상에는 더 값비싼 영화들을 만드는, 예술적으로 진실한 작업을 해서 성공한 감독들이 일부 있지만 그런 감독이 많지는 않습니다.

얀 마텔의 책을 원작으로 한 당신의 다음 영화 〈라이프 오브 파이〉는 태평양에서 얼룩말과 하이에나, 오랑우탄, 호랑이와 함께 구명보트를 타고 표류하는

소년에 대한 모험담입니다. 대단히 많은 준비가 필요한 까다로운 영화처럼 들리는데요.

그 책을 2001년에 읽었을 때 무척 흥미로웠지만, 그걸 영화로 만들 수 있을 거라고는 생각하지 않았습니다. 그러다 〈테이킹 우드스탁〉을 시작하고 있을 때, 폭스 2000이 나한테 다가와 그 프로젝트가 다시금 입수 가능해졌다고 말했습니다. 기술적으로 어려운 영화라서 기존 영화하고는 다른 영화가 될 거라고 생각합니다. 애니메이션을 다뤄야 하기 때문에 사전 시각화를 해야 할 겁니다. 나는 사전 시각화를 싫어합니다. 보통은 스토리보드 작업도 하지 않습니다. 때로는 그런 작업을 하지만 그걸 따르지는 않습니다. 무엇인가를 발견해서 우리에게 잘 작동하도록 만들려고 애쓰는 대신에 (스토리보드에 그려진 대로) 숏을 촬영하는 이유가 뭡니까? 그건 나한테는 그다지 사리에 맞는 일이 아닙니다. 하지만 연출은 한 자리에 가만히 머물러 있는 작업이 아닙니다. 값비싼 숏들을 작업할 때는 사전에 계획을 꼼꼼히 세워야 합니다. 평소 과정을 따를 상황이 아닙니다. 그런 작업은 흥분됩니다. 그게 영화 연출입니다. 거기에는 아무런 법칙도 없습니다.

〈라이프 오브 파이〉 (2012)

〈라이프 오브 파이〉에 대한 이안의 의견

제이슨 리로이 —— 2012

영화로 만들지 못할 거라고들 했다. 작은 구명보트에 야생 호랑이를 유일한 동행으로 태우고는 망망대해를 표류하는 인도인 10대 소년 파이의 이야기로만 거의 전적으로 구성된 강렬한 시각적 우화인, 얀 마텔의 베스트셀러 소설 〈라이프 오브 파이〉의 영화 버전 말이다. "흥"하고 콧방귀를 뀌는 사람들이 있었다. "젠장"하고 큰소리를 치는 사람들도 있었다. "망했군"이라고 니니 리크스NeNe Leakes. 미국의 배우, 패션 디자이너는 악담을 퍼부었다. 하지만 회의론자들은 〈와호장룡〉과 〈브로크백 마운틴〉 같은 현대의 클래식을 연출한 58세의 오스카 수상 감독 이안이 지휘봉을 잡는 걸 고려할 거라고는 생각지 못했던 게 분명하다. 그런데 이안이 그저 그런 평가를 받은 〈테이킹 우드스탁〉의 차기작으로 이 영적인 우화를 선택하면서 감독 자리를 맡았다.

이안은 엄청난 난제들을 보면 흥분하는 사람인 게 분명하다. 그는 주인공 역할에 연기 경험이 전무한 배우(수라지 샤르마)를 선택했을 뿐 아니라, 마텔의 내밀하면서도 실제보다 과장된 이야기를 들려주기 위해 영화의 다양한 환상적인 배경의 거의 전부를 디지털 비주얼의 경이로운 세계로 (역시, 3D로) 창조해서 영화 테크놀로지를 최첨단까지 밀어붙이기까지 했다. 그렇게 나온 영화는 숨이 턱 막힐 정도로 놀라운 비주얼을, 수라지의 주목할 만한 연기를 축으로 삼은 비타협적인 영적·철학적 뼈대와 결합시킨다. 이안이 아닌 다른 감독이 그렇게 장대한 규모를 바탕으로 한 이 고난도 소재를 영화로 실현하는 모습은 상상하기 어렵다. 스토리텔링을 향한 열정의 뿌리에 대해, 〈와호장룡〉의 캐릭터들 중에서 그가 〈라이프 오브 파이〉의 호랑이를 위한 영감을 얻으려고 활용한 캐릭터에 대해, 신인 배우들을 활용하는 방법에 대해 논의하려고 이안이 〈스피닝 플래터스〉와 자리에 앉았다.

당신이 새로 만드는 각각의 영화는 이전에 만들었던 영화들하고는 사뭇 다르게 보입니다. 〈라이프 오브 파이〉에서 당신에게 어필한 요소는 무엇이었나요?

이 영화는 관객으로 하여금 신神을 믿게 만들 이야기라고 광고됐지만, 그런 말을 믿을 사람은 당연히 아무도 없을 겁니다. 사실, 이 작품은 믿음이라는 관념과 스토리를 다룹니다. 나는 스토리텔러입니다. 영화를 만드는 사람이죠. 따라서 그 사실은 내가 하는 작업의 본질을, 내가 창조하는 환상들을 정말로 변화시킵니다. 믿음과 이야기는 우리 인생에 어떻게 영향을 끼치는가, 우리는 그것들을 어떻게 현실로 받아들이는가, 그것들이 어떤 면에서 현실보다 더 중요한가. 내게 있어서는 그게 진실입니다. 나는 〈색, 계〉에서 그런 것처럼,

거짓된 상황에 처해서는 지나치게 많은 감정을 쏟아내는 바람에 길을 잃은 사람들에 대한 영화들을 만듭니다. 그 주제는 정말로 나를 매혹시킵니다. 나는 항해 부분 때문에도 영화를 만들고 싶었습니다. 그 부분은 시각적으로 대단히 생생하게 집필됐습니다. 그 부분을 영상으로 실현할 수만 있다면, 그건 대단히 훌륭한 영화의 소재일 겁니다.

인도가 배경인 부분은 원작이 너무 방대해서 선박을 침몰시키기 전에 축소시켜야 했고, 길이 면에서 어려움이 많았지만 대단히 컬러풀했습니다. 게다가 원작의 결말은 철학적입니다. 그게 힘든 부분이고 도전해야 할 과제였습니다. 그 부분을 작업하는 걸 고대했었지만 그것을 즐겼다는 말은 못하겠습니다. (웃음) 하지만 매혹적인 작품입니다. 나를 매료시키는 철학적인 질문들을 던지는 작품이죠. 나는 내 견해를 말하는 것을 좋아합니다. 나는 책이 하는 일을 영화로 하고 싶습니다. 내 생각에, 책을 쓰는 것보다는 영화를 만드는 게 더 어렵습니다. 영화는 더 직접적이기 때문입니다. 관객의 얼굴 바로 앞에 포토리얼리스틱한photorealistic 이미지가 있습니다. 관객은 스크린에 존재하는 것을 봅니다. 그런 작업을 어떻게 할까요? 관객이 환상의 내부에서 지켜보고 있는 환상을 어떻게 논의할까요? 나한테는 그게 대단히 큰 난제였습니다. 그건 이 작품을 할 충분한 이유였습니다. 그렇지 않습니까? 이 작품이 나랑 작품에 관련된 모든 사람 입장에서 대단히 큰 주사위를 굴려야 하는 일이라는 사실만 제외하면요. 하지만 결국에는 그럴만한 가치가 있었다고 생각합니다. (웃음)

당신의 전작들 중 많은 영화도 극단적인 상황에 자신들을 던지는 사람들을

다뤘습니다. 그 작품들은 모두, 〈헐크〉에서 가장 명백하게 드러나는 요소가 됐건 〈테이킹 우드스탁〉에 등장하는 향정신성 약물이 됐건, 일종의 형이상학적 요소들을 등장시키는 듯 보입니다. 그런데 〈라이프 오브 파이〉에는 종교와 신앙에 대한 정말로 노골적인 대사가 있습니다. 그 요소는 당신을 이 작품을 하게끔 유혹했나요, 아니면 당신을 이 작품에서 밀어냈나요? 이 작품에서는 주제를 드러내는 방편이 매우 명백한 반면, 당신의 다른 영화들에서는 그렇지 않기 때문에 묻는 겁니다.

앞서 말했듯, 신을 믿지 않는 사람 중 누구도 이 영화를 보거나 원작을 읽고 난 다음에 신을 믿기 시작하지는 않을 겁니다. 그런 일은 없을 겁니다. 그게 노골적인 부분입니다. 이 작품에 심오한 메타포가 있더라도 나는 그걸 말해서는 안 됩니다. (웃음) 물론 그리 명확하게 드러나지 않은 다른 부분들이 있습니다. 내가 직면한 가장 큰 난제들은 사람들에게 희망과 믿음을 주는 영화를 만들고 있었다는 겁니다. 그것들은 우리에게 대단히 중요하니까요. 하지만 작품에는 파이가 느끼는 낙담과 분노, 혼란도 있습니다. 부차적인 스토리가 있다는 것은 물론입니다. 나는 그런 스토리가 영화에 공존하고 있다는 게 도발적인 부분이라고 생각합니다. 나는 그건 사람들이 이 영화를 보고는 어떤 것을 취하느냐에, 그들이 첫 번째 이야기나 두 번째 이야기 중 어느 쪽을 택하느냐 여부에 달렸다고 생각합니다. 이 영화를 보는 방법은 많습니다. 내가 할 일은 (이 영화에 유대감을 느끼도록) 모든 사람에게 기회를 제공하는 것입니다. 신앙심 깊은 이들, 무신론자들, 모험담만 즐길 어린 아이들, 철학적 사고나 형이상학적 사색을 즐기는 사람들을 특별히 구분해서 겨냥하는 게 아니라요. 관객들은 그 모든 것을 할 수 있습니다. 내가 그런 목표에

도달했는지 여부는 모르겠지만, 그게 목표인 것은 확실합니다. 내가 만든 다른 영화들도 다를 게 없습니다. 좋은 영화들은 그런 특징을 갖고 있어야 마땅하다고 생각합니다.

계약서에 서명하기에 앞서 원작의 어떤 점에 친근감을 느꼈나요?

누군가가 원작을 추천해줘서 읽었습니다. 그런 후에 책을 아내와 아이들에게 추천했죠. 내가 그걸 영화로 만들고 싶어 할 거라고는 생각하지 않았습니다만, 영화감독으로서 그 작품에 매료되기는 했습니다. 앞서 말했듯 우리는 환상들에 대해, 그것들을 얼마나 리얼하게 만들 수 있느냐에 대해, 그리고 그것이 진정한 현실의 본질이냐에 대해 말합니다. 그런 점이 나를 정말로 매료시켰고 일부 이미지도 나를 매료시켰습니다. 하지만 원작을 충실하게 옮기려면 비용이 지나치게 많이 들 거라고 생각했고 기술적으로도 준비가 돼있지 않다고 생각했습니다. 심지어 오늘날에도 그런 점은 대단히 어렵습니다. 그래서 스튜디오가 5년쯤 전에 프로젝트를 들고 접근하기 전까지는, 이 영화를 만든다는 생각은 내 머리 뒤편에 있는 흥미로운 아이디어였을 뿐 이걸 영화로 만들려고 추구하는 문제를 고려한 적은 한 번도 없었습니다.

소설에 변화를 가한 주요한 점 중 하나는 파이가 자신의 경험을 얀에게 직접 말하게 만들었다는 겁니다. 그런 변화는 어떻게 생겨났나요?

그게 내가 처음 떠올린 아이디어 중 하나였습니다. 원작은 괴상한 책입니다! 당신이라면 그걸 어떻게 구조를 갖춘 영화로 만들겠습니까? 그게 이 영화를 할 건지 말 건지를 결정하던 때에 내가 고민한 첫 문제입니다. 항해 장면이 얼마나 환상적인지는 중요하지 않습니다. 구조를 찾아내지 못한다면 스토리를 들려주거나 영화를 만드는 데 착수할 수 없습니다. 프롤로그에서 인도인이 얀에게 "당신이 신을 믿게끔 만들 이야기를 가진 사람이 캐나다에 있어요"라고 말할 때 그 점을 감지했습니다. 그 얘기가 무척 재미있어서 그는 캐나다로 갑니다. 그래서 생각했죠. "오케이, 이건 얀 마텔이 던지는 농담이로군. 그렇다면 나는 그게 실제로 일어났던 일인 양 진지하게 이야기를 받아들이자." 거기서 쾌감을 느꼈습니다! 그게 영화의 구조를 잡는 좋은 방법이라고 생각했습니다.

원작은 16세 난 소년의 여행담이지만 나는 그 이야기가 대단히 어른스러운 목소리로 전달되고 있다는 것을 알게 됐습니다. 따라서 그 이야기는 어린아이가 아니라 어른이 된 사람이 들려줘야 했습니다. 소년은 일기장에서 나온 보이스오버로 공백을 채울 수 있지만, 그가 하는 설명의 대부분은 더 나이 든 목소리로 나와야 했습니다. 그리고 이 작품은 스토리텔링과 공유, 경청의 힘을 다룹니다. 그래서 생각했습니다. "그래, 이건 좋은 도구야. 파이가 스토리를 들려주는 거야. 그러면 작가가 그 스토리를 넘겨받고서는 책을 창작할 거야." 나는 픽션을 실제 상황으로 활용하고 있습니다.

이 작품이 스토리와 스토리텔링의 힘에 대단히 집중하는 작품이라는 점에서, 당신은 당신이 스토리텔러가 되게끔 영감을 준 최초의 스토리들을 기억하나요?

(잠시 침묵) 아마 영화들일 겁니다. 우리 어머니는 딱히 훌륭한 이야기꾼은 아니고 아버지는 당신에게 일어난 일을 제외하고는 나한

테 이야기를 들려준 적이 결코 없었습니다. 하지만 부모님의 인생사에는 스토리적인 요소들이 있습니다. 나는 가톨릭계 유치원에 다녔고, 어머니는 나를 성당에 데려갔습니다. 그래서 그와 관련한 스토리들이 많습니다. 하지만 나한테 가장 큰 영감을 준 것은 이미지들로 들려주는 스토리인 영화라고 생각합니다. 3살 어린 남동생이 있는데, 나는 몇 년간 날마다 그 애한테 많은 이야기를 들려주고는 했습니다. 내가 지어낸 이야기도 많았는데도 그 애는 귀를 기울였죠. 우리는 그런 식으로, 내가 동생에게 이야기를 들려주면서 유년기를 보냈습니다. 우리가 왜 그랬는지 이유를 모르겠습니다. 동생이 왜 귀를 기울였는지도 모르겠고요. 하지만 나는 스토리텔러가 되는 것이 마냥 좋았다고 생각합니다. 이야기를 듣는 사람이 되는 것보다 훨씬 더요.

호랑이는 소설에서 상당히 중추적인 캐릭터입니다. 영화를 위해 호랑이를 이미지로 실현하면서 거기에 개성을 불어넣기 위해 어떤 접근 방식을 취했나요?

호랑이의 행동에 대해 공부했습니다. 영화에는 실제 호랑이가 할 만한 많은 일이 있습니다. 그런 행동에서 벗어나고 싶지는 않았습니다. 나는 호랑이가 말을 하게끔 만들지도, 당신을 사랑하는 양 응시하게 만들지도 않을 겁니다. 호랑이를 인간화시키지 않을 겁니다. 그런데 하나의 캐릭터로서 호랑이는 배우처럼 구축할 수 있는 존재가 아닙니다. 내가 실제로 호랑이를 본 적이 전혀 없기 때문입니다. 무슨 일을 하게끔 조련을 받고 그래서 그를 두려워하게 되는 실제 호랑이거나, 전적으로 디지털 작업을 통해 우리의 상상력에서 창조해낸 호랑이거나 둘 중 하나였습니다. 그래서 이 작품에 개인적으로 착수할 때, 나는 내 내면에 있는 웅크린 호랑이(와호臥虎)를, 내가 창조하고 상상하고 있는 무엇인가를 상대하고 있었다고 생각합니다. 그런 캐릭터들을 상대한 경험이 두어 차례 있습니다.

내가 떠올릴 수 있는 가장 근접한 캐릭터는, 인간 캐릭터이기는 하지만, 〈와호장룡〉에서 장쯔이가 연기한 젠 캐릭터입니다. 내가 친숙한 무엇인가를 보거나 그런 사람을 알고 있으면, 나는 그 아이디어를 지워버립니다. 나는 무엇인가를 창조하고 싶습니다. 나는 나를 철저히 매료시키는 무엇인가를 상상하고 있습니다. 그녀의 경우, 나는 그녀가 내가 원하는 것하고는 정반대되는 쪽으로 가서 철저하게 저항하기를 원합니다. 그녀가 하늘을 날게 될 거라고, 그래서 사람들은 그녀를 붙잡을 수 없을 거라고 상상합니다. 죽기 직전의 무바이는 장룡인 경우를 제외하면 그녀를 건들 수가 없습니다. 그래서 나는 장쯔이와 같이 작업하면서 꽤나 생생하다고 생각하는 캐릭터를 창조했습니다. 나는 젠과 비슷한 사람은 전혀 모르는데, 그게 그 캐릭터에 대한 내 아이디어였습니다. 호랑이 캐릭터도 그와 비슷하게 착수했습니다. 그걸 디지털로 창조하는 1년 반 동안 내가 더 고되게 작업했고 수천 명이 나를 도와줬다는 점만 제외하면요. 원칙적으로 둘은 비슷합니다만 이 캐릭터가 훨씬 더 힘들었습니다. (웃음)

무수히 많은 기술적 난제 외에도, 당신은 연기를 처음 하는 배우를 주인공으로 택했습니다. 수라지는 연기를 처음 하는 배우라는 난점도 있지만, 디지털로 제작하는 영화의 특성 때문에 그는 등장하는 신의 거의 대부분을 본질적으로 텅 빈 공간을 상대로 연기하지 않았나요?

그가 그토록 재능 있는 배우인 이유가 그겁니다. 연기를 하려고 앉으면 호랑이 역할을 하는 파란 옷을 입은 사람blue man이 저기 있습니다. 그런데도 그는 어찌어찌 연기를 해야 했습니다. 물이 등장하는 부분에서 그는 그 자신과 협상해야 했습니다. 그 장면의 그는 전부 실제 모습입니다. 그가 더듬거리면 영화에도 더듬거리는 모습으로 나옵니다. 그가 영적으로 신神을 대면하는 상황에서, 호랑이 역할을 위해 그는 자신을 그 상황에 처하게 만들어야 했습니다. 내가 그런 모습을 보지 못하면, 나는 그런 모습을 보지 못한 것이고, 그래서 그는 다시 시도해야 했습니다. 그런 점에서 그는 경험 많은 배우들과 전혀 다르지 않았습니다. 그런데 어떤 면에서, 참신하고 경험이 적은 배우는 우리가 벗겨내서 이용해먹을 수 있는 순수함이 더 많습니다. (웃음) 그들은 영화를 만드는 다른 방법들을 모르는데다 냉소적인 성향도 덜합니다. 그들이 어딘가에 몰입하면 실제로 몰입한 겁니다. 어떤 면에서는 그들과 작업하는 게 경험 많고 세파에 찌든 배우보다 더 쉬웠습니다. 그는 이 영화를 만들라면서 신이 하사한 선물이었습니다. 그는 설득력 있었습니다. 상황에 대한 믿음을 연기에 투여했고 우리는 그 연기를 믿었습니다. 나는 재능 있는 영화감독입니다. 그래서 배우의 연기를 보면 그가 그걸 믿는지 아닌지 여부를 압니다. 나는 그걸 알 수 있었고, 그래서 그에게 계속 노력하라고만 했습니다.

그에게 한 내 연출 지시는 무척 직접적이었습니다. "겁에 질린 모습을 보여서는 안 돼." 숨을 더 힘들게 쉬는 따위의 오래 된 속임수를 쓰면 그걸 더 잘 감지할 수 있을 겁니다. 하지만 결국에는 그가 자신이 하는 연기를 믿어야만 합니다. 그는 재능 있는 배우였고 무엇인가를 믿는 데 아무런 곤란도 겪지 않습니다. 때때로 그가 울먹

이면 가슴이 찢어졌습니다. 그가 무릎에 얹은 호랑이의 머리를 쓰다듬는 신은 무척 가슴 아픈 장면이지만, 그가 실제로 붙들고 있는 것은 커다란 모래주머니였습니다. 그는 파란 모래주머니를 상대로 연기하고 있었습니다! 촬영장이 북적거리는 학교 운동장하고 가까웠던 탓에 그가 소음 때문에 너무 산만해져서는 그걸 하지 못할지도 모르겠다고 말했지만, 그는 세 번째 테이크만에 그 연기를 해냈습니다. 사람들은 큰 감동을 받았습니다. 분장을 맡은 여성은 세트에서 그의 대리모 비슷한 존재였는데, 그녀는 흐느끼면서 말했습니다. "내가 저 아이 엄마라는 게 자랑스러워요!" 그는 재능 있는 배우입니다.

다음 작품은 뭔가요?

전혀 없습니다. 나는 이 영화를 홍보한 후로는 혼절하고 말 겁니다. (웃음)

이안이 〈라이프 오브 파이〉를 스크린에 데려간 여정에 대해 말하다

알렉스 빌링턴 —— 2012

현재 전국의 극장에서 3D로 상영 중인 〈라이프 오브 파이〉는 내가 올해 가장 좋아하는 영화 중 하나로, 오스카를 수상한 대만 감독 이안이 연출한 작품이다. 나는 리뷰에서 그 영화에 10점 만점에 9점을 줬고, 제러미는 10점 만점에 10점을 줬다. 이 작품이 영화가 발휘하는 경이로운 마법을 다룬 작품인데다, 영화감독들이 알맞은 스토리텔링 도구들을 갖고 할 수 있는 일을 보여줬기 때문이다. 심지어 3D라는 도구를 포함해서 말이다. 이안은 〈와호장룡〉〈센스 앤 센서빌리티〉〈브로크백 마운틴〉〈색, 계〉심지어 〈헐크〉 같은 많은 찬사 받은 히트작을 만든 다재다능한 감독이다. 운 좋게도, 2주쯤 전 뉴욕에서 나는 경이로운 스토리인 〈라이프 오브 파이〉를 대형 스크린에 옮긴 작업에 대해 논의하려고 이안과 20분간 마주앉는 기회를 잡았다.

FirstShowing.net 2012년 12월 18일자에서. Reprinted by permission.

이 인터뷰는 호텔에서 녹음됐지만 비디오로 녹화할 수는 없었다. 따라서 다음 글은 〈라이프 오브 파이〉와 관련해서 내가 이안과 한 인터뷰의 녹취록 전문이다. 나는 영화에 대해 이렇게 썼다. "파이와 그가 구명보트에서 벌이는 투쟁에는 지루하고 하품 나는 사소한 순간들도 있지만, 관객을 순수하게 매혹시키고 셀룰로이드의 기쁨을 안겨주는 순간들을 위해서는 그 순간들마저도 겪어낼 가치가 있다. 그런 종류의 순간들은 우리에게 상기시킨다. '이게 내가 영화를 보러 오는 이유야.' 그리고 '이게 내가 영화를 사랑하는 이유야.'"

이 스토리를 영화로서 접근하는 방식을 어떻게 알아냈나요? 얀 마텔의 소설을 읽고는 그 즉시 "이게 정확히 내가 작업하고 싶은 작품이야"라고 생각했나요? 아니면 시간이 지나는 동안 그런 생각을 하게 된 건가요?

책이 처음 나왔을 때 책을 읽었습니다. 그러고는 책에 매료됐죠. 정신적으로 큰 충격을 받기도 했고요. 하지만 영화를 만들겠다는 생각은 근처에도 못 갔습니다. 그건 꽤나 명백했습니다. 그러다 4, 5년쯤 전에 폭스가 나한테 접근했습니다. 그러면서 생각하기 시작했죠. "이걸 어떻게 해결할까?" 그러면서 서서히 책에 낚이기 시작했습니다. 생각하기를, 내가 구조를 얻기만 하면… 왜냐하면 이건 내가 하는 일인 스토리텔링의 힘을 점검하고 환상을 점검하는 이야기이니까요. 영화는 환상에 꽤 많이 의지하는데 (우리는 관객을 어떻게 감정직인 여성에 올려놓습니까?) 책이 다루는 것은 그게 아닙니다. 원작은 철학적인 책입니다. 관객을 감정적인 여정에 올려놓은 후 영화라는 환상 내부에서 어떻게 환상을 점검합니까? 그건 해결할 수 없는 문제에 속한다고 생각합니다.

그러다 나이 먹은 파이가 이야기를 들려준다는 생각이 들었습니다. 그렇게 하면 3인칭 화자와 1인칭 화자를 갖게 됩니다. 그러면 영화가 잘 굴러갈 것 같았습니다. 그런 후에 3D를 떠올렸습니다. 굉장히 순진한 아이디어죠. 나는 4년쯤 전에는 아이디어가 하나도 없었으니까요. 나는 화면에 또 다른 차원을 가미하면, 어쩌면, 어쩌면… 어쩌면 난국이 훤하게 뚫릴 거라고 생각했습니다. 그러면서 낚였죠. (웃음) 조금씩, 조금씩요. 긴 시간이 걸린 작업이었습니다. 시나리오는 1년쯤 걸렸고, 그러고는 사전 시각화를 하느라 다시 1년이 걸렸습니다. 그러고서 나는 내가 해야 할 숙제를 했습니다. 그러고는 차원이 다른 생각을 해야 했습니다. 워터 무비water movie를 하려면 물탱크를 만들어야 하니까요. 그런데 나는 물탱크 작업을 제대로 잘한 영화를 한 편도 보지 못했습니다. 그 문제에 있어서는 내가 최고가 돼야 하는 식이었습니다. 나는 그 문제를 해결해야 했고, 그 파도를 타고는 훨씬 더 멀리로 나아가야 했습니다. 내가 그걸 어떻게 할까요? 'LA에서 그걸 할 수 있는 방법은 없다'고 생각했습니다. 그래서 대만을 떠올렸죠. 긴 과정이었습니다.

하지만 나는 내가 할 공부를 했습니다. 3D는 바다를 다루는 데 정말로 좋을 거라고 생각했습니다. 조금씩, 조금씩요. 그랬음에도 모든 문제를 해결한 후에, 내가 언급한 첫 문제는 여전히 가장 어려운 문제였습니다. 우리 관객을 궤도 밖으로 내동댕이치는 일 없이 어떻게 영화를 마무리 지을 수 있을까? 그게 정말로 힘들었습니다. 영화의 후반부를 다루는 방법, 결론을 내는 방법이요.

엔딩에 대해 말하자면, 제3의 작가가 이야기를 들려주는 현대 시점으로 끝낸

책의 결말을 포함시키는 게 왜 그렇게 중요하다고 느낀 건지 물어보고 싶었습니다.

화자가 제3자라는 게 의미를 부여하니까요. 그는 그 사건에 대해 고민하고 곰곰이 생각하고 머리를 쥐어뜯어도 보고 괴상한 방식으로 생각을 내뱉으면서 30년을 보냈습니다. 그리고 우리는 무슨 일이 다가오고 있는지를 모릅니다. 책은 대체로 나이 먹은 목소리에 의해 전달되니까요. 나는 35세의 캐나다인을 모릅니다. 그 사건이 무엇인지 모릅니다. 하지만 그 이야기는 꽤나 어른스럽고 철학적입니다. 16살 난 인도 소년의 목소리는 아니죠. 그래서 나이 든 목소리는 필수적이라고 생각했습니다. 그러고는 사색적인 책이기 때문에 감정에 충실하게 머물러 있고 싶다고 생각했고, 그러려면 또 다른 작가나 괴상한 보이스오버가 아니라 동일한 사람이어야 한다고 판단했습니다. 젊은 파이의 목소리로 작업할 수는 없었습니다…. 그 작업을 할 다른 방법이 있습니다. 어린 파이가 병원에서, 병실에서 일본인에게 첫 이야기를 들려줍니다. 그러면 자연스럽게, 사람들은 그런 식으로 그 문제에 착수할 테지만 그 목소리는 적당하지 않을 겁니다. 그리고 화자가 그이기 때문에, 똑같은 사람이기 때문에 관객은 감정적으로 격리됐다는 느낌을 받지는 못합니다.

그래서 제3자를, 객관적이고 전지적인 관점을 가진 사람인 동시에 동일한 사람을 내세우는 게 해법일 거라고 생각했습니다. 그런 식으로 사고의 틀을 얻었습니다. 하지만 그건 시작에 불과했고 일은 더욱 복잡해졌습니다. (웃음) 작품에 착수하는 동안에요.

그게 바로 내가 파고들고 싶었던…

그래요. 그가 숨기고 싶은 얘기가 있었다면 어떨까요? 이 얘기는 어떻게 되고 저 얘기는 어떻게 될까요? 두 번째 이야기가 사실이라면 어떻게 될까요? 첫 번째 이야기가 부분적으로 사실이라면, 두 이야기 다 결과적으로 헛소리라면 어떻게 될까요? 사람들이 이 이야기를 어떻게 받아들이건, 이야기는 결말에서 제대로 먹혀들어야 합니다. 배우들은 그걸 어떻게 모든 사람이 자취를 찾아낼 수 있도록 전달할까요? 사연이 깁니다. 아무튼 내 입장에서 이 영화는, 영화적으로, 힘든 작품이었습니다.

소설에서 영화에 포함시킬 필요가 있는 부분을 어떻게 알게 됐나요? 내버리고 바꿀 수 있지만 파이 캐릭터의 취지를 여전히 유지하는 부분을 어떻게 알게 됐나요?

직감으로요. 신scene의 관점에서 느낀 직감으로 알게 됐죠. 어떤 신이 의미하는 바가 책의 취지를 가장 잘 담아냈느냐 여부로 판단했습니다. 내가 어떤 관점을 취하고 그 관점을 관객에게 영화적으로 어떻게 전달하고 싶으냐가 판단 기준이었죠. 그게 우선이었습니다. 그러고는 신들을, 결말을 위해 잘 작동할 신들을 선택하는 작업에 착수했습니다. 거의 모든 것이 결말을 위해 선택됐습니다. 그러고는 상황을 연출해야 했습니다. 내가 책을 고스란히 영화로 옮겼다면 15시간짜리 영화가 나왔을 겁니다. 그럴 수는 없죠. 따라서 영화의 첫 부분은, 당신도 알듯, 아마도 끝내기가 더 힘들었을 겁니다. 그의 인생의 모든 측면에 캐릭터가 있습니다. 무신론자인 수학 선생님이 있습니다…. 모든 게 캐릭터를 갖고 있습니다. 그걸 그대로 담아낼 수는 없습니다. 그래서 통합해야 했습니다. 나는 모든 무신론자를 아버지 캐릭터에 몰아넣는 아이디어를 냈습니다….

항해도 같은 방식으로 작업했습니다. 어떤 신이건 그가 상이한 단계에서 겪어야 할 명확한 스토리라인을 줘야 했습니다. 이 영화 내내 설정들을 이런저런 곳에 마구 배치할 수는 없었습니다. 어느 정도 흐름을 갖고 있어야 했습니다. 사람들이 영화로 옮겨놓고 싶은 아이디어를 일단 얻으면 영화는 많은 것을 더 빨리 죽여 버립니다. 그렇다면 어떻게 최상의 아이디어를 고르고 통합해서 시각적으로 가장 잘 보여줄까요? 고래처럼 내가 첨가한 설정들도 있습니다. 고래는 책에는 나오지 않습니다. 그런데 파이가 뭔가를, 소지품 전부를, 비축 물량을 잃어버리기를 원한다면 나는 그 대상을 가장 장대한 것으로 만들고 싶었습니다. 파이의 이야기는 장대해야 하니까요. 그래서 그런 아이디어를 내놨습니다. 그리고 (소설에서) 섬은 영원토록 (웃음) 몇 달이나 계속됩니다. 그걸 하루로 축소해야 했습니다.

이 이야기를 광범위한 관객에게 어필할 수 있도록, 무신론자뿐 아니라 기독교인, 힌두교인 등에게도 어필할 수 있도록 만드는 것은 힘든 일처럼 보입니다. 관객을 소외시키는 일 없이 그런 관객들 사이에서 균형점을 찾아내는 게 힘들었나요?

다양한 단계에서, 그건 정말이지 문젯거리가 아니라고 느꼈습니다. 하지만 신심 깊은 사람과 무신론자 사이에서 균형을 잡는 건 어렵습니다. 이야기 도입부에는, 그의 어린 시절에는 체계적인 종교들이 있있기에, 그 문제는 내가 꺼낸 첫 문제였습니다. 그런 후에 그는 파라다이스와 동물원의 환상을 잃는 시기를 거칩니다. 그러면서 실존주의로 향하죠. 그러다가 망망대해에서 난파되고는 신이라는 추상적인 관념에 직면합니다. 그리고 그게 진정한 시험이었습니다. 따라서 어떤 종교를 믿건, 출신지가 어디이건, 그가 신이라는 관념에 직면했을 때 관객인 당신은 그저 사회복지사^{social worker}에 불과합니다. (웃음) 그리고 우리는 신앙에 대해, 우리가 모르는 신神에 대해 말합니다. 나는 그 부분은 괜찮다고 생각합니다. 하지만 무신론자들 입장에서는 두 번째 이야기를 믿는 편일 겁니다. 그들을 위해 무슨 작업을 해야 합니다. 신자信者들을 위해서도 작업을 해야 합니다. 이건 신심이 넘치는 이야기이니까요.

영화를 보는 사람은 누구건 **각자의** 관점을 갖고 있고, 그게 작동할 거라는 게 내 생각이었습니다. 두 이야기의 본질은 그런 종류의 결과를 요구한다고 생각합니다. 그게 어려웠습니다. 그리고 아트하우스 관객과 더 폭넓은 관객 문제가 있었습니다. 그건 (어필하기가) 더더욱 어렵습니다. 근본적으로 상이한 영화를 만들어야 하니까요. 내가 필요로 한 도전은 아트하우스에 도전하는 게 아니었습니다. 이건 무척 비싼 영화니까요. 기대치도 무척 높았습니다. 따라서 이 영화는 더 폭넓은 영화로 어필해야 합니다. 그래서 (그 부분에서) 가장 오래 분투했습니다.

3D가 폭넓은 어필을 달성하는 데 도움을 줬다고 생각하나요? 3D가 인기가 있다는 아이디어에서뿐 아니라, 당신이 앞서 말한 것처럼 영화에 깊이를 더 해 주는 면에서도요.

그렇다고 생각했습니다만, 2D건 3D건 중요하지 않은 것으로 판명됐습니다. 사람들이 스토리를 좋아한다면, 사람들이 스토리에 빠져들어 그걸 믿는다면… 그러면 큰 차이가 만들어진다고 생각했습니다. 그게 내가 이 작품을 시작한 이유 중 하나입니다. 그런데, 원칙적으로 말하면 그게 주요한 효과는 아니었습니다. 하지만 3D가 관객에게 파이와 함께 있다는 느낌을 더 강하게 주는 듯합니다. 대양부분에서는 특히 더 그렇습니다. 그 점이 도움이 됐다고 생각합니다. 모든 관객 입장에서, 아트하우스 관객만이 아니라 더 폭넓은 관객들 입장에서 그건 뭔가 새로운 것이라고 생각합니다. 그리고 관객은 말 그대로 거기에 그와 함께 있는 것처럼 느끼기도 합니다. 그게 정말로 영화에 도움을 줬다고 생각합니다.

이 영화가 의미하는 바처럼 관객을 상당한 정도로 3D와 사랑에 빠지게 만들 수 있다고는 생각하지 않습니다. 하지만 시각적으로 관객이 파이와 함께 그가 겪는 과정을 거치게끔 만들 수는 있습니다. 그건 2D에서는 거의 불가능한 일일 거라고 생각합니다.

그게 내가 이 작품을 3D 걸작이라고 부르는 이유입니다. 이 영화는 파이와 가까이 있으면서 그의 이야기를 믿고 그가 이 경험을 통해 느끼는 감정을 느끼는 걸 쉽게 만들어줍니다.

그리고 3D에는 이런 점도 있습니다…. 배가 가라앉는 것을 보는 숏을 예로 들자면…

맞아요. 경이로운 숏이었어요.

그리고 내가 무의식적으로 그의 뒤에서 숏을 촬영하고 싶어 하는 경우가 많았습니다. 나는 그게 우리가 어떤 일을 하는 우리 모습을 상상하는 방법이라고 생각합니다. 꿈속에서건 무슨 일을 하는 우리를 상상할 때건 말입니다. 우리가 관여된 숏은 항상 시점 point of view 숏이기도 합니다. 우리는 무언가를 보고 있습니다. 우리가 우리 머리를 보지 않는 한 우리는 그걸 보지 못합니다. 하지만 우리는 우리가 거기에 있다고 느낍니다. 따라서 그건 일종의 오버 더 숄더 숏인 동시에 시점숏입니다.

2D로 작업할 경우, 그건 그냥 오버 더 숄더 숏입니다. 시점숏이 아닙니다. 주관적인 숏이 아닙니다. 하지만 3D로 하면, 왠지, 캐릭터를 스크린 바깥으로 끌어당기면, 그 캐릭터는 관객 옆에 있습니다. 따라서 관객은 더 많은 것을 경험하고 있습니다. 때때로 나오는 오버 더 숄더 숏에서는 특히 더 그렇습니다. 관객은 정말로 자신이 그인 것처럼, 또는 그가 자신인 것처럼 느낍니다. 그게 3D의 한 측면으로…

어떻게 수라지 샤르마를 찾아내서 파이 파텔로 캐스팅했나요? 힘든 과정이라고 들었는데, 그는 인상적입니다. 영화가 끝났을 때 나는 그의 여정을 믿었습니다. 그가 보트에서 보낸 그 200일을 실제로 겪었다는 느낌을 진짜로 받았습니다.

실제로 영화를 찍는 데 그 정도가 걸렸습니다. 열 달이 걸렸는데, 파이가 겪은 기간과 비슷합니다. 정상적인 캐스팅 절차를 통해 그를 찾아냈습니다. 인도에 있는 고등학교들을 융단 폭격하듯 뒤졌죠. (웃음) 이 영화를 하고 싶니? 테스트 받고 싶니? 우리한테는 한 줌밖에 없는, 아니 두 줌 정도 되는 에이전트들이 있었습니다. 이 역할에 지원한 3000명쯤 되는 아이들을 테이프로 봤습니다. 그러고는 세 번의 라운드를 거쳐 열두 명으로 후보를 좁혔는데, 수라지가 그중 한 명이었습니다. 뭄바이에서 그들을 만나 테스트했습니다.

수라지는 즉시 두각을 나타냈습니다. 그를 그냥 보기만 해도 영화가 보이기 시작했습니다. 그는 굉장히 감정이 풍부하게 생겼습니다.

파이를 닮았습니다. 영리하고 재치 있으며… 그는 그런 느낌을 풍깁니다. 카메라와 관객들은 그를 좋아할 거라고 생각합니다. 그런 느낌을 받습니다. 캐스팅 디렉터도 그 자리에서 내 생각에 동의했습니다. 그래서 내가 그를 테스트했습니다. 특정 신을 연기시켰죠. 그에게 첫째 이야기와 둘째 이야기를 말해보라고 시켰습니다. 그런 후에는 특정 상황을 주고는 그에게 실제로 일어났던 진짜 이야기처럼, 어머니 역이 그의 어머니인 양 등의 일들을 믿게 만들었습니다. 그는 그 상황에 그대로 머물렀는데, 정말로 비통했습니다. 그는 테스트가 끝날 무렵 울기 시작했습니다. 연기를 해본 적이 전혀 없는 사람이 해낸 대단히 훌륭한 오디션이었습니다. 그 테이크가 끝날 무렵, 그는 분명 파이였을 뿐 아니라 내가 영화 전편을 본 것 같다는 느낌을 받았습니다. 이후 작업도 어려울 테지만 뭔가 의지할만한 대상을 갖게 됐다는 느낌을 받기 시작했습니다. 영화는 이미지가 전부인데, 그 아이는 파이 자체였습니다.

그런데 그는 수영을 못했습니다. 숨을 고작 15초간 참을 수 있었습니다. (웃음) 그래서 집중적인 신체 훈련과 수영, 운동을 시켰습니다. 육체적인 운동을요. 그는 물에 익숙해져야 했습니다. 보트 조종과 시 레그스sea legs. 흔들리는 배 안을 잘 걸어 다니는 능력를 익혀야 했죠. 그를 변화시키려고 요가 수업을 집중적으로 받게 했습니다. 연기 수업의 많은 부분이 요가에서 왔으니까요. 요가 말고도 개인적인 연기 레슨도 해줬습니다. 읽을거리, 볼거리도 많이 줬고요…. 영화를 준비하는 과정에도 참여시켰습니다. 5, 6개월의 모든 촬영일 동안 훈련일이 있었습니다. 우리는 물에서 촬영했는데, 그건 이런 종류의 어려움을 가진 이 정도 규모의 영화에는 대단히 흔치 않은 일입니다. 3개월간 찍은 모든 숏이 그가 등장하는 숏이었는데, 우리가 그걸 물에서 찍었다는 것은 기적 같은 일입니다.

그가 앓아누웠다면, 부상을 당했다면 지금 우리 손에는 영화가 없을 겁니다. 그가 정신적으로 무너지거나 짜증을 냈다면 우리는 맛이 갔을 겁니다. 하지만 그는 날마다 촬영이 가능했습니다. 그 자체가 하나의 여정 같았습니다. 그리고 마지막 달쯤, 그는 영적으로, 정신적으로 이상한, 정신 나간 지점에 도달하고 있었습니다. 나는 누구도 그와 얘기해서는 안 된다고 금지령을 내렸습니다. 그는 고요 속에 살아야했고 내가 준 음악만 들어야 했습니다. 그의 정신을 겨냥한 조치였습니다. 그의 두 눈에서 그가 변하는 걸 볼 수 있었습니다.

내가 말하는 게 그겁니다. 당신은 정말로 그를 영화라는 경험에 시종일관 투입했습니다.

그리고 그는 살을 빼야 했습니다. 따라서 점심시간은 극도로 긴장해야 할 시간이었습니다. 그는 두 달 반 동안 그렇게 했고 몸무게가 서서히 줄었습니다. 따라서 모든 일이 동시에 일어났습니다. 그가 연기를 하고 있었음에도 연기를 하고 있다는 느낌이 들지 않았습니다. 이건 굉장히 흔치 않은 일입니다. 나는 20년간 영화를 해왔습니다. 그렇기에 이건 굉장히 흔치 않은 일이라고 말하고는 합니다.

맞습니다. 그런데 그게 내가 이 영화를 보는 걸 좋아하는 이유입니다. 나는 이 영화가 걸출하게 관객에게 먹혀들면서 더 솔직하고 진정한 연기를 보여준다고 생각합니다. 그러면서도 그걸 연기라고 말하지 않아도 무방하다고 봅니다.

어떤 면에서는 그게 진정한 연기입니다. 경험 많은 배우도, 그들이 그런 연기를 거쳐야 했는지 여부와는 무관하게, 그런 순수함과 진정성을 갖고 있습니다. 하지만 그런 배우도 이렇게 정상적이지 않은 방식으로 만들어진 영화는 알지 못할 겁니다. (웃음)

난점이 될 거라고 생각하지 않았는데도 정작 가장 큰 난점이었던 것은 무언가요? 그리고 어려울 거라고 생각했는데 쉽게 해결된 일은 무엇인가요?

으음, 아이들요. 물론 우리는 운이 좋았습니다. 아이들이 가장 쉬운 대상으로 판명됐으니까요. 둘째는 호랑이입니다. 호랑이도 대단히 훌륭한 것으로 판명됐습니다…. 영화 촬영을 위해 우리는 호랑이 네 마리를 준비했습니다. 우리가 (실제) 호랑이를 찍은 화면은 (CGI) 애니메이션을 위한 좋은 레퍼런스가 됐습니다. CGI 호랑이가 실제 호랑이처럼 행동하는 이유가 그겁니다. 사람들은 둘의 차이를 분간 못하겠다고 말하고 있습니다.

맞습니다. 나도 구별을 못했습니다.

주된 이유는, 우리가 호랑이들이 행동하는 법을 비디오로 한없이 많이 촬영했기 때문입니다. 우리는 호랑이한테 배웠습니다. 따라서 그건 예상했던 것보다 쉬웠습니다.

어려웠던 건, 물이 예상보다 어려웠습니다. 3D는 장점과 단점이 섞여있습니다. 어떤 면은 생각했던 것보다 문제가 덜 됐고, 일부 측면은 생각보다 더 큰 문젯거리였습니다. 따라서 플러스도 있고 마이너스도 있습니다. 하지만 물은, 그건 항상… 얼마나 준비를 잘 했건, 어느 정도나 예상을 했건, 물은 항상 준비할 수 있는 것보다 어려웠습니다. 정말로 어려웠습니다.

통제가 불가능하죠, 그렇죠?

그래요. 무력감을 느끼게 되죠.

당신은 매혹적이고 눈에 띄는 방식으로 지속적으로 발전해 온, 대단히 다양하고 짜릿한 경력을 갖고 있습니다. 영화감독으로서 자신을 계속 발전시키는 작업을 어떻게 계속 해왔나요? 자신이 여기에서 어디로 가고 있다고 보나요? 그리고 당신은 영화로 만드는 스토리들을 어떻게 고르나요?

〈센스 앤 센서빌리티〉 이후로 만든 영화 네 편은 톤tone이 거의 똑같았습니다. 그래서 내가 그런 일을 계속한다는 게 두려웠습니다. 꽤나 일찍 막판에 도달하겠구나 생각했습니다…. 더불어, 나는 나를 열망하는 영화감독이라고 생각합니다. 나는 모든 종류의 영화 연출을, 모든 장르와 인간 유형을 탐구하고픈 호기심을 느낍니다. 〈센스 앤 센서빌리티〉에서처럼 영국인들은 특정한 작업 방식이 있습니다. 홍콩의 무술감독과 가장 뛰어난 영화감독에게는 배울 만한 무엇인가가 늘 있습니다. 웨스턴을 만들 때는 말을 타고 권총을 가진 사내들이 있습니다. 나를 매혹시키는 무엇인가가 늘 있습니다.

그래서 나는 그저 열망하는 영화감독이라고 생각합니다. (웃음) 나는 호기심이 많습니다. 나는 인생 경험이 많지 않습니다. 자라면서 나는 결코 많은 재미를 느끼지 못했습니다. 그래서 상이한 영화들을 만들고 상이한 장소들에 가고 싶을 따름입니다. 내 안에는 회피할 수 없는 특정한 중심이, 핵심이 있습니다. 영화를 진지하게 만들 때, 거기에는 그리 많이 바뀌지 않는 자신에 대한 무엇인가가 항상 있습니다.

소재에 관해 말하자면, 거기에는 나를 강타하는 부분들이 있습니다. 내 본능적인 수준을 강타하지만 표면적으로는 나하고 아무런 관계도 없는 소재를 읽을 때, 내가 엄청나게 많은 흥미를 느낄 이상한 장소일 때, 나는 아마 거기에 빠져들 겁니다. 영화를 만드는 건 내 인생이니까요. 내가 내년 동안, 또는 후년까지 내 인생을 살고 싶은 이유가 그겁니다…. 내가 영화로 만들고 싶은 소재를 발굴해야 합니다. 그렇지 않다면 주위에 있는 사람들에게 나를 따라오라고 설득할 수 없을 테니까요.

그는 어떻게 영화로 만드는 게 불가능한 〈라이프 오브 파이〉를 만들었나

존 히스콕 —— 2012

이안은 227일간 보트에 고립된 소년과 벵골 호랑이를 다뤄 맨부커상을 수상한 얀 마텔의 소설 『파이 이야기』의 영화 버전을 연출하기로 합의하기 전에 두 달간 깊은 고민에 빠졌다.

아동이나 동물하고는 절대로 작업하지 말라는 쇼 비즈니스의 오랜 격언을 거역할 뿐 아니라, 고려할 잠재적인 다른 문제도 많다는 걸 그는 잘 알고 있었다.

"아이, 물, 대규모 특수효과, 동물. 그것들이 모두 바다에 뜬 작은 보트 안에 있어야 했습니다. 영화감독이 꿀 수 있는 악몽이란 악몽은 모두 모아놓은 듯 보였죠." 그가 이제야 하는 말이다. "어려울 거라고, 난제가 많을 거라고 생각했습니다. 마음의 준비를 하고는 '내가 이 작품을 할 사람'이라고 결심했습니다. 하지만 작업에 일단 착수하고 나자, 이걸 집어든 건 멍청했다는 생각이 들었습니다."

오스카를 수상한 감독은 어려운 선택을 하는 것을 두려워한 적이 결코 없었다. 그는 제인 오스틴의 소설(《센스 앤 센서빌리티》)부터 두 카우보이의 러브 스토리(《브로크백 마운틴》)와 미국의 상징적인 록페스티벌(《테이킹 우드스탁》)까지 너른 범위에 펼쳐진 주제들을 다뤄왔다. 그랬음에도, 사람들은 인도 소년이 리처드 파커라는 이름의 호랑이와 실제로 여행하는, 또 영적이기도 한 여행으로서 해석의 여지가 대단히 많은 이 이야기를 영화로 만들 수는 없을 거라고 오랫동안 생각해왔다. 폭스가 영화화 권리를 획득한 2003년 이후로 M. 나이트 샤말란과 알폰소 쿠아론을 비롯한 다른 감독들이 이 복잡한 스토리를 고려하다 거절했다.

58세의 이안은 4년 전에 이 프로젝트를 맡은 직후, 이 영화는 3D로 찍어야만 한다고 결정했다. "이 영화를 다른 차원에서 작업한다면 영화가 먹혀들 거라고 판단했습니다." 그가 한 말이다. "영화를 감상하는 경험이 책을 읽은 경험만큼이나 독특하기를 원했는데, 그건 영화를 또 다른 차원에서 창작한다는 뜻이었습니다. 3D는 새로운 영화 언어입니다. 그걸 제대로 된 예술적인 형태로 만들어낸 사람은 아직까지는 없습니다."

"예상했던 것보다 훨씬 힘들었습니다. 대작 영화였고 꽤나 고통스러웠습니다. 하지만 나한테 이 영화는 소명이고, 경이로운 결과를 낳을 수도 있는 도전이라고 생각했습니다."

미국에 30년 이상 거주해 온 이안은 부드러운 말투로, 종종은 앞뒤가 잘 이어지지 않는 문장으로 장황하게 말했다. 그는 미소를 자주 지으며 침착하고 평온한 분위기를 풍기면서도 이렇게 인정했다. "때로는 화를 내기도 했습니다. 매우 긴 촬영 기간 동안 대단히 열심히 일하는 사람이 수백 명 있었습니다. 모두들 어떤 순간을 포착하려고 기다리는 중이었죠. 그러다 카메라가 도는 데 누군가가 완전히 집중하지 않고 있다면, 우리는 그 순간을 놓치고 말 겁니다. 그런 순간에는 화를 냈지만 그런 일이 자주 있지는 않았습니다. 촬영장에서 두어 번 있었을 뿐입니다."

이안은 영화를 준비하고 호랑이의 애니메이션을 작업하는 방식들을 테스트하며 1년을 보낸 후에야, 인도 전역을 가로질러 광범위하게 인재를 탐색하면서 3000명 이상의 청년들을 오디션했다. 그리고 연기에 갓 입문한 17세 학생 수라지 샤르마를 발견해서 캐스팅했다. 우연히도 그의 부모는 모두 수학자였다. 그래서 이안은 이런 코멘트를 내놨다. "수학자 두 사람이 부부가 돼서 〈라이프 오브 파이〉라는 영화의 주인공을 연기하는 아이를 낳을 확률이 어느 정도일까요?"

영화의 상당 부분은 대만의 한 공항이 있던 부지에 만든 세계에서 가장 큰, 파도를 발생시키는 탱크에서 촬영됐다. 이안은 말한다. "아이 문제에 있어서는 정말로 운이 좋았습니다. 그 아이는 모든 숏에 등장합니다. 굉장히 어려운 촬영이었습니다. 그래도 아이는 정신적으로 무너지는 일이 결코 없었고 앓아누운 적도 결코 없었으며, 못된 짓을 한 적도 없었고 부상을 당하지도 않았습니다. 그 아이는 영화 전편을 끌고 갔습니다. 스튜디오 입장에서는 거금을 투자한 영화였습니다. 그 아이가 없었다면 영화를 만들지 못했을 겁니다. 우리는 호랑이 문제에서도 역시 운이 좋았습니다."

흉포한 리처드 파커의 본질을 포착하기 위해 호랑이 네 마리가 동원됐지만, 보트 위의 신들에 등장한 호랑이는 대부분 컴퓨터로 만들어낸 거였다.

영화 줄거리의 틀을 잡는 인물은 나이 든 파이를 인터뷰해서 그의 경험에 대해 듣는 작가다. 이안의 첫 미국영화인 〈아이스 스톰〉에 출연했던 토비 매과이어가 작가 역할로 캐스팅됐지만, 그가 그 역할을 촬영한 후 이안은 상대적으로 이름이 안 알려진 출연진 사이에서 매과이어는 지나치게 유명한 배우라는 결론을 내렸고, 그래서 영국 배우 라프 스폴을 다시 캐스팅해서 그 시퀀스들을 다시 찍었다.

"토비가 대단한 거물급 무비 스타라는 걸 내가 과소평가한 것으로 판명됐습니다. 그래서 그걸 다시 작업해야 했습니다." 이안의 설명이다.

1993년에 부모를 기쁘게 해주려고 결혼하는 게이 대만인 남성을 다룬 그의 두 번째 장편영화 〈결혼 피로연〉으로 이안이 국제적인 주목을 받은 이후로, 그의 영화들은 분류 당하는 걸 거부해왔다. 배우들과 평론가들은 이안이 〈센스 앤 센서빌리티〉와 〈헐크〉 〈와호장룡〉 (그에게 오스카 감독상을 안겨준) 〈브로크백 마운틴〉 〈테이킹 우드스탁〉 같은 그토록 다양한 영화들을 어떻게 만들어내는지 의아해했다.

"나는 결코 내가 직업으로 하는 일이라는 이유로 영화를 만들지는 않습니다. 내가 영화를 만드는 것은 내가 좋아하는 일을 하는 것이기 때문입니다." 그의 설명이다. "내가 본능적으로 반응하는 소재들을 택합니다. 그 소재들은 나를 감동시켜야 하기 때문입니다. 그렇지 않다면 그걸 작업할 의미가 전혀 없습니다."

"내가 그 소재에 친숙하지 않으면 더 좋습니다. 나는 와이오밍에 사는 게이 카우보이들하고는 공통점이 하나도 없지만, 〈브로크백 마운틴〉의 단편소설을 읽으면서 결국에는 눈물을 쏟았던 것을 기억합니다. 그건 좋은 징조죠.

"〈라이프 오브 파이〉가 처음 출판됐을 때 그걸 읽고 작품에 매혹됐지만, 그걸 영화로 만들 작품이라고 생각하지는 않았습니다."

중국의 문화혁명기에 이안의 친가 쪽 조부모가 지주라는 이유로 처형된 후, 학자이자 학교 교장인 그의 아버지는 대만으로 도망 와서는 이안을 낳았다.원서에는 이안의 조부모가 지주라서 처형당한 시기가 문화혁명기라고 적혀있지만, 이안의 출생년도를 가늠해볼 때 그의 조부모가 처형당하고 아버지가 대만으로 이주한 시기는 2차 대전이 종전된 1945년 이후의 국공 내전기와 1949년의 공산당의 중화인민공화국 수립 시기가 맞을 듯하다. 그는 미국으로 이주하기 전에 대만에서 연기를 공부했고 미국에서는 일리노이대학을 다니다 뉴욕대 필름 스쿨에서 영화연출 경력을 시작했다.

"나는 무척 유순하고, 극도로 숫기가 없으며 소심한 아이였습니다."그의 회상이다. "저항을 한 적도 없었고 마음의 평정을 잃은 적도 결코 없었지만, 내 마음은 어딘가 다른 곳에 있었습니다. 그래서 나는 멍한 아이였습니다. 그러다 18세 때 예술을 접하고 무대에서 처음으로 연기를 한 후, 내가 하고 싶은 게 그거라는 걸 알았습니다."

그는 연출한 단편영화들 덕에 에이전트를 얻었지만, 프로젝트들을 진행시키려고 분투하며 5년을 보내야 했다. 그 기간 동안 그는 두 아들을 돌봤고, 미생물학자인 아내 제인 린은 가족의 생계를 꾸렸다.

1991년에 직접 쓴 시나리오 〈쿵후 선생〉으로 그의 첫 장편영화를 만들었고 그 뒤를 〈결혼 피로연〉과 〈음식남녀〉가 이었는데, 두 작품 모두 평단의 찬사를 받으면서 숱한 상을 수상하고는 그에게 할리우드로 향하는 문을 열어줬다.

그는 프로젝트를 조심스레 고르고는 그것들을 고민할 시간을 갖는다. 그가 20년간 장편영화를 열두 편 밖에 만들지 않았다는 사실이 그 점을 보여준다.

"나는 프로젝트의 주인이 아니라 노예입니다." 그는 말한다. "프로젝트를 열매 맺게 만들고 주위 사람들이 그 프로젝트를 믿게 만들기 위해서라면 무슨 일이건 할 겁니다.

"그래서 영화 한 편은 내 인생의 1년 또는 2년입니다. 〈라이프 오브 파이〉의 경우에는 거의 4년이었죠."

이안이 〈제미니 맨〉으로
"디지털시네마를 위한 새로운 미학"을 창조하려
애쓰고 있는 이유를 설명하다

제러미 케이 —— 2 0 1 9

개봉을 앞둔 연출작 〈제미니 맨〉의 프리미어를 베니스영화제에서 갖게 될 이안은 2016년에 개봉된 〈빌리 린의 롱 하프타임 워크〉를 만드는 데 요구된 기술적 요소들 때문에 "압도"당하고 "혼란스러웠다"라고 말했다. 신작 SF영화를 연출하는 것으로 두 번째 도전에 나선 그는 울트라-하이 프레임 레이트ultra-high frame rate. 일반적인 영화는 1초당 24장의 프레임, 즉 24fps로 제작된다. 한편, 피터 잭슨의 2012년 작 〈호빗〉은 48fps로 제작됐다. 〈제미니 맨〉의 경우 그보다 몇 배 많은 120fps로 제작됐기 때문에 '울트라-하이'라는 수식어를 붙인 것이다와 화면 해상도와 관련된 요구사항들에 훨씬 더 편안해졌다고 말했다.

화요일(7월 23일), 이안은 이 영화에 수록된 약 20분 분량의 장면을 처음으로 공개하는 로스앤젤레스 파라마운트극장 무대에 주연

screendaily.com 2019년 7월 24일자에서. Reprinted by permission.

배우 윌 스미스와 제작자 제리 브룩하이머와 함께 올랐다. 스미스는 자신의 직업에 환멸을 느낀 정보원 헨리 브로건을 연기하는데, 브로건은 그를 복제해서 만든 젊은 버전의 복제인간의 추격을 받는다. 파라마운트는 이 영화를 10월 11일에 미국과 영국에서 개봉할 예정이다.

〈빌리 린의 롱 하프타임 워크〉 때와 마찬가지로, 놀랍도록 선명한 초당 120프레임 포맷에 익숙해지기까지는 시간이 조금 걸렸지만, 이 날 공개된 분량은 언론과 영화사 임원들에게서 박수갈채를 끌어냈다. 이안과 이 영화의 특수효과 작업팀은 브로건의 숙적 클레이 베리스(클라이브 오언)가 만들어서 브로건을 죽이도록 임무를 부여한 25세의 뛰어난 전사 주니어Junior를 디에이징de-aging. 영화의 플래시백 장면 등에서 배우를 더 젊어 보이게 하려고 사용되는 시각효과 기법 작업이 아니라 완전히 새로운 창작 방법을 통해 100% 디지털로 구현했다는 점을 강조했다.

젊은 윌 스미스 창조하기: "우리는 디에이징 작업을 하고 있는 게 아니다."

"우리는 디에이징 작업을 하고 있는 게 아닙니다." 〈라이프 오브 파이〉로 오스카를 수상한 감독이 말했다. "우리는 새로운 캐릭터를, 젊음이 넘치는 윌 스미스를 창조하고 있다고 생각합니다." 그는 이 영화는 액션과 그의 장기인 드라마를 결합한 작품이라는 것을 강조하면서 이렇게 덧붙였다. "여러분은 자신의 인생을 검토하면서 그 인생을 두 번 살 수 있게 된다면 젊은 자신에게 무슨 말을 하시겠습니까?"

이안은 〈제미니 맨〉의 세 장면을 틀었다. 첫 장면은 브로건이 휴식을 취하던 중에 자신을 쫓는 미스터리한 인물(주니어)을 발견하는 걸 보여준다. 브로건은 자신을 추적하는 인물의 얼굴을 보고는 자기 눈을 믿지 못한다.

두 번째 장면, 브로건은 지하묘지에서 주니어로부터 친구(메리 엘리자베스 윈스티드)를 구하고는 젊은 자신에게 베리스에 관한 진실을 들려주지만, 두 닮은꼴은 격렬한 싸움을 벌이게 된다. 마지막 장면에서, 베리스는 그를 사랑하며 온 마음을 그에게 쏟고 있다는 말로 주니어를 설득하려 시도한다. 이 영화에는 베네딕트 웡도 출연한다.

이안은 자신에게 이 영화의 아이디어를 들려준 인물은 파라마운트와 함께 제작비를 투자한 스카이댄스 미디어의 프로듀서 데이비드 엘리슨이었다고 밝혔다. 영화는 콜롬비아의 카르타헤나에서, 그리고 헝가리 부다페스트의 스튜디오에서 촬영됐다. 감독은 지금도 여전히 특수효과 숏들을 작업하는 데 묶여있는 신세로, 지금은 작업을 완료하기까지 1년이 걸린 주니어의 첫 숏만 막 승인한 상태일 뿐이다.

나중에, 웨타 디지털의 FX 슈퍼바이저 가이 윌리엄스가 주니어를 창작한 작업 과정을 설명했다. 그 작업에는 스미스가 경력 내내 찍은 사진들(웹에 있는 이미지들, 〈나쁜 녀석들〉과 〈인디펜던스 데이〉에 삽입된 사진들)을 소스로 삼은 후, 빛이 스미스의 피부에 어떻게 떨어지는지를 포착하기 위해 스미스의 현재 신체를 찍은 이미지 수백 장을 확보하는 작업이 포함됐다.

본 촬영이 종료된 후, 제작진은 젊은 캐릭터의 형체와 생동하는 활력에 대한 정보를 더 많이 모으고는 디지털로 그 캐릭터를 구축했다. 그리고 브로건과 주니어가 함께 등장하는 장면들을 위해 스미스를 상대로 연기할 연기자로 빅터 휴고를 고용했다. 배우 체이스 앤서니도 참여해 주니어의 피부를 구현하는 작업의 기준점 역할을 수행했다. 그 덕에, 웨타 디지털의 특수효과팀은 주니어를 디지털로 가장 잘 구현해낼 방법과 관련해서 그러모을 수 있는 최대한의 정보를 취합할 수 있었다.

스미스는 브로건의 대역을 연기하는 배우를 상대하면서 주니어 몫의 대사를 쳐줬는데, 그러는 동안 얼굴에는 모션 캡처^{motion capture} 장비와 클로즈업 카메라를 착용하고 있었다. 그 장비들이 캡처한 이미지들은 주니어가 현재의 스미스가 짓는 표정과 비슷한 표정을 지을 수 있게 해줬다.

"주니어를 구현하는 작업에 윌 스미스 출연료의 2배가 들었다."

"주니어를 구현하는 작업에 윌 스미스 출연료의 2배가 들었습니다." 이안이 프레젠테이션을 하던 도중에 던진 농담이다. 스미스는 이 역할을 연기하려고 했던 조사 작업에 대해 이런 의견을 밝혔다. "(내가 경력 초기의) 젊은 시절에 엔터테인먼트를 위해 저질렀던 모든 비극적인 짓들을 다 봐야만 했습니다. 내 20대 시절은 눈 뜨고는 못 볼 지경이라서 그 시절은 근처에도 가지 않을 겁니다. 30대 정도면 그나마… (지금) 나는 내 피부를 한결 느긋한 심정으로 편안하게 받아들입니다."

스미스는 나이를 먹는 동안 자신의 연기가 얼마나 늘었는지를 강조하면서 덧붙였다. "내가 젊은 윌 스미스를 연기하고 있으면 이안 감독이 이런 말을 하고는 했습니다. '당신이 연기를 조금 더 못했으면 해요.' 그러고는 내가 젊었을 때 찍은 장면을 보여주면서 그와 비슷하게 연기를 해달라고 지시하고는 했습니다."

두 사람은 서로를 존경심으로 대했다. 스미스는 브룩하이머도 높이 평가했다. 이제 스미스와 브룩하이머가 함께 작업한 영화는 〈나쁜 녀석들〉과 〈나쁜 녀석들 2〉〈에너미 오브 스테이트〉, 그리고 이번 영화와 개봉 예정작인 〈나쁜 녀석들 3Bad Boys For Life〉를 비롯한 다섯 작품이 됐다. 스미스는 브룩하이머가 "(지금은) 무척이나 느긋하고 편안해 한다"라고 말했다. "제리가 촬영장을 걸어 다니고 있는 것만 봐도 만사가 잘 돼가고 있다는 걸 알 수 있습니다."

"윌 스미스가 〈프레시 프린스 오브 벨 에어The Fresh Prince of Bel-Air〉 1990년 9월 10일부터 1996년 5월 20일까지 NBC에서 방영된 시트콤에서 어떤 존재였는지를 기억하는 분이 많을 겁니다." 브룩하이머는 이렇게 말하고는 〈제미니 맨〉에 투입된 특수효과 작업에 대해 경의를 표했다. "초당 120 프레임으로 구현된 화면에서는 카메라에 포착된 모든 피사체를 뚜렷하게 볼 수 있습니다. 우리는 이전에는 결코 이뤄진 적이 없었던 이런 어마어마한 도약을 이뤄낸 스카이댄스의 데이비드 엘리슨의 공로를 인정해야만 합니다. 그들은 이안이 (감독 입장에서 한) 판단이 옳기를 기도하면서 거금을 투입했는데, 결과적으로 이안 감독의 판단은 옳았습니다. 우리는 어떻게 하면 관객들을 다시 극장으로 데려올 수 있을까요? 이 영화는 완전히 새로운 것을 경험하게 해주는 작품이고, 극장에서 이 영화를 관람하는 경험은 이전과는 생판 다른 경험이 될 겁니다. 그리고 이안 감독은 이 분야의 작업을 선봉에서 이끌고 있습니다."

"이 작품을 하면서 지금 내가 무슨 일을 하고 있는지를 잘 아는 듯한 기분이다."
이안이 2016년에 공개한 〈빌리 린의 롱 하프타임 워크〉도 120fps

와 4K, 3D를 채택했었다. 그렇지만 그 영화는 2016년 개봉 당시 북미에서는 소니 트라이스타를 통해 200만 달러에 못 미치는 수익을, 세계적으로는 3,000만 달러에 못 미치는 수익을 올리면서 흥행에서 참패했다. 〈제미니 맨〉의 한복판에 자리한 액션과 드라마틱한 스토리에 봉사하는 영화 제작의 최신 기법들을 제대로 활용하려 애쓰던 감독은 이번 작품을 만들 때도 앞선 작품을 만들 때와 똑같은 기술적 난제들을 다뤄야만 하는 처지라는 걸 느꼈다.

"〈빌리 린의 롱 하프타임 워크〉를 만들 때는 그 작품에 압도당했었습니다. 난데없이 기존에 믿던 종교를 내팽개치고는 새로운 종교로 개종해야만 하는 거나 다름없는 상황이었죠…. 당시 나온 결과물 중 일부는 제대로 작동했고, 나는 그게 무척이나 자랑스럽습니다. 그러나 제대로 작동하지 못한 부분들도 있었고, 그런 결과 때문에 혼란스러웠습니다.

"이 작품을 하면서 지금 내가 무슨 일을 하고 있는지를 잘 아는 듯한 기분입니다. 나는 이 작품을 위해서는 생판 다른 방향으로 몸을 날렸습니다. 이 작품은 허구의 이야기이고 장르영화입니다. 그리고 우리는 더 근사해 보이는 영화를 만들어내려고 온갖 노력을 다 기울였습니다. 나는 디지털시네마를 위한 새로운 미학을 창조하려 애쓰고 있습니다. 내가 품은 제일 큰 희망은 관객들이 이 이야기에 흠뻑 빠져드는 것, 그리고 다른 감독들이 이런 영화 제작의 조류에 합류하는 겁니다…. 이 영화에 구현된 기법은 관객들의 극장행을 보장하는 끝내주는 방법입니다."

절정의 영화 고수, 이안의 진면목

이 책을 읽기 전까지, 나에게 이안은 미스터리한 감독이었다. 그의 이름을 온 세계에 알린 히트작 〈결혼 피로연〉 이후로 그의 연출작이 나올 때마다 꾸준히 챙겨보고 〈와호장룡〉을 보고서는 감탄을 금치 못했으면서도 어쩐 일인지 이안 감독 개인에 대한 깊이 있는 정보는 접할 수가 없었다. 그래서 이 책을 만나기 전까지 이안 감독에 대해 아는 거라고는 "중국어 영화와 영어 영화를 골고루 만드는, 그것도 잘 만드는 대만 출신 감독" 정도에 불과했다. 영화와 관련된 글을 많이 읽기도 하고 많이 작업도 했다고 생각하는 내가 어쩌다 그렇게 이안 감독에 대해 아는 게 없었는지 신기하다는 생각이 들 정도다.

과거야 어찌 됐든 이 책을 작업한 지금, 내가 이안 감독에 대해 품은 이미지는 〈와호장룡〉의 주인공 리무바이 같은 인물이라는 것이다. 푸르름이 출렁거리는 대나무 숲을 유유히 날아다니는 인물. 불어오는 바람에 몸을 눕히며 휘청거리는 대나무 가지 위에서도 중심을 잃는 법 없이 여유로운 표정으로 자연의 흐름에 몸을 맡기며 태산처럼 육중하고 꼿꼿한 자세를 유지하는 무술의 달인.

20세기 말의 미국을 배경으로 중국인이 주인공으로 등장하는 영화를 두 편 만들고는 동시대 대만에서 살아가는 아버지와 세 자매가 주요 캐릭터로 등장하는 영화를 만든 후, 제인 오스틴이 쓴 19세기 초 영국을 배경으로 한 시대극을 영어로 촬영하고 나서는 도덕 관념이 무너진 70년대 초반 미국의 교외를 배경으로 한 영화를 찍는 식으로 시대와 공간을, 그리고 장르를 자유자재로 넘나드는 감독을 "푸른 운명"이라는 이름을 가진 명검名劍에 연연하지 않는, 중요한 것은 평소 갈고 닦은 자신의 무공이라고 믿으며 어떤 적을 만나더라도 두려움 없이 대적하는 엄청난 내공의 소유자와 다름없는 존재로 보는 것이 무리한 일은 아닐 거라고 생각한다.

이안이 감행해온 온갖 기술적 도전도 이런 이미지를 뒷받침하는 근거가 될 것이다. 앞서 말했듯, 나는 이 책을 접하기 전까지만 해도 이안이 시대와 공간과 장르를 넘나드는 것만을 대단하다고 여겼었다. 그런데 책을 읽으면서 그의 영화 연출 경력의 특징 중에서 내가 이전까지는 보지 못하고 지나친 게 있다는 걸 깨달았다. 그건 이안은 기술적인 도전들도 전혀 두려워하지 않는다는 것이다. 그는 〈헐크〉처럼 영화에 등장하는 시간이 무척 긴 주인공 캐릭터를 CG로 창조하는 작업도 했고, 〈라이프 오브 파이〉처럼 CG로 작업하기 어려운 대상이라는 물이 장시간 등장하는 영화를 3D로 연출하기도 했으며, 〈빌리 린의 롱 하프타임 워크〉와 〈제미니 맨〉은 120fps로 촬영하면서 영화를 제작하는 첨단기술 분야의 선봉에 서기도 했다.

마땅한 무기가 없으면 길가에 자라는 풀잎을 꺾어 칼보다 더 무서운 무기로 둔갑시키는 절정 고수의 면모 같지 않은가?

그래서 내게 이안은 "푸른 운명"이라는 검이 없어도 이미 존재 자체가 그런 검인 인물이다. 아, 얘기할 게 또 하나 있다. 호랑이. 그렇다, 호랑이. 이안은 우리 인간은 우리를 덮칠 기회를 말 그대로 호시탐탐虎視眈眈 노리는 호랑이와 한배를 탄 것이나 다름없는 신세라는 것을, 인생살이는 그 호랑이가 얌전히 있도록 다스리는 작업에 잠시도 긴장을 늦추지 못하는 일이라는 것을 보여준 인물이기도 하다.

이 책의 번역은 아는 것이 거의 없던 이안의 출생 배경부터 그의 연출 철학과 이런저런 연출 방법 등을 파악하면서 그를 리무바이 같은 인물로 보게 된 좋은 기회였다. 그런 깨달음을 얻어서일까? 모자란 번역 실력으로도 내가 느낀 깨달음이 독자들에게 온전히 전달되기를 바랄 정도로 무모해진 것은? 서툰 솜씨로도 최선을 다했으니, 책 곳곳에 웅크린 호랑이와 숨은 용처럼 존재할지도 모르는 오역과 잘못을 발견하시더라도 너그러이 용서해주셨으면 한다. 그리고 생각해주셨으면 한다. 중요한 것은 "푸른 운명"이나 그와 비슷한 이름의 검이 아니라 우리 자신의 내공이라는 것을. 그리고 우리 곁에는 항상 기회를 노리며 서성거리는 호랑이가 있다는 것도 잊지 마시기를.

2019년 8월

윤철희

1954	8월 23일에 대만 핑둥屏東현의 소도시 차오저우에서 태어나다.
1971	국립 대남臺南제일고등학교National Tainan First Senior High School를 졸업하다.
1973	타이베이에 있는 대만국립예술원The National Taiwan Taiwan Academy of Arts에 연극 전공 학생으로 입학하다.
1975	대만국립예술원을 졸업하다.
1976	대만에서 2년간 군 복무를 하다.
1978	일리노이대학교 얼배나–샘페인 캠퍼스the University of Illinois at Urbana-champagne에 입학하기 위해 대만을 떠나다. 이후 연극 전공으로 학사 학위BFA를 받다.
1980	뉴욕대학교New York University를 다니다. 단편 〈러너The Runner〉를 연출하다.
1981	단편 〈나는 중국음식을 사랑해I Love Chinese Food〉를 연출하다.
1982	단편 〈그 어둑한 호수 옆에 있었으면 좋겠어I Wish I Was By That Dim Lake〉를 연출하다.
1983	제인 린Jane Lin과 결혼하다.
1984	스파이크 리의 뉴욕대학교 졸업 작품 〈조의 이발소Joe's Bed-Stuy Barbershop: We Cut Heads〉의 어시스턴트 카메라맨으로 일하다. 아들 하안Haan이 태어나다.
1986	뉴욕대학교의 MFA 졸업 작품 〈가느다란 선〉을 연출하다. 이후 6년간 자식들을 돌보면서 가사를 전담하다.
1990	아들 메이슨Mason이 태어나다.

1992 〈쿵후 선생〉을 연출하다. 감독, 편집감독, 프로듀서, 시나리오작가.

1993 〈결혼 피로연〉을 연출하다. 감독, 프로듀서, 시나리오작가, 카메오 출연.

1994 〈음식남녀〉를 연출하다. 감독과 시나리오작가.

1995 〈센스 앤 센서빌리티〉를 연출하다. 장애가張艾嘉Sylvia Chang가 연출한 〈소녀소어Siao Yu〉를 공동 제작하고 공동 집필하다.

1997 〈아이스 스톰〉을 연출하다. 감독과 프로듀서.

1999 〈라이드 위드 데블〉을 연출하다.

2000 〈와호장룡〉을 연출하다. 감독과 프로듀서.

2001 〈와호장룡〉으로 아카데미 외국어영화상을 수상하다. (BMW의 단편 프로젝트 〈하이어The Hire〉에 속하는) 〈초즌Chosen〉을 연출하다. 〈와호장룡〉으로 골든글로브를 수상하다.

2003 〈헐크〉를 연출하다.

2005 〈브로크백 마운틴〉을 연출하다.

2006 〈브로크백 마운틴〉으로 아카데미 감독상을 수상하다.(아시아인으로서, 그리고 백인이 아닌 사람으로서 수상한 최초의 인물)

2007 〈색, 계〉를 연출하다. 베니스영화제에서 황금사자상을 수상하다. 다큐멘터리 〈할리우드 중국인Hollywood Chinese〉에 인터뷰이로 출연하다.

2009 〈테이킹 우드스탁〉을 연출하다.

2012 〈라이프 오브 파이〉를 연출하다. 감독과 프로듀서.

2013 〈라이프 오브 파이〉로 아카데미 감독상을 두 번째로 수상하다.

2016 〈빌리 린의 롱 하프타임 워크Billy Lynn's Long Halftime Walk〉를 연출하다. 감독과 프로듀서.

2019 〈제미니 맨Gemini Man〉을 연출하다.

연출한 작품

1982

그 어둑한 호수 옆에 있었으면 좋겠어 I WISH I WAS BY THAT DIM LAKE

감독: 이안

각본: 이안

상영 시간: 32분

1992

쿵후 선생 Pushing Hands

감독: 이안

각본: 이안, 제임스 샤머스

프로듀서: 이안, 제임스 샤머스, 청쑤이제, 테드 호프, 수리쿵, 장펑치이

카메라: 임양충

편집: 이안, 팀 스퀴레스

세트 디자인: 스콧 브래들리

음악: 쿠샤오쑹

출연: 랑웅, 왕라이, 왕보즈, 뎁 스나이더, 패니 데 루즈, 리하안, 왕훙창, 진 퀴 창, 제임스 러우

상영 시간: 105분

1993

결혼 피로연 The Wedding Banquet

감독: 이안

각본: 이안, 닐 펑, 제임스 샤머스

프로듀서: 청쑤이제, 돌리 홀, 테드 호프, 수리쿵, 장펑치이, 이안, 제임스 샤머스

카메라: 임양충

편집: 팀 스퀴레스

세트 디자인: 스티브 로젠츠웨이그

음악: 메이더

출연: 쿠에이야레이, 랑웅, 메이 친, 윈스턴 차오, 미첼 럭턴스타인, 디온 버니, 진 쿼 창, 폴 천, 처우청웨이, 청원, 푸호민, 마이클 개스턴, 제프리 하워드, 테레사 허우, 수영더, 진 후, 앨버트 황, 닐 허프, 앤서니 인고글리아, 에디 존스, 토마스 쿠, 콴치, 로버트 라렌 쿠엔트, 닐 리, 메이슨 리, 딘 리, 제니퍼 린, 존 네이션, 프랜시스 팬, 닐 펑, 티엔 페인, 마니 포카토, 토니아 로, 수청시엔, 해나 설리번, 엘리자베스 양, 버네사 양, 잉웨이황, 페이데 야오
상영 시간: 106분

1994
음식남녀 Eat Drink Man Woman
감독: 이안
각본: 이안, 제임스 샤머스, 왕후이링
프로듀서: 테드 호프, 수쿵, 수리쿵, 지앙펑치이, 제임스 샤머스
카메라: 임양충
편집: 팀 스퀴레스
세트 디자인: 리후수잉
음악: 메이더
출연: 랑웅, 왕유문, 오천련, 앙귀매, 장애가, 윈스턴 차오, 첸차오정, 찬칫만, 천위, 쿠웨이야레이, 홍츠더, 수긴밍, 린후에이, 린시제이, 루친청, 네이초긴, 탕위치엔, 팅청, 초청펀, 투만성, 왕추엔, 왕수이, 우화, 우포싱, 마이클 테일러
상영 시간: 124분

1995
센스 앤 센서빌리티 Sense And Sensibility
감독: 이안
각본: 에마 톰슨
제작: 로리 보그, 린지 도런, 시드니 폴락, 제임스 샤머스, 제프 스티어
카메라: 마이클 콜터
편집: 팀 스퀴레스
세트 디자인: 루치아나 아리지

음악: 패트릭 도일

출연: 제임스 플리트, 톰 윌킨슨, 해리엇 월터, 케이트 윈즐릿, 에마 톰슨, 제마 존스, 휴 그
랜트, 에밀리 프랑수아, 엘리자베스 스프릭스, 로버트 하디, 이언 브림블, 이자벨 에이
미스, 앨런 릭맨, 그레그 와이즈, 알렉산더 존, 이멜다 스턴톤, 이모젠 스텁스, 휴 로리,
앨런 미첼, 조지핀 그래드웰, 리처드 럼스든, 론 비달, 올리버 포드 데이비스, 엘리너 맥
크레디, 린지 도런

상영 시간: 136분

1997
아이스 스톰 The Ice Storm

감독: 이안

각본: 제임스 샤머스

프로듀서: 알리제 베잘러, 앤서니 브레그먼, 테드 호프, 이안, 제임스 샤머스

카메라: 프레더릭 엘머스

편집: 팀 스퀴레스

세트 디자인: 마크 프리드버그

음악: 빌 브레넌, 크리스토퍼 데드릭, 마크 더건, 브래드 해넬, 대니얼 세실 힐, 제이미 홉
킹스, 폴 호울, 블레어 매카이, 패트릭 멀린스, 알렉스 스테이어마크, 메이지 와이스만,
론 코브

출연: 케빈 클라인, 조앤 앨런, 시거니 위버, 헨리 체얼니, 토비 매과이어, 크리스티나 리
치, 일라이자 우드, 애덤 한버드, 데이비드 크럼홀츠, 제이미 셰리든, 케이트 버튼, 윌리
엄 케인, 마이클 컴스티, 마이아 댄지거, 케이티 홈스, 마이클 이거맨, 크리스틴 패럴,
글렌 피츠제럴드, 앨리슨 제니, 조너선 프리먼, 바버라 개릭, 데니스 가고미로스, 존 벤
저민 히키, 톰 플래그, 바이런 제닝스, 마일스 마렉, 콜레트 킬로이, 이반 크로넨펠드,
대니얼 맥도널드, 도나 미첼, 바버라 닐, 낸시 오펠, 래리 파인, 웬디 스콧, 마셀 로젠블
랫, 에벌린 솔란, 제시카 스톤, 세라 톰슨, 스콧 웬트워스, 로버트 웨스텐버그

상영 시간: 112분

1999
라이드 위드 데블 Ride With The Devil

감독: 이안

각본: 대니얼 우드렐, 제임스 샤머스

프로듀서: 앤 케리, 로버트 F. 콜스베리, 테드 호프, 데이비드 린데, 제임스 샤머스

카메라: 프레더릭 엘머스

편집: 팀 스퀴레스

세트 디자인: 마크 프리드버그

음악: 마이클 다나

출연: 토비 매과이어, 제레미 W. 아우만, 스콧 세너, 스키트 울리히, 글렌 Q. 피어스, 캐슬
  린 워펠, 데이비드 달로우, 잰 맥레오드, 존 웰란, 로저 랜데스, 제프리 도버, 타일러 존
  슨, 켈리 웨츠, 마이클 W. 내시, 존 저드, 돈 생크스, 제이 토슨, 딘 비비언, 셰릴 위버, 짐
  커비즐, 조너선 리스 마이어스, 사이먼 베이커, 매슈 페이버, 톰 가이리, 조너선 브랜디
  스, 제프리 라이트, 실리아 윌슨, 앰버 그리피스, 릭 에이브릴, 벅 베이커, 마크 러펄로,
  스티븐 메일러, 자크 그레니에이, 도나 톰슨, 캐시 메이 시어스, 주얼 킬처, 마고 마틴데
  일, 톰 윌킨슨, 마틴 립슈너 주니어, 마빈 슈뢰더, 스티븐 프라이스, 데이비드 L. 애셔,
  제임스 어바니아, 데이비드 리스 스넬, 존 에일스, 데이브 윌슨, 래리 그리어, 케빈 페웰,
  미셸 오언, 존 더빈, 짐 셸비, 애디슨 마이어스, 마이클 린슬리 래포트, 조지프 패트릭
  모이니핸, 제니 나우만, 크리스틴 브랜트, 빌 그리브나, 노라 데니, 해리 깁스, 클레이턴
  베스트, 로저 데네샤, 제이콥 커즐라우스키, 데이비드 리 버노스 주니어, 제니퍼 애클
  랜드, T. 맥스 그레이엄

상영 시간: 138분

2000

와호장룡 Crouching Tiger, Hidden Dragon

감독: 이안

각본: 왕후이링, 제임스 샤머스, 차이쿼창

프로듀서: 추이보추, 둥핑, 수리쿵, 윌리엄 쿵, 이안, 필립 리, 데이비드 린데, 류얼둥, 켈리
  밀러, 제임스 샤머스, 시아와이쑴, 정쾅앙

카메라: 포덕희

편집: 팀 스퀴레스

세트 디자인: 티미 입

음악: 탄둔

출연: 주윤발, 양자경, 장쯔이, 장첸, 랑웅, 정패패, 리파쩡, 가오샨, 하이엔, 왕더밍, 리리,

황쑤잉, 장진팅, 양레이, 리카이, 펑키안화, 두전시, 쉬청린, 린펑, 왕원성, 쑹둥, 마중쉰,

리바오청, 양융더, 장사오쿼, 마닝, 주젠민, 돈창청, 시이, 천빈, 창싸오천

상영 시간: 120분

2001

초즌 Chosen

감독: 이안

각본: 데이비드 카터

프로듀서: 로빈 보드먼, 데이비드 핀처, 메리 앤 마리노, 아리스티데스 맥개리

카메라: 프레더릭 엘머스

편집: 팀 스퀴레스

세트 디자인: 제인 머스키

음악: 마이클 다나

출연: 클라이브 오언, 메이슨 리, 소넘 구앨슨, 브라이언 스미이, 제이미 해리스, 제프 젠

슨, 재러드 번치, 아티 말레쉬, 케빈 카투치, 로상 갸초, 사토루 '샷' 쓰후라

상영 시간: 6분

2003

헐크 Hulk

감독: 이안

각본: 존 터먼, 마이클 프랑스, 제임스 샤머스

프로듀서: 아비 아라드, 케빈 파이기, 래리 J. 프랑코, 게일 앤 허드, 스탠 리, 제임스 샤머

스, 셰릴 A. 트카치, 데이비드 워마크

카메라: 프레더릭 엘머스

편집: 팀 스퀴레스

세트 디자인: 릭 하인릭스

음악: 대니 엘프먼

출연: 에릭 바나, 제니퍼 코널리, 샘 엘리엇, 조시 루커스, 닉 놀테, 폴 커시, 카라 부오노,

토드 테슨, 케빈 랭킨, 실리아 웨스턴, 마이크 어윈, 루 페리그노, 스탠 리, 레지 데이비스, 크레이그 데이먼, 제프리 스콧, 레지나 맥키 레드윙, 대니얼 대 킴, 다니엘라 쿤, 미셸 크로넨버그, 데이비드 크로넨버그, 리아논 리 린, 루 리처즈, 젠 고츤, 루앤 켈리, 토니 칼렌, 폴 한센 킴, 존 리틀필드, 로렌조 칼렌더, 토드 리 코랄리, 조니 캐스티, 에릭 웨어, 제시 코티, 롭 스완슨, 마크 애테베리, 에바 버클리, 론다 홀먼, 존 마라피, 마이클 파파존, 데이비드 세인트피에르, 보니 야나기사와, 데이비드 서덜랜드, 숀 마혼, 브렛 대처, 커크 B. B. 울러, 랜디 네빌, 존 프로스키, 아미르 파레이, 리카르도 아귈라, 빅터 리버스, 린든 카프

상영 시간: 138분

2005

브로크백 마운틴 Brokeback Mountain

감독: 이안

각본: 래리 맥머트리, 다이아나 오사나

프로듀서: 스콧 퍼거슨, 마이클 하우스만, 래리 맥머트리, 다이아나 오사나, 빌 폴라드, 제임스 샤머스, 톰 콕스, 머레이 오드

카메라: 로드리고 프리에토

편집: 제럴딘 페로니, 딜런 티체노

세트 디자인: 주디 베커

음악: 구스타보 산타올라야

출연: 히스 레저, 제이크 질렌홀, 랜디 퀘이드, 발레리 플랑쉬, 데이브 트림블, 빅터 레예스, 라클란 매킨토시, 미셸 윌리엄스, 래리 리스, 마티 안토니니, 톰 캐리, 댄 맥두걸, 돈 블랜드, 스티븐 크리 몰리슨, 앤 해서웨이, 듀발 랭, 딘 배릿, 해나 스튜어트, 스콧 마이클 캠벨, 메리 리보리언, 그레이엄 벡켈, 케이드 필립스, 스티픈 콜 모저, 브루클린 프루, 키애나 듀브, 제임스 베이커, 피트 시던, 세라 히슬롭, 제이시 케니, 제리 캘러헌, 카일라 울에버, 샤이엔 힐, 제이크 처치, 켄 질카, 존 텐치, 린다 카델리니, 애나 페리스, 데이비드 하버, 케이트 마라, 윌 마틴, 게리 로더, 크리스천 프레이저, 캠 서덜랜드, 로버타 맥스웰, 피터 맥로비

상영 시간: 134분

2007

색, 계 Lust, Caution

감독: 이안

각본: 제임스 샤머스, 왕후이링

프로듀서: 로이드 차오, 윌리엄 콩, 제임스 샤머스, 이안, 데이비드 리, 류얼둥, 런중룬, 대
런 쇼, 쑹다이, 도리스 체

카메라: 로드리고 프리에토

편집: 팀 스퀴레스

세트 디자인: 판라이

음악: 알렉상드르 데스플라

출연: 양조위, 탕웨이, 조앤 천, 왕리훙, 탁종화, 추치잉, 카오인슈안, 로런스 코, 존슨 유
엔, 카르 록 친, 수엔, 허싸이페이, 루훌 쑹, 아누팜 케르, 류제, 왕후이링, 다케시타 아
키코, 후지키 하야토, 마스미 세토, 고야마 노리코, 샤얌 파탁, 청구장, 보원가오, 쿤위,
라우얏퉁, 청위라이, 고지마 유지, 요코 미즈고미, 후미카 미나미카타, 아니스 파트나
시, 쿤탕야, 훙스, 웨이덩, 더우리

상영 시간: 157분

2009

테이킹 우드스탁 Taking Woodstock

감독: 이안

각본: 제임스 샤머스

프로듀서: 셀라 코스타스, 패트릭 쿠포, 마이클 하우스만, 이안, 데이비드 리, 데이비드
사우어스, 제임스 샤머스

카메라: 에릭 고티에

편집: 팀 스퀴레스

세트 디자인: 데이비드 그로프먼

음악: 대니 엘프만

출연: 헨리 굿맨, 에드워드 히버트, 이멜다 스턴톤, 디미트리 마틴, 케빈 체임벌린, 리 웡,
안토울라 카티스마티데스, 클라크 미들턴, 벳 헨리체, 선드라 제임스, 제프리 딘 모건,
크리스티나 커크, 게일 마르티노, 에밀 허쉬, 아담 르페브르, 유진 레비, 앤디 프로스

키, 댄 포글러, 카르멜 아미트, 재커리 부스, 제니퍼 메릴, 이반 샌도미르, 매슈 쉐어, 다시 블레드소, 핼리 클란파리니, 제시 카일, 애슐리 미들브룩, 벡 스투팍, 가브리엘 선데이, 조녀선 그로프, 마미 검버, 스티븐 컨큰, 애덤 팰리, 케빈 서스먼, 핍파 피어스리, 스카일라 애스틴, 대니얼 에릭 골드, 레너드 버딕, 샤론 J. 지루, 윌리엄 B. 워드 주니어, 루이자 크로즈, 스파다크 볼치무스, 빌 콜리어스, 닉 테일러, 마이클 이즈퀘에르도, 캐서린 워터스턴, 윌 야노비츠, 제러미 샤모스, 말라키 클리어리, 리처드 토머스, 서배스천 비컨, 켈리 클라인, 개럿 로스, 대런 페티, 앤드류 카츠, 패트릭 쿠포, 보리스 맥가이버, 리브 슈라이버, 케이틀린 피츠제럴드, 마이클 J. 버그, 토니아 호트먼허버드, 데이비드 라빈, 마이클 제겐, 앤드류 족스, 앵거스 해밀턴, 크리스토퍼 마이어, 리처드 펠란 맥그릴, 캐손 루겐, 조지프 울머, 해리 지텔, 앨리사 메이 골드, 가스통 장바티스트, 마이클 맥기니스, 댄 노블러, 존 실, 데이비드 윌슨 반스, 제임스 핸런, 스테파노 다 프레, 돈 푸글리시, 커스틴 바흐, 레이첼 모랄, 폴 다노, 켈리 가너, 마저리 오스트리안, 카일 플란테, 루이스 주커, 헤스케탄 탈룰라 뱅크헤드

상영 시간: 120분

2012
라이프 오브 파이 Life Of Pi

감독: 이안

각본: 데이비드 맥기

프로듀서: 케빈 리처드 벅스바움, 장크리스토프 카스텔리, 윌리엄 M. 코너, 딘 조르가리스, 이안, 데이비드 리, 마이클 J. 멀론, 질 네터, 타브레즈 누라니, 제시 프루파스, 프라베시 사니, 데이비드 워막

카메라: 클라우디오 미란다

편집: 팀 스퀴레스

세트 니자인: 데이비드 그로프먼

음악: 마이클 다나

출연: 수라지 샤르마, 이르판 칸, 아유시 탄돈, 가우탐 벨루르, 아딜 후세인, 타부, 아얀 칸, 모드. 아바스 칼레엘리, 비비시 시바쿠마르, 라프 스폴, 제라르 드빠르디유, 제임스 사이토, 준 나이토, 안드레아 디 스테파노, 슈라반티 사이나트, 엘리 알루프, 파드미니 라마찬드란, T. M. 카르틱, 아마렌드란 라마난, 하리 미나 발라, 왕보치에, 코이천, 황지

277

안웨이, 라비 나테산, 아디안트 발라지, 치락 아가르왈, 아한 안드레 카마스, 옴 카마스, 스릴레크 카타, 스와티 반 리즈스위즈크, M. 키어타나, 인두모한 푸르니마, 조세핀 니트야 B., 사미유크타 S., A. 데이바 순다리, G. 바산타쿠마리, A. 비트야, 미틸 프라카시, 라즈 파텔, 하디카 하미드, 이스와르 스리쿠마르

상영 시간: 127분

2016
빌리 린의 롱 하프타임 워크 Billy Lynn's Long Halftime Walk
연출: 이안
각본: 장크리스토프 카스텔리
프로듀서: 브라이언 벨, 알렉세이 볼소, 사이먼 콘웰, 스티븐 콘웰, 벤 파운틴, 귀광창, 데이비드 코세, 이안, 데이비드 리, 프랭크 머리, 마크 플랫, 제프 로비노프, 로드리 토마스, 벤 와이스브렌
카메라: 존 톨
편집: 팀 스퀴레스
세트 디자인: 엘리자베스 키난
음악: 제프 다나, 마이클 다나
출연: 조 앨윈, 개릿 헤들런드, 아르투로 카스트로, 메이슨 리, 아스트로, 보 냅, 이스마엘 크루스 코르도바, 바니 해리스, 빈 디젤, 스티브 마틴, 크리스 터커, 크리스틴 스튜어트, 메켄지 리, 벤 플랫, 브루스 매키넌, 디얼드리 러브조이, 로라 런디, 앨런 대니얼, 랜디 곤살레스, 팀 블레이크 넬슨, 토미 맥널티, 마르키나 브라운, 에릭 칸, 데이나 배럿, 리처드 셔먼, J.J. 와트, 크리스토퍼 매슈 쿡, 리 맥램, 커린 맥램, 오스틴 맥램, 매슈 반스, 크리스틴 에릭슨, 브래드 밀스, 제너비브 애덤스, 데이비드 램지, 매슈 브레이디, 홀리 A. 모리스, 앨런 길머, 앤디 글렌, 보 미첼, 브렌딘 젱킨스, 체스타 드레이크, 쿠퍼 앤드루스, 케이티 딜, 타텀 펜더, 카트리나 페티포드, 에린 무어, 엘리자베스 체스탕, 켈리 피클러, 마크 이니스, 파예르 알 카이시, 카리드 사디키, 음바렉 벤 아므르, 모하메드 에타글라우이, 무스타파 엘 아이리이, 아유브 브니니, 아유브 스마일리, 이스마일리 알라우이, 수아드 차우이, 안토니오 바드라니, 바디아 오바이드, 압델라 사디키, 압데라만 나이, 레일라 카디리, 만수르 바드리, 아짐 리즈크, 제이 피터슨, 제이 D. 카초, 제이던 칼라프, 그레고리 앨런 윌리엄스

상영 시간: 113분

2019
제미니맨 Gemini Man (개봉 예정)

제작에 참여한 작품

1995
소녀소어 Shao Nu Xiao Yu
감독: 장애가
각본: 장애가, 이안, 게일링 옌
프로듀서: 이안, 청후옌, 돌리 홀, 수리쿵, 지앙펭치이
카메라: 조 데살보
편집: 메이펑
세트 디자인: 리웡
음악: 보비 다르
출연: 르네 류, 마르즈 두세이, 터우청화, 대니얼 J. 트라반티, 시아타이펑, 질 처치, 아제이
    메타, 다싱 장
상영 시간: 104분

2005
원 라스트 라이드 One Last Ride
연출: 토니 바이탈
각본: 패트릭 쿠포
프로듀서: 데이비드 E. 애덤스, 크리스천 아놀드부에텔, 크레이그 에이어스, 패트릭 쿠포,
    존 J. 켈리, 클레어 쿠프착, 솔베이그 랑겔랜드, 이안, 비오르그 벨란드
카메라: 마크 도어링파월
편집: 그레고리 홉슨
세트 디자인: 데비 앤드루스

음악: 조시 G. 에이브럼스

출연: 패트릭 쿠포, 로버트 데이비, 채즈 팔민테리, 아니타 바로네, 잭 카터, 조 마리넬리, 마리오 로쿠조, 트레이시 월터, 토니 리, 라나 파릴라, 캔디스 아자라, 찰스 더닝, 조시 허처슨, 애니 애벗, 오시 벡, 클레어 쿠프착, 마틴 모랄레스, 산산트란, 레이먼 시손, 소니아 에디, 아이라 카츠

상영 시간: 88분

찾아보기

영화 · 텔레비전 · 프로그램명

찾아보기

참고 문헌

쿵후 선생

Lowenstein, Stephen. "Ang Lee's Pushing Hands." *My First Movie*. Ed. Stephen Lowenstein. New York: Pantheon, 2000. 361-81.

결혼 피로연

Berry, Chris. "Taiwanese Melodrama Returns with a Twist in the Wedding Banquet." *Cinemaya* no. 21(October 1993): 52-54.

Berry, Chris. "The New Face of Taiwanese Cinema: An Interview with Ang Lee." *Metro*, no. 96(December 1993): 40-41.

Horn, Andrew. "The Wedding Banquet." *Screen International*, no. 897(March 5, 1993): 22.

Lee, Ang, and Tony Chan. "Dinner for Two." *Filmmaker 1*, no. 4(July 1993): 22-23.

Leung, William. "So Queer Yet So Straight: Ang Lee's The Wedding Banquet and Brokeback Mountain." *Journal of Film and Video* 60, no. 1(April 2008): 23-42.

Spines, Christine. "Indie Jones." *Premiere* 6, no. 12(August 1993): 51.

음식남녀

Byrge, Duane. "Eat Drink Man Woman." *Hollywood Reporter* 332, no. 14(May 17, 1994): 7, 14.

Comer, Brooke. "Eat Drink Man Woman: A Feast for the Eyes." *American Cinematographer* 76, no. 1(January 1995): 62-67.

Dawes, Amy. "Lee Eats, Drinks, Sleeps Films." *Moving Pictures International*, no. 191(June 30, 1994): 15.

Errigo, Angie. "New Films." *Empire*, no. 68(February 1995): 31.

Nathan, Ian. "Global Village: Independent, Foreign, Arthouse: Ang Lee." *Empire*, no. 68(February 1995): 48-49.

센스 앤 센서빌리티

Cramer, Barbara. "Film Reviews." *Films in Review* 47, no. 3/4(March 1996): 65-66.

Farrow, Boyd. "Reviews." *Screen International*, no. 1039(January 1996): 26.

Finnane, Gabriel. "Remarks on Jane Austen and the Period Film." *Metro*, no. 106(July 1996): 4 –12.

Fuller, Graham. "Shtick and Seduction." *Sight and Sound* 6, no. 3(March 1996): 24.

Fuller, Graham. "Cautionary Tale." *Sight and Sound* 6, no. 3(March 1996): 20 –22.

Gant, Charles. "The Numbers: Austen Power." *Sight and Sound* 15, no. 11(November 2005): 8.

Geraghty, Christine. "Crossing Over: Performing as a Lady and a Dame." *Screen* 43, no. 1(April 2002): 41 –56.

Gray, Beverly. "Sense & Sensibility: A Script Review." *Creative Screenwriting* 4, no. 2(July 1997): 74 -82.

Hendrickson, Nancy. "License & Liability: Collaborating with Jane Austen." *Creative Screenwriting* 4, no. 2(July 1997): 62 –73.

Leung, William. "Crouching Sensibility, Hidden Sense." *Film Criticism* 26, no. 1(October 2001): 42 –55.

Lyons, Donald. "Passionate Precision." *Film Comment* 32, no. 1(January 1996): 36 – 41.

McFarlane, Brian. "Verbal Concepts, Moving Images." *Cinema Papers*, no. 110(June 1996): 30 –32, 60.

Medhurst, Andy: "Dressing the Part." *Sight and Sound* 6, no. 6(June 1996): 28 -30.

Monk, Claire. "Reviews." *Sight and Sound* 6, no. 3(March 1996): 50 –51.

Nathan, Ian. "Front Desk Clips: Hugh's a Clever Boy." *Empire*, no. 81(March 1996): 17.

Welsh, Jim. "A Sensible Screenplay." *Literature/Film Quarterly* 24, no. 1(January 1996): 111 –12.

아이스 스톰

Aston, Martin. "New Films." *Neon*, February 1998, 86.

Blair, Iain. "Ang Lee." *Film and Video* 13, no. 10(October 1997): 48 –50, 59.

Byrge, Duane. "Film Review." *The Hollywood Reporter* 347, no. 23(May 1997): 7, 14.

Cheshire, Godfrey. "The Morning After." *Filmmaker* 6, no. 1(September 1997): 42 –43, 89.

David, Andrew. "DVD reviews: The Ice Storm." *Film International* 7, no. 3(May 2009): 70–71.

Dean, Joan. "American Letter: The '70s, The Way We... Weren't." *Film West*, no. 31(January 1998): 18–19.

Errigo, Angie. "New Films." *Empire*, no. 105(March 1998): 41.

Fisher, Bob. "Fred Elmes, ASC." *Film and Video* 13, no. 10(October 1997): 59.

Flynn, Bob. "People: Ang Lee / Reviews." *Total Film*, no. 14(March 1998): 25, 86.

Francke, Lizzie. "Reviews." *Sight and Sound* 8, no. 2(February 1998): 42.

Fuller, Graham. "Chistina Ricci." *Interview*, October 1997, 102–7, 143.

Fuller, Graham. "Three Films That Show How Frozen We Are." *Interview*, January 1998, 40.

Handelman, David. "Cheat Drink Man Woman." *Premiere* 11, no. 3(November 1997): 98–115.

Hardesty, Mary. "Ang Lee on Directing in an Ice Storm." *DGA*(Los Angeles), September 1997.

Hemblade, Christopher. "Profiles: Joan Allen." *Empire*, no. 105(March 1998): 59.

Hunter, Allan. "Cannes Reviews." *Screen International*, no. 1109(May 1997): 18.

Kirwan, Catherine. "The Ice Storm." *Film Ireland*, no. 63(February 1998): 39–40.

McCarthy, Todd. "Film Reviews." *Variety*, May 1997, 49, 50.

Moverman, Oren. "The Angle on Ang Lee." *Interview*, September 1997, 64–68.

Westbrook, Caroline. "Front Desk Clips: Tobey Maguire." *Empire*, no. 105(March 1998): 30.

Williams, David E. "Reflections on an Era." *American Cinematographer* 78, no. 10(October 1997): 56–58, 60, 62, 64–65.

라이드 위드 데블

Bankston, Douglas. "A Less-than-Civil War." *American Cinematographer* 80, no. 11(November 1999): 66–75.

Calcutt, Ian. "Ride with the Devil." *Film Review*, December 1999, 33.

Collins, Andrew. "Films." *Radio Times*, November 2004, 53.

참고 문헌

Eimer, David. "In Person: Tobey Maguire." *Empire*, no. 126(December 1999): 80 –81.

Fuller, Graham. "Reviews: Riders on the Storm." *Sight and Sound* 20, no. 6(June 2010): 92.

Goodridge, Mike. "Ride with the Devil." *Screen International*, no. 1229(October 8, 1999): 50.

Kaufman, Anthony. "Cinema Scope review." *Cinema Scope*, no. 1(September 1999): 30.

Kenny, Glenn. "Ride with the Devil." *Premiere* 13, no. 3(November 1999): 34.

Matthews, Peter. "Reviews." *Sight and Sound* 9, no. 12(December 1999): 34 –35, 56.

McCarthy, Todd. "Film Reviews." *Variety*, September 13, 1999, 42 –43.

Nathan, Ian. "New Films." *Empire*, no. 126(December 1999): 20 –21.

Pinsker, Beth. "The Americanization of Lee: Ang Lee's Ride with the Devil." *Iff (International Film Festival Magazine)*, no. 9(July 1999): 20 –21.

Schwarzbaum, Lisa. "Civil Inaction." *Entertainment Weekly*, no. 515(December 1999): 73.

Thomson, David. "Riding with Ang Lee." *Film Comment* 35, no. 6(November 1999): 4 –6, 8 –9.

Tibbetts, John C. "The Hard Ride: Jayhawkers and Bushwhackers in the Kansas– Missouri Border Wars—Ride with the Devil." *Literature/Film Quarterly* 27, no. 3(November 1999): 189 –95.

와호장룡

Arnold, Darren. "Crouching Tiger, Hidden Influences." *Metro*, no. 129/130(December 2001). 180 –86.

Brown, Colin. "Crouching Tiger's Hidden Truth." *Screen International*, no. 1296(February 16, 2001): 26.

Caro, Jason. "Crouching Tiger, Hidden Dragon." *Film Review*, no. 602(February 2001): 20 –21.

Catania, John. "Enter the (Diaspora) Dragons: Martial Arts Cinema and Globalization." *Metro*, no. 148(April 2006): 96 –99.

참고 문헌

Chan, Kenneth. "The Global Return of the Wu Xia Pian(Chinese Sword-Fighting Movie): Ang Lee's Crouching Tiger, Hidden Dragon." *Cinema Journal* 43, no. 4(July 2004): 3-17.

"Chasing the Dragon." *Film Review*, no. 600(December 2000): 60-61.

"Chinese Whispers." *Film Review*, no. 33(December 2000): 58-61.

Chute, David. "Year of the Dragon." *Premiere* 14, no. 4(December 2000): 76-79.

Collins, Andrew. "The Reel Story Behind... Crouching Tiger, Hidden Dragon." *Radio Times* 312, no. 4067(February 16, 2002): 59.

"Crouching Tiger, Hidden Dragon." *Fade In* 6, no. 2(December 2000): 8-9.

"Crouching Tiger, Hidden Dragon." *Premiere* 14, no. 1(September 2000): 54.

Dahan, Yannick. "Tigre et dragon: la jeune femme et l'épée." *Positif*, no. 476(October 2000): 43-44.

Delorme, Gérard. "Tigre et Dragon." *Premiere*, no. 283(October 2000): 69.

Frater, Patrick. "Chasing the Dragon." *Screen International*, no. 1421(September 19, 2003): 27, 29.

Freer, Ian. "Remote Control: Soundtracks." *Empire*, no. 141(March 2001): 140.

Freer, Ian. "All the Script Said Was, 'They Fight.'" *Empire*, no. 140(February 2001): 81-83.

Fuller, Graham. "Ang Lee." *Interview*, December 2000, 48, 50, 143.

Gopalan, Nisha. "In the Works: Lee Eyes the 'Tiger.'" *Premiere* 13, no. 4(December 1999): 34.

Hsiung-Ping, Peggy Chiao. "Chinese Cinema: 1999-2000: Four Traditions, Four Masterpieces." *Cinemaya*, no. 51(April 2001): 4-12.

Jones, Alan. "Martial Arts Masterpiece." *Cinefantastique* 32, no. 6(February 2001): 7.

Kabir, Nasreen Munni, et al. "Crouching Tiger Hidden Dragon." *Vertigo* 2, no. 1(April 2001): 6-9.

Kane, Stephen. "Crouching Tiger, Oscar Runner." *Film Ireland*, no. 79(February 2001): 16-18.

Kaufman, Anthony. "Cannes 2000: Ang-tastic!: Crouching Tiger, Hidden Dragon." *Cinema Scope*, no. 4(July 2000): 42-43.

Kemp, Philip. "Stealth and Duty." *Sight and Sound* 10, no. 12(December 2000): 12-15.

Kenny, Glenn. "Crouching Tiger, Hidden Dragon." *Premiere* 14, no. 5(January 2001): 21-22.

Klein, Christina. "Crouching Tiger, Hidden Dragon: A Diasporic Reading." *Cinema Journal* 43, no. 4(July 2004): 18-42.

Lin, Frank. "Searching for the Hidden Dragon: An Evening with Ang Lee." *The Directors Guild of America Magazine* 25, no. 6(March 2001): 17-20.

Loiseau, Jean-Claude. "Tigre et Dragon." *Télérama*, no. 2647(October 7, 2000): 60-61.

Loiseau, Jean-Claude. "Ang Lee Terrasse le Dragon." *Télérama*, no. 2647(October 7, 2000): 56-57.

Lyman, Peter. "Watching Movies with Ang Lee: Crouching Memory, Hidden Heart." *New York Times*, March 9, 2001, E1, E27.

Magid, Ron. "High-Wire Act." *American Cinematographer* 82, no. 1(January 2001): 64-65.

Malcolm, Derek. "Cannes Reviews: Crouching Tiger, Hidden Dragon." *Screen International*, no. 1260(May 2000): 19.

McCarthy, Todd. "Film Reviews." *Variety*, May 22, 2000, 19, 32.

"Michelle Yeoh." *Premiere*, no. 283(October 2000): 111.

Nathan, Ian. "New Films." *Empire*, no. 140(February 2001): 38.

Nordin, Kenneth D. "Shadow Archetypes in Ang Lee's Crouching Tiger, Hidden Dragon and The Hulk: A Jungian Perspective." *Asian Cinema* 15, no. 2(December 2004): 120-32.

Norman, Barry. "Tiger Burning Bright." *Radio Times* 308, no. 4010(January 9, 2001): 49.

Persons, Mitch. "Ang Lee on Crouching Tiger, Hidden Dragon." *Cinefantastique* 33, no. 1/2(April 2001): 96-99.

Pham, Minh-Ha T. "The Asian Invasion (of Multiculturalism) in Hollywood." *Journal of Popular Film & Television* 32, no. 3(October 2004): 121-31.

Piegay, Baptiste. "Retour en Asie." *Cahiers du Cinéma*, no. 550(October 2000): 102-3.

Pizzello, Chris. "DVD Playback." *American Cinematographer* 82, no. 8(August 2001): 14.

Rayns, Tony. "Reviews." *Sight and Sound* 11, no. 1(January 2001): 45 −46.

Roddick, Nick. "Rushes: Uncertain Regard: No More Auteurs Anymore." *Sight and Sound* 11, no. 1(January 2001): 5.

Roman, Shari. "Lifestyles of the Bitchin' Schamus." *Fade In* 6, no. 3(May 2001): 56 −57.

Roman, Shari. "Master Lee." *Fade In* 6, no. 2(December 2000): 20 −21.

Rynning, Roald, and James Mottram. "Ang Tough." *Film Review*, no. 602(February 2001): 50 −44.

S. D. "Tigre et dragon' griffe les cinéphiles et les femmes." *Le Film Francais*, no. 2846(September 8, 2000): 27.

Schamus, James. "Aesthetic Identities: A Response to Kenneth Chan and Christina Klein." *Cinema Journal* 43, no. 4(July 2004): 43 −52.

Seguin, Denis. "Tiger Claws at Subtitle Barrier." *Screen International*, no. 1292(January 19, 2001): 1, 4.

Stephens, Chuck. "Crouching Tiger, Hidden Dragon." *Film Comment* 36, no. 6(November 2000): 73.

"Tigre et Dragon." *L'vant-Scène du Cinéma*, no. 502 (May 2001): [whole issue].

Walsh, Mike, and Peter Gravestock. "The Good Fight: An Interview with Zheng Peipei." *Metro*, no. 138(October 2003): 118 −20.

Weitzman, Elizabeth. "Zhang Ziyi." *Interview*, December 2000, 52 −53.

Williams, David E. "Images for the Ages." *American Cinematographer* 82, no. 6(June 2001):100 −102.

Williams, David E. "Enter the Dragon." *American Cinematographer* 82, no. 1(January 2001): 68 −77.

Williams, David E. "High −Flying Adventure." *American Cinematographer* 82, no. 1(January 2001): 54 −62, 66 −67.

Wu, Chia −Chi. "Crouching Tiger, Hidden Dragon Is Not a Chinese Film." *Spectator* 22 no. 1(April 2002): 65 −79.

Yu, Shu Lien. "January: Crouching Tiger, Hidden Dragon." *StarBurst*, no. 50(December 2001): 6 –7.

"Zhang Ziyi." *Premiere*, no. 283(October 2000): 110.

헐크

Bankston, Douglas. "Jolly Green Giant." *Cinefantastique* 35, no. 4(August 2003): 62.

Braund, Simon. "The Reviews." *Empire*, no. 170(August 2003): 42 –43.

Dinning, Mark, and Helen O'ara. "Movie Trial: Hulk." *Empire*, no. 215(May 2007): 160 –61.

Flanagan, Martin. "The Hulk, an Ang Lee Film." *New Review of Film and Television* 2, no. 1(May 2004): 19 –35.

Fordham, Joe. "Green Destiny." *Cinefex*, no. 94(July 2003): 74 –126.

France, Michael. "Letters: Hulking Issues." *Cinefantastique* 35, no. 4(August 2003): 79.

Goodridge, Mike. "What Has Gone Wrong in the US?" *Screen International*, no. 1412(July 11, 2003): 1 –2.

Grey, Ian. "An Even More Incredible Hulk." Fangoria, no. 223(June 2003): 46 –49, 82.

Gross, Edward, Kevin H. Martin, and Gina McIntyre. "Anger Management." *Cinefantastique* 35, no. 3(June 2003): 24 –36.

Gross, Edward. "A Film without Fear." *Cinefantastique* 35, no. 1(February 2003): 30 –49.

Jauberty, Christian. "Banaboum!" *Premiere*, no. 317(July 2003): 76 –79.

Jauberty, Christian. "Cahier Critique." *Premiere*, no. 317(July 2003): 28.

Kay, Jeremy. "People: Green Energy." *Screen International*, no. 1649(June 27, 2008): 8.

Kempster, Grant. "Smoke and Mirrors." *StarBurst* v.Spec, no. 61(December 2003): 28 –35.

Magid, Ron. "Growing Pains." *American Cinematographer* 84, no. 7(July 2003): 46 –57.

Magid, Ron. "A Spectacular Virtual Vista." *American Cinematographer* 84, no. 7(July 2003): 54 –55.

McCarthy, Todd. "Film Reviews." *Variety*, June 16, 2003, 25, 32.

Mitchell, Peter. "It Ain't Easy Being Green." *Inside Film*, no. 56(July 2003): 38 –39, 41.

Narbonne, Christophe. "Cahier Critique." *Premiere*, no. 317(July 2003): 28.

Norman, Barry. "Barry Norman on Ang Lee." *Radio Times*, April 17, 2004, 47.

O'rien, Geoffrey. "Something's Gotta Give." *Film Comment* 39, no. 4(July 2003): 28–30.

Perenson, Melissa. "Hulk." *StarBurst*, no. 300(June 2003): 82–89.

Perenson, Melissa J. "Brute Strength." *StarBurst*, no. 299(May 2003): 54–57.

Roston, Tom. "ID Could Happen to You." *Premiere* 16, no. 11(July 2003): 86–90, 119.

Sloane, Judy. "Hulk." *StarBurst*, no. 58(July 2003): 33–38.

Smith, Adam. "The Beast Within." *Empire*, no. 169(July 2003): 66–77.

"Summer Movie Preview." *Premiere* 16, no. 10(June 2003): 68.

Switzer, Sara. "Mike Erwin." *Interview*, July 2003, 18.

White, Rob. "Reviews: the Main Attraction." *Sight and Sound* 13, no. 8(August 2003): 34–35, 46–47.

Williams, David E. "Temper, Temper: Director of Photography Frederick Elmes, ASC Lends Dramatic Moods to The Hulk, the Big-Screen Debut of a Very Angry Superhero." *American Cinematographer* 84, no. 7(July 2003): 34–45.

Wood, Aylish. "Encounters at the Interface: Distributed Attention and Digital Embodiments." *Quarterly Review of Film and Video* 25, no. 3(May 2008): 219–29.

Wood, Aylish. "Pixel Visions: Digital Intermediates and Micromanipulations of the Image." *Film Criticism* 32, no. 1(October 2007): 72–94.

브로크백 마운틴

"Acting Up." *Premiere* 19, no. 5(February 2006): 82–96.

Berry, Chris. "The Chinese Side of the Mountain." *Film Quarterly* 60, no. 3(April 2007): 32–37.

Bowen, Peter. "The Other Side of the Mountain." *Screen International*, no. 1552(June 16, 2006): 4–5.

Bowen, Peter. "Ride the High Country." *Filmmaker* 14, no. 1(October 2005): 34–39.

Brett, Anwar. "East Meets Western." *Film Review*, no. 665(January 2006): 56–59.

Brower, Sue. "They'd Kill Us if They Knew: Transgression and the Western." *Journal of Film and Video* 62, no. 4(December 2010): 47 – 57.

Calhoun, John. "Peaks and Valleys." *American Cinematographer* 87, no. 1(January 2006): 58 – 60, 62 – 64, 67.

Clarke, Roger. "Lonesome Cowboys." *Sight and Sound* 16, no. 1(January 2006): 28 – 33.

Clover, Joshua, and Christopher Nealon. "Don't Ask, Don't Tell Me." *Film Quarterly* 60, no. 3(April 2007): 62 – 67.

Collins, Andrew. "The Celluloid Closet." *Radio Times*, May 17, 2008, 49.

Edgecombe, Rodney Stenning. "The Formal Design of Brokeback Mountain." *Film Criticism* 31, no. 3(April 2007): 2 – 14.

Evans, Alex. "How Homo Can Hollywood Be? Remaking Queer Authenticity from To Wong Foo to Brokeback Mountain." *Journal of Film and Video* 61, no. 4(December 2009): 41 – 54.

Fuller, Graham. "Michelle Williams." *Interview*, March 2006, 160 – 67.

Gant, Charles. "Going for Brokeback." *Sight and Sound* 16, no. 3(March 2006): 8.

Gilbey, Ryan. "Brokeback Mountain." *Sight and Sound* 16, no. 1(January 2006): 50.

Goodridge, Mike. "Women on Top." *Screen International*, no. 1528(December 16, 2005): 18 – 21.

Goodridge, Mike. "A Very Open Race." *Screen International*, no. 1527(December 9, 2005): 16, 18, 20.

Goodridge, Mike. "Best in the Business." *Screen International*, no. 1526(December 2, 2005): 14, 16, 18 – 19.

Greven, David. "Contemporary Hollywood Masculinity and the Double-Protagonist Film." *Cinema Journal* 48, no. 4(July 2009): 22 – 43.

Jones, Anderson. "The Other Side of the Mountain." *Fade In* 9, no. 1(January 2006): 22 – 23.

Jones, Alan. "Brokeback Mountain." *Film Review*, no. 665(January 2006): 104 – 5.

Kenny, Glenn. "Brokeback Mountain." *Premiere* 19, no. 4(December 2005): 52, 56.

Kitses, Jim. "All That Brokeback Allows." *Film Quarterly* 60, no. 3(April 2007): 22 – 27.

Lim, Song Hwee. "Is the Trans-in Transnational the Trans-in Transgender?" *New*

Cinemas Journal of Contemporary Film 5, no. 1(May 2007): 39-52.

Macnab, Geoffrey. "Brokeback Mountain." *Sight and Sound* 16, no. 7(July 2006): 86-87.

McCarthy, Todd. "Film Reviews." *Variety*, September 12, 2005, 63.

Miller, D. A. "On the Universality of Brokeback." *Film Quarterly* 60, no. 3(April 2007): 50-60.

Mottram, James. "Full Metal Jake." *Film Review*, no. 666(February 2006): 48-53.

Norman, Barry. "Barry Norman' Greatest Hits." *Radio Times*, September 13, 2008, 44.

Osterweil, Ara. "Ang Lee's Lonesome Cowboys." *Film Quarterly* 60, no. 3(April 2007): 38-42.

Prince, Chris. "Brokeback Mountain." *Film Review*, no. 670(June 2006): 112.

Rich, B. Ruby. "Brokering Brokeback: Jokes, Backlashes and Other Anxieties." *Film Quarterly* 60, no. 3(April 2007): 44-48.

Rosen, Lisa. "Go Tell It on the Mountain." *Written By* 10, no. 1(January 2006): 26-31, 50, 52.

Sharrett, Christopher. "Death of the Strong, Silent Type: The Achievements of Brokeback Mountain." *Film International* 7, no. 1(January 2009): 16-27.

Smith, Adam. "The Searchers." *Empire*, no. 199(January 2006): 120-22, 125.

Spohrer, Erika. "Not a Gay Cowboy Movie? Brokeback Mountain and the Importance of Genre." *Journal of Popular Film & Television* 37, no. 1(April 2009): 26-33.

Wharton, David Michael. "Brokeback Mountain: Screenplay by Larry McMurtry and Diana Ossana." *Creative Screenwriting* 12, no. 6(November 2005): 24.

Wise, Damon. "In Cinemas: Brokeback Mountain." *Empire*, no. 199(January 2006): 44-45.

Wood, Robin. "On and Around Brokeback Mountain." *Film Quarterly* 60, no. 3(April 2007): 28-31.

색, 계

"A Lusty Rating for Caution (Cover Story)." *Daily Variety* 296, no. 39(2007): 1-12.

"China Cut an Exercise in Caution." *Hollywood Reporter—International Edition* 400, no. 51(2007): 83.

Davies, Rebecca. "Firestorm." *New Statesman* 137, no. 4878(2008): 34 – 36.

Dilley, Whitney Crothers. "Globalization and Cultural Identity in the Films of Ang Lee." *Style* 43, no. 1(2009): 45 – 64.

Donald, Stephanie Hemelryk. "Tang Wei." *Theory, Culture & Society* 27, no. 4(2010): 46 – 68.

Goldstein, Gregg. "Focus Says It Won't Sweat NC-17 Given to Lee's Lust." *Hollywood Reporter—International Edition* 400, no. 48(2007): 2 – 51.

Goldstein, Gregg. "Leung, Tang Heeding Lee's Lust, Caution." *Hollywood Reporter—International Edition* 395, no. 12(2006): 4 –70.

Hamer, Molly. "Not Notorious Enough: The Transnational Feminism of Ang Lee's Lust, Caution and Its American Reception." *Asian Cinema* 22, no. 2(2011): 322 – 51.

Hill, Logan. "How Ang Lee Earned His NC-17." *New York* 40, no. 35(2007): 80 – 81.

James, Nick. "Cruel Intentions." *Sight and Sound* 18, no. 1(2008): 47 – 50.

"Lee Flagging Caution for Next Project." *Hollywood Reporter—International Edition* 394, no. 3 1(2006): 45.

Leung, William. "Sex, China and Propaganda." *Metro* 156(2008): 50 – 56.

Morfoot, Addie. "Lee Professes Love for Lust." *Daily Variety* 297, no. 2(2007): 11.

Shen, Vivian. "History, Fiction, and Film—Lust, Caution Revisited." *Asian Cinema* 22, no. 2(2011): 305 – 21.

Thomson, Patricia. "Emotional Betrayal." *American Cinematographer*(October 2007): 48 –54, 56, 58 – 59.

Wise, Damon. "Censor Sensibility." *Empire*, December 2007, 166 – 68.

테이킹 우드스탁

Cieutat, Michel. "Cannes 2009: Notes sur les Films." *Positif*, no. 581/582(July 2009): 105 – 6.

Gilbey, Ryan. "Reviews: Taking Woodstock." *Sight and Sound* 19, no. 12(December 2009): 76 –77.

Goodridge, Mike. "Awards Countdown: Actors and Actresses." *Screen International*, no. 1713(December 11, 2009): 14 –19.

Hunter, Allan. "Reviews: Cannes: Taking Woodstock." *Screen International* no. 1691(May 29, 2009): 25.

McCarthy, Todd. "Film Reviews." *Variety*, May 25, 2009, 18.

Pierce, Nev. "ReView: Taking Woodstock." *Empire*, no. 249(March 2010): 149.

Schreiber, Liev. "Love Fest." *Interview*(August 2009): 30 –33.

Thomas, William. "The Smoking Hot Preview: Taking Woodstock." *Empire*, no. 243(August 2009): 85.

Wilding, Philip. "In Cinemas: Taking Woodstock." *Empire*, no. 246(December 2009): 70.

Wise, Damon. "Hippie Talking." *Empire*, no. 245(November 2009): 130-32.

라이프 오브 파이

Baum, Gary. "No Animals Were Harmed." *Hollywood Reporter* 419, no. 43(2013): 62 –78.

Boucher, Geoff. "Ang Lee: Life of Pi." *Entertainment Weekly* 1243/1244(2013): 72.

Breznican, Anthony. "Fall Movie Preview: Life of Pi." *Entertainment Weekly* 1220/1221(2012): 64 – 66.

Chagollan, Steve. "Ang Lee: Life of Pi." *Daily Variety* 318, no. 11(2013): 12.

Cox, Gordon. "Waiting to Inhale." *Daily Variety* 317, no. 2(2012): 15.

Essman, Scott. "VFX Team Dares to Take Tiger by the Tail." *Daily Variety* 317, no. 54(2012): 10.

Fleming, Michael. "Lee Figures into Pi." *Daily Variety* 302, no. 33(2009): 1 –17.

Jones, Bill T. "Ang Lee." *Variety* 429, no. 7(2012): 75.

Konstantinides, Anneta. "3D Org to Fete Lee for Pi." *Daily Variety* 317, no. 44(2012): 2.

Macaulay, Scott. "Editing Life of Pi." *Filmmaker: The Magazine of Independent Film* 21, no. 1(2012): 72 –84.

Martin, Kevin H. "Eye of the Tiger." *International Cinematographers Guild Magazine* 83, no. 11(2012): 48 –54.

McClintock, Pamela. "Making of Life of Pi." *Hollywood Reporter* 41(2012): 78 –82.

"The Movies Become Him." *Daily Variety* 317, no. 13(2012): 15.

Vineyard, Jennifer. "He Bought a Zoo." *New York* 45, no. 40(2012): 82.

기타

"Ang Lee: Director." *ReelWest Magazine*, August 2003.

Berry, Michael. 『Speaking in Images』 Columbia University Press 2005. 324, 361.

Cavagna, Carlo. "Interview: Ang Lee with Carlo Cavagna." AboutFilm.com, December 2006.

Stevens, Andrew. "Interview with Ang Lee." CNN.com/Asia, October 26, 2007. http://www.cnn.com/2007/WORLD/asiapcf/10/08/talkasia.anglee/

Stone, Judy. 『Eye on the World: Conversations with International Filmmakers』 Los Angeles: Silman-James Press, 1997.